Barbara und Dipl. Ing. Peter Newerla
Strahlung und Elektrosmog

BARBARA NEWERLA
DIPL. ING. PETER NEWERLA

Strahlung und Elektrosmog

EIN PRAKTISCHER LEITFADEN ZUM SCHUTZ VOR EINER ALLGEGENWÄRTIGEN GEFAHR

Edition Cairn Elen
herausgegeben von Michael Gienger

Stellungnahme des Verlages: Warum wir an der »alten« Rechtschreibung festhalten
Wir halten die »neue« Rechtschreibung für eine Fehlgeburt, und das konnte auch gar nicht anders sein, weil der Ansatz der Reformer war, das Schreiben einfacher zu machen. Wir als Verlag veröffentlichen unsere Bücher aber für Sie, liebe Leserin/lieber Leser – Sie sollen es als Leser einfach haben. Das Lesen und das Verständnis ist bei vielen Regeln der »alten« Rechtschreibung einfacher und klarer. (Denken Sie nur einmal, daß nach der neuen Rechtschreibung, zwei Autoren kein Buch mehr zusammenschreiben können, es hieße dann immer, sie hätten es zusammen geschrieben, auch wenn sie es zusammengeschrieben haben.) Im übrigen sind die neuen Regeln nun auch nicht eben frei von Widersprüchen. Auf Wunsch senden wir Ihnen gerne ein ausführliches Info mit den wichtigsten Ungereimtheiten am »Neuschrieb«.

Die Anwendung von Anregungen und Tips aus diesem Buch erfolgen nach eigenem Ermessen und auf eigenes Risiko des Anwenders.

---

1 2 3 4 5 6 7 8 9 13 12 11 10 09 08 07 06 05 04 03

Strahlung und Elektrosmog
© Neue Erde Verlag GmbH
Alle Rechte vorbehalten. Abdruck, Vervielfältigung und jegliche Wiedergabe auch auszugsweise nur mit schriftlicher Genehmigung,

Titelseite:
Dragon Design, GB

Illustrationen:
Fred Hageneder

Satz und Typographie:
Dragon Design, GB
Gesetzt aus der Minion

Gesamtherstellung:
Legoprint, Lavis

Printed in Italy

ISBN 3-89060-056-5

Die Edition Cairn Elen erscheint bei NEUE ERDE.
Herausgeber: Michael Gienger

NEUE ERDE Verlag GmbH
Cecilienstr. 29 · 66111 Saarbrücken
Deutschland · Planet Erde
info@neueerde.de · www.neueerde.de

Danksagung

Herzlichen Dank an Michael Gienger, unseren langjährigen Weggefährten, Herausgeber und Initiator dieses Buchs. Für seine Freundschaft, Unterstützung und konstruktive Mitarbeit als Lektor.

Inhalt

Vorwort 10

Teil 1 – Grundlagen 13

Strahlung und Schwingung 13
   Alles schwingt – Die Welt ist Klang 13
   Wellen 14
   Die Wellenlänge 15
   Die Frequenz 16
   Das Schwingungsspektrum 17
   Strahlen und Wellen 19
   Die Intensität 21
   Die Modulation 21
   Das Wichtigste auf einen Blick 23
Elektrizität und Magnetismus 23
   Magnetismus 23
   Elektrizität 24
   Die Spannung 24

Der elektrische Strom	25
Felder	26
Das magnetische Feld	27
Das elektrische Feld	28
Das Gleichfeld	29
Das Wechselfeld	30
Das elektromagnetische Feld	31
Das Wichtigste auf einen Blick	32
Die Stärke und Ausdehnung von Feldern	33

Teil 2 – Die biologische Wirkung von Strahlen und Wellen 36

Die Bedeutung von Strahlen und Wellen für das Leben	36
Thermische und nicht-thermische Wirkung	38
Thermische Wirkung	38
Nicht-thermische Wirkung	38
Der Stand der Wissenschaft	39
Wodurch wirkt Strahlung?	42
Die Wirkung der Energie	43
Die Wirkung der Information	45
Das Resonanzphänomen	48
Das individuelle biologische Fenster	49
Strahlung und andere Belastungen – Synergetische Effekte	50
Das Wichtigste auf einen Blick	50
Die körperlichen Auswirkungen von »Elektrosmog«	51
Grundlegende Wirkmechanismen im Körper	52
Die Auswirkungen verschiedener Frequenzbereiche	68
Therapieresistenz durch Elektrosmog	75
Sinn und Unsinn von Grenzwerten	76

Teil 3 – Technische Strahlenquellen 79

Amateurfunk → Sendeanlagen

Antennen → Empfangsanlagen

Autos	80
Babyphone	82
Bahnlinien	84
Bildschirme	88

Bluetooth 91
Computer/Notebooks 93
   Dimmer → Lampen
Elektrische Leitungen 95
Elektrogeräte, sonstige 108
Elektroheizungen 111
Empfangsanlagen 112
   Energiesparlampen → Lampen
   Erdleitungen → Elektrische Leitungen
Federkernmatratzen 113
Fernsehgeräte 114
   Fernsehsender → Sendeanlagen
   Flachbildschirme → Bildschirme
   Freileitungen → Elektrische Leitungen
   Freisprecheinrichtungen → Headsets
Funktelefone/Schnurlostelefone 116
   Funkwecker → Uhren und Wecker
Fußbodenheizungen 120
   Geräteanschlußkabel → Elektrische Leitungen
   HAARP → Sendeanlagen
Handys 121
Headsets (Freisprecheinrichtung) 126
Heizdecken 128
   Hochspannungsleitungen → Elektrische Leitungen
Kinderspielzeug 129
Lampen 132
   Leuchtstofflampen → Lampen
   Magnetfeldprodukte → Federkernmatratzen
Mikrowellenherde 139
   Mobilfunksender → Sendeanlagen
   Nachtspeicheröfen → Elektroheizungen
Netzteile 141
   Niederspannungsleitungen → Elektrische Leitungen
   Niedervoltlampen → Lampen
   PC → Computer/Notebooks
Photovoltaikanlagen 142
Powerline Communications 144
   Rundfunksender → Sendeanlagen
   Salzkristallampen → Lampen
   Satellitenschüsseln → Empfangsanlagen
   Schnurlostelefone → Funktelefone

Sendeanlagen (Rundfunk- und Fernsehsender, Mobilfunksender, WLL, HAARP) 145
Sicherungskästen/Zählerkästen 160
   Sonnenkollektoren → Photovoltaikanlagen
   Stromleitungen im Haus → Elektrische Leitungen
   Tageslichtspektrumlampen → Lampen
   TFT-Monitore → Bildschirme
Trafos 161
Transformatorenstationen 163
   Verlängerungskabel → Elektrische Leitungen
Wasserbetten 164
W-LAN 165
   WLL → Sendeanlagen
Uhren und Wecker 166
   Zählerkasten → Sicherungskästen/Zählerkästen

Teil 4 – Schutz und Abhilfe 168

Selbsthilfe 169
   Den Schlafplatz entlasten 169
   Den Arbeits- und Wohnbereich entlasten 176
   Den Körper stärken 183
   Checkliste Selbsthilfe 195
Professionelle Hilfe 196
   Untersuchung und Beratung 197
   Entstörung 200
   Stärkung des Körpers 206
   Persönliche Entwicklung 212
   Checkliste Professionelle Hilfe 215

Schlußwort 217

Anhang
Tabellen 220
Quellen 225
Bibliographie 227
Adressen 228

Vorwort

Das Thema Strahlung und Elektrosmog ist aktuell wie nie zuvor. Vor allem die explosive Verbreitung von Mobilfunktelefonen und der damit verbundene Ausbau der Sendeanlagen macht inzwischen viele Menschen nachdenklich und wirft die Frage auf, welchen Einfluß dies auf den Menschen und seine Gesundheit haben könnte.

Strahlung ist ein vielschichtiges Phänomen. Im Prinzip kommt Strahlung überall vor. Strahlung kann wohltuend und heilsam sein, das Vorhandensein von Strahlung macht Leben, wie wir es kennen, überhaupt erst möglich. Strahlung kann aber auch krank machen und Leben zerstören.

Viele Menschen haben Hemmungen, sich mit diesem Thema zu beschäftigen, oder es fehlen Zeit und Motivation, sich in die komplizierte technische Literatur zu diesem Thema einzuarbeiten.

Deshalb möchten wir in diesem Buch alle wichtigen Informationen zusammenfassen und bemühen uns, die zum Verständnis notwendigen technischen Sachverhalte möglichst einfach und anschaulich darzustellen. Wir sind der Ansicht, daß das Wissen um die Auswirkungen von Strahlungen und Schwingungen auf Mensch und Umwelt nicht auf einen kleinen Kreis von Technikern und Wissenschaftlern beschränkt bleiben sollte. Jeder hat das Recht auf die Informationen, die dem aktuellen Stand der Wissenschaft entsprechen. Jeder hat das Recht, auf der Grundlage dieses Wissens, frei zu entscheiden, wie er mit diesem Thema umgehen möchte. Jeder von uns trägt Verantwortung – nicht nur für sich selbst, sondern auch für seine Umwelt und die Welt, die er seinen Kindern hinterläßt. Wenn wir unsere Verantwortung erkennen und übernehmen, sehen wir auch, daß wir uns jeden Tag entscheiden müssen: für oder gegen ein Mobilfunktelefon, für oder gegen Atomstrom, ob wir BSE-gefährdetes Rindfleisch kaufen oder nicht. Um diese und viele andere Entscheidungen treffen zu können, ist Wissen notwendig. Wir müssen die Chance haben und nutzen, uns entsprechend zu informieren, um die Konsequenzen unserer Entscheidungen und unseres Handelns abschätzen zu können. Die offiziellen Quellen reichen dafür oft nicht aus. Sie sind in vielen Fällen eher gedacht, die öffentliche Meinung in eine gewünschte Richtung zu beeinflussen als zu informieren und vernünftige Entscheidungen möglich zu machen. Im Hintergrund stehen allzuoft die Interessen der Wirtschaft und des Geldes und nicht die der Menschen.

Deshalb möchten wir in diesem Buch allen Interessierten kompakt und verständlich Informationen und Hintergründe zum Thema Strahlung und Schwingung zugänglich machen, die in informierten Kreisen längst bekannt und akzeptiert sind. Der Öffentlichkeit werden sie jedoch ganz bewußt vorenthalten oder immer wieder als unwissenschaftlich hingestellt. Viele renommierte Wissenschaftler rund um den Globus forschen seit bis zu 50 Jahren auf diesem Gebiet, militärische Einrichtungen eingeschlossen. Was sie herausgefunden haben, ist nicht wegzudiskutieren.

Wer Handys, Schnurlostelefone, Mikrowelle, Computer und Radiowecker benutzt, sollte über die Auswirkungen zumindest informiert sein, um Risiken und Vorteile gegeneinander abwägen zu können und sich selbst und andere möglichst vor Schäden zu schützen. Denn oft sind nicht die technischen Geräte an sich problematisch, sondern der unbewußte Umgang damit. Viele negative Auswirkungen könnten durch einfache Maßnahmen stark reduziert werden, würden sie als solche endlich erkannt und anerkannt.

Gerade im Bereich der athermischen* Wirkung von Strahlung besteht immer noch ein immenser Forschungsbedarf bezüglich der körperlichen Konsequenzen. Daß es sie gibt, kann inzwischen als bewiesen gelten. Wie aber genau die Wirkungsmechanismen sind und wie man Risiken verringern oder ganz ausschalten kann, wie man die entsprechende Technik weiterentwickeln kann, so daß sie verträglicher für Mensch und Umwelt wird, das sind die großen Fragen der Zukunft. Denn eines ist klar: Es gibt keinen Weg zurück. Was machbar ist, wird gemacht, und technische Errungenschaften erleichtern unser Leben wesentlich. Doch wenn wir als Verbraucher unbewußt und uninformiert alles konsumieren, was uns angeboten wird, keinen Druck ausüben, sondern den Kopf in den Sand stecken, geht es letztlich auf unsere Kosten, und skrupellose Geschäftemacher bereichern sich an unserer Gesundheit, solange wir es ihnen erlauben.

Eine Aussage, die man oft hört ist: »Was bringt es schon, Bescheid zu wissen – ändern kann ich sowieso nichts.« Diese Auffassung teilen wir nicht!

Wie die Versuche zur Einführung der Gentechnik in Deutschland bewiesen haben, ist jeder einzelne von uns und sind wir alle zusammen als Konsumenten durchaus ein Faktor, mit dem internationale Konzerne rechnen müssen. Wir

---

* Wirkung, die nicht auf Erwärmung, sondern andere Strahlungsfolgen zurückzuführen ist.

entscheiden, was wir kaufen und ob wir mit unserem Geld Gen-Food oder die biologische Landwirtschaft unterstützen. Im Falle der Gentechnik haben deutsche Konsumenten ein eindeutiges Signal gesetzt, und warum sollte dies nicht auch in anderen Bereichen möglich sein?

Wir möchten Sie also mit diesem Buch in die Lage versetzen als »bewußter Verbraucher« die Entwicklung einer verträglichen Technik mitzugestalten, selbst besser entscheiden zu können, welche Errungenschaften der modernen Technik Sie in Zukunft nutzen möchten und wie Sie sich schützen und negative Auswirkungen reduzieren können.

Wurmlingen, den 29.11.2002

Teil 1 – Grundlagen

Was versteht man eigentlich unter »Elektrosmog«? Was verbirgt sich hinter Begriffen wie niederfrequent gepulste Hochfrequenz und elektromagnetische Felder? – Wenn man sich mit dem Thema Strahlung und Elektrosmog beschäftigt, wird man immer wieder mit vielen technischen und physikalischen Begriffen konfrontiert. Da man kaum ohne sie auskommt, wenn man über Elektrosmog und Strahlenbelastung redet, sind sie hier zu Beginn, soweit für das Verständnis der Materie notwendig und sinnvoll, kurz erklärt.

Strahlung und Schwingung

Alles schwingt – Die Welt ist Klang

Ein berühmter Physiker hat einmal gesagt: »Alles ist Schwingung«. Auch andere Menschen haben dies auf ihre Weise herausgefunden und bestätigt. So zum Beispiel Joachim Ernst Berendt, der die Aussage des Physikers noch weiter faßt und zudem poetischer formulierte: »Die Welt ist Klang.«

Wie eingangs schon erwähnt, hat die moderne Physik herausgefunden, daß alle Dinge dieser Welt, sichtbare wie unsichtbare, verschiedene Arten von Schwingungen darstellen. Auch die scheinbar feste Materie entsteht nach neuesten Erkenntnissen aus der Überlagerung verschiedener Schwingungen.

Eine Schwingung entsteht immer dann, wenn sich etwas in immer wieder gleicher Art und Weise rhythmisch bewegt: so zum Beispiel die Schwingung des Pendels einer Uhr. Aber auch die Kreisbahn eines Elektrons auf einer bestimmten Bahn um den Atomkern kann als eine Schwingung betrachtet werden. Es können auch unterschiedliche Schwingungen zusammen auftreten: Ein Ton etwa entsteht durch die Schwingung einer Saite oder einer Luftsäule (bei Blasinstrumenten), aber auch das rhythmische An- und Abschwellen der Lautstärke des Tons ist wiederum eine Schwingung.

Es schwingt also das Elektron im Atom, das Atom schwingt auch als Ganzes und im Verband mit anderen als Molekül. Ebenso schwingen Moleküle als Materieteilchen, und jede lebende Zelle sendet Schwingungen aus. Am Ende steht ein Gemisch aus verschiedensten Schwingungen, das für alles, was wir wahrnehmen können, ein charakteristisches Muster aufweist und das unsere Sinnesorgane dann als Objekt, Farbe, Licht, Ton, Lautstärke, Wärme usw. wieder entschlüsseln und wahrnehmen können.

Wellen

Physikalische gesehen sind alle Schwingungen Wellen. Man kann das besonders gut beobachten, wenn man einen Stein ins Wasser wirft. Von dort aus, wo der Stein auf die Wasseroberfläche aufgetroffen ist, wird das Wasser in Schwingung versetzt, und Wellen breiten sich in konzentrischen Kreisen nach außen hin aus.

Abb. 1: Die Ausbreitung von Wellen im Wasser

Wellen breiten sich allerdings nicht nur im Wasser sondern auch in anderen Medien, wie zum Beispiel Luft oder auch festen Stoffen, aus, auch wenn sie dort nicht mit dem Auge wahrnehmbar sind. So kann man verschiedene Arten von Wellen unterscheiden: Wellen, die man mit den Augen wahrnehmen kann, sind zum Beispiel die verschiedenen Farben des sichtbaren Lichts. »Akustische Wellen« sind Wellen, die man hören und manchmal sogar spüren kann, wie die

Druckwelle einer Explosion, die sich in der Luft ausbreitet. Daneben gibt es aber auch Wellen, die unsere physischen Sinne nicht mehr wahrnehmen können. Zum Beispiel können wir elektrische und magnetische Wellen nicht sehen, hören oder fühlen. Man kann sie aber mit technischen Meßgeräten erfassen, und sehr wahrscheinlich gibt es darüber hinaus auch Bereiche von Schwingungen, von denen unsere Wissenschaft noch nichts weiß, da bisher keine Meßgeräte dafür entwickelt wurden.

Die Sonne zum Beispiel sendet verschiedenste Wellen oder Schwingungen aus. Manche können wir direkt mit unseren Sinnen wahrnehmen, andere nicht.

Die Teile der Sonnenstrahlung, die man direkt wahrnehmen kann, sind das sichtbare Licht und Wärme. Ultraviolette Strahlung (UV-Strahlung), die die Sonne ebenfalls aussendet, kann man mit dem Auge nicht wahrnehmen, man kann allerdings die Auswirkungen davon spüren oder sehen – entweder als angenehme Bräune der Haut oder als Sonnenbrand, wenn man dieser Strahlung zu lange ausgesetzt war.

Wellen können also unterschiedliche Eigenschaften und Auswirkungen haben.

Der Unterschied, wie im obigen Beispiel beim sichtbaren Licht und der UV-Strahlung, liegt in der Länge der Schwingung, der sogenannten Wellenlänge.

Die Wellenlänge

Die unterschiedlichen Eigenschaften der verschiedenen Anteile des Sonnenlichts sind also eine Folge der Wellenlänge der jeweiligen Schwingung. Eine Schwingung oder eine Welle besteht aus einem Wellenberg und einem Wellental. Die Länge einer solchen kompletten Schwingung wird als **Wellenlänge** bezeichnet und in Metern (km, m, cm, mm, µm, etc.) gemessen.

Im Bereich des sichtbaren Lichts findet man zum Beispiel Wellenlängen von 380 bis etwa 760 nm (= Nanometer, 1 Nanometer ist ein Millionstel Millimeter). Die Wellenlänge der Farbe Rot ist etwa 700 nm, während Blau bei etwa 450 nm liegt.

Die Länge der Wellen im akustischen Bereich liegt dagegen in einer Größenordnung, die man mit einem normalen Metermaß messen könnte. So hat die Welle, die sich ausbreitet, wenn man den Ton »A« singt oder spielt eine Wellenlänge von 77,3 cm, während die Welle des nächsthöheren »H« nur noch 68,7 cm mißt.

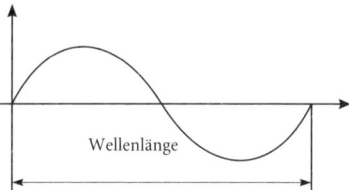

Abb. 2: Die Wellenlänge

Es gibt Wellen, die mehrere Kilometer Wellenlänge haben bis hin zu solchen, die nur wenige Pikometer (pm) messen. 1 Pikometer = 1/1.000.000.000.000 m (1 Billionstel Meter).

Die Frequenz

Man kann Wellen aber auch unter einem zeitlichen Aspekt betrachten. Das heißt, wieviel Zeit vergeht, während eine Welle eine komplette Schwingung durchläuft, oder wie viele Schwingungen finden während einer Sekunde statt. Dies ist die sogenannte **Frequenz (lat. frequentia = Häufigkeit)** einer Schwingung oder Welle. Sie wird in Hertz (Hz) gemessen. Hertz ist eine physikalische Einheit und bedeutet »Anzahl der Schwingungen pro Sekunde«. Schwingt etwas innerhalb einer Sekunde also 20 mal hin und her, sagt man es hat eine Frequenz von 20 Hz.

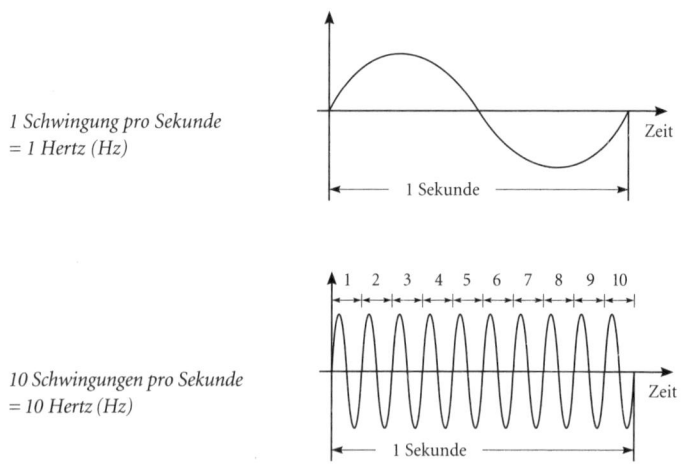

Abb. 3: Die Frequenzen von 1 Hertz und 10 Hertz

In der obigen Grafik ist die Schwingung von 1 Hz dargestellt, d. h. 1 Schwingung pro Sekunde. Die Bandbreite der bekannten, meßbaren Frequenzen reicht etwa von 1/10 Schwingung pro Sekunde bis zu 10.000.000.000.000.000.000.000.000 (10^{24}) Schwingungen pro Sekunde.

Wellenlänge und Frequenz hängen zusammen. Je mehr Schwingungen pro Sekunde stattfinden, desto kleiner ist die Wellenlänge und umgekehrt: Je größer die Wellenlänge, desto weniger Schwingungen finden in einer Zeiteinheit statt.

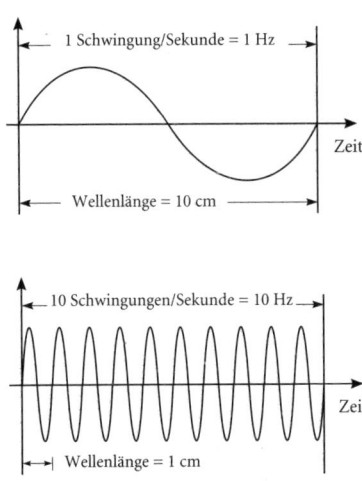

Abb. 4: Das Verhältnis von Frequenz und Wellenlänge

Das Schwingungsspektrum

Anhand von Frequenz und Wellenlänge kann man nun die bekannten Schwingungen auflisten und in verschiedene Bereiche einteilen:

Abb. 5: Das Spektrum der Frequenzen →

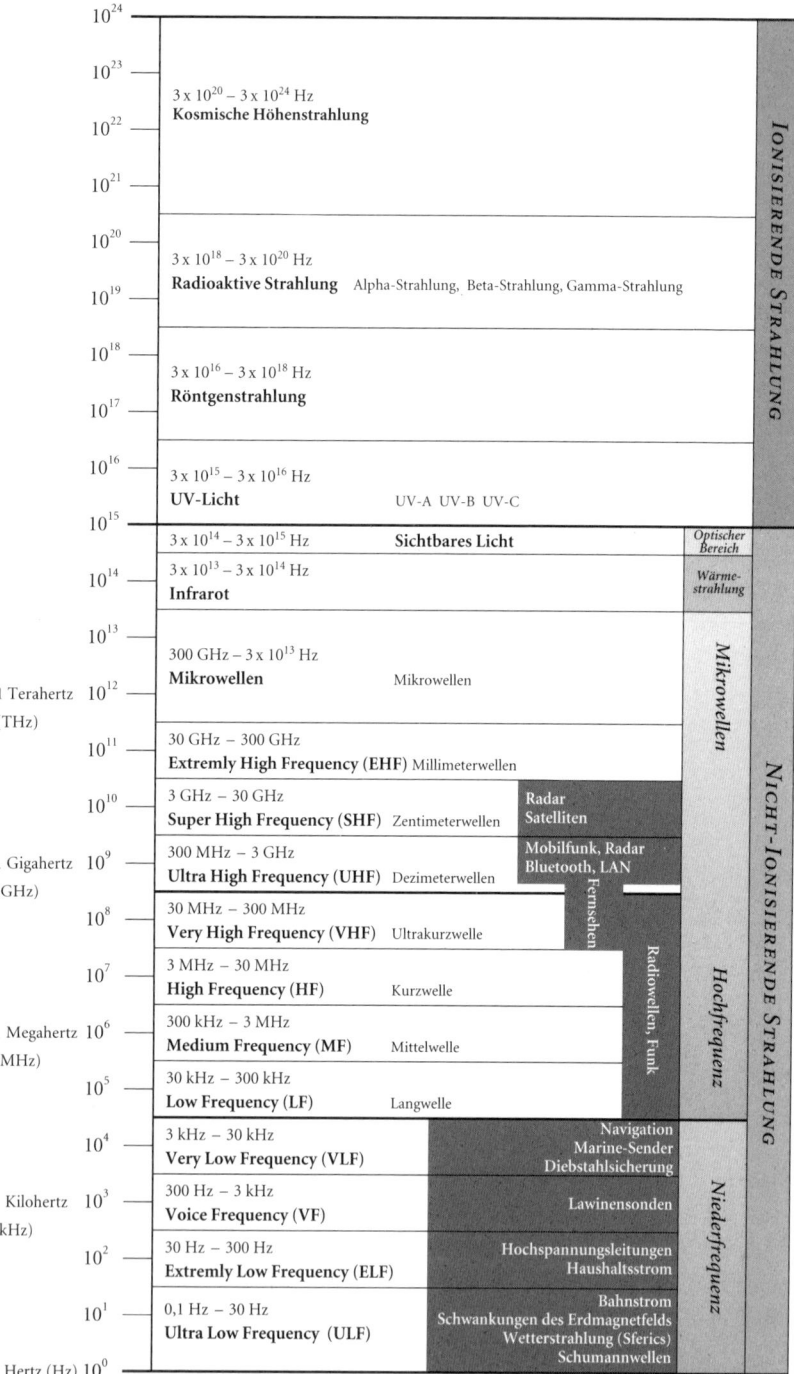

Strahlen und Wellen

In der Regel spricht man von **Strahlen oder Strahlung** im Frequenzbereich oberhalb des sichtbaren Lichts (siehe Grafik). Dazu gehören: Ultraviolette Strahlung, Röntgenstrahlung, Gamma- (radioaktive) Strahlung und Kosmische Höhenstrahlung.

Ionisierende Strahlung

Die physikalische Bezeichnung für diese Frequenzen ist auch »ionisierende Strahlung«. Diese kurzwellige Strahlung hat so viel Energie, daß sie in der Lage ist, Elektronen von Atomen abzuspalten und Moleküle (Verbindungen mehrerer Atome) aufzubrechen. Die zuvor elektrisch neutralen Atome werden dadurch positiv oder negativ geladen, d. h. »ionisiert«, und reagieren dann anders als das ungeladene Atom (Abb. 6 und Abb. 7).

Aufgebrochene Moleküle sind chemisch sehr aggressiv. Sie sind heute hinreichend unter dem Begriff »freie Radikale« bekannt, die Zellen schädigen oder sogar vernichten können (Abb. 8).

Nicht-ionisierende Strahlung

Im Frequenzbereich unterhalb des sichtbaren Lichts spricht man eher von Wellen oder Schwingungen: Mikrowellen, Radiowellen, Funkwellen, (UKW, KW, MW, LW), VLF (Very-Low-Frequency) -Wellen, ELF (Extreme-Low-Frequency) -Wellen und ULF (Ultra-Low-Frequency) -Wellen.

Diesen Frequenzbereich der Wellen oder Schwingungen bezeichnet man auch als nicht-ionisierende Strahlung. Diese hat nicht mehr genug Energie, um direkt Elektronen von Atomen abzuspalten oder Molekülbindungen aufzubrechen. Sie wirkt daher nicht so sichtbar und akut schädigend wie die höherfrequente ionisierende Strahlung.

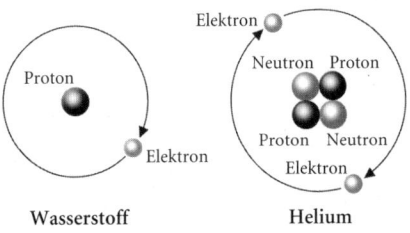

Abb. 6: Innerer Aufbau der Atome am Beispiel von Wasserstoff und Helium

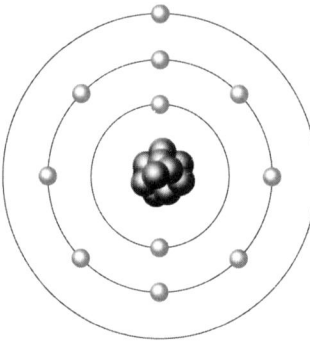
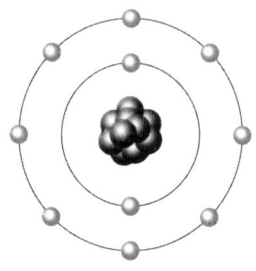

Natrium-Atom mit 11 Protonen (+) und 11 Elektronen (-)

Positiv geladenes Natrium-Ion mit 11 Protonen (+) und 10 Elektronen (-)

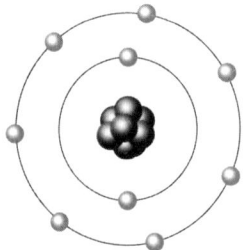
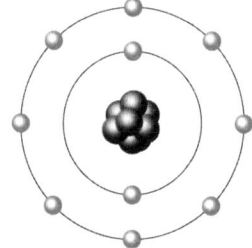

Fluor-Atom mit 9 Protonen (+) und 9 Elektronen (+)

Negativ geladenes Fluor-Ion mit 9 Protonen (+) und 10 Elektronen (-)

Abb.7: Bei Ionen entspricht die Anzahl der Elektronen nicht der Anzahl der Protonen im Atomkern.

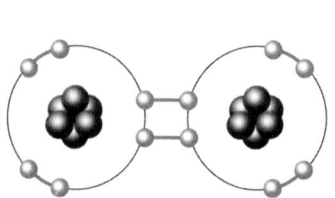
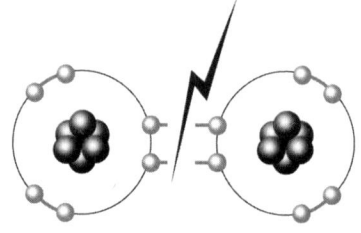

Sauerstoff kommt in der Luft meist als Molekül, zusammen mit einem anderen Sauerstoffatom vor (O2). Die Atome sind über Elektronen auf ihrer äußersten Schale miteinander verbunden.

Durch Strahlung können Molekülbindungen aufgebrochen werden. Die verbleibenden Einzelteile nennt man freie Radikale. Sie sind chemisch sehr aggressiv.

Abb. 8: Freie Radikale

Die Intensität

Die Intensität ist, neben Frequenz und Wellenlänge, ein weiterer Faktor, mit dessen Hilfe man eine Welle, das heißt eine Strahlung oder Schwingung beschreiben kann. Die Intensität ist die Stärke einer Strahlung. Physikalisch wird dies auch als »Amplitude« bezeichnet.

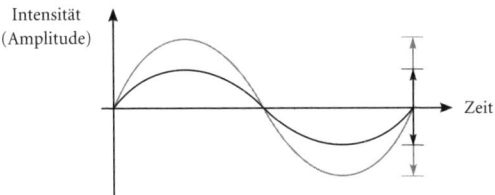

Abb. 9: Intensität (Amplitude) einer Schwingung

Im Bereich der hörbaren Schwingungen, der Töne, zeigt sich die Intensität zum Beispiel als Lautstärke, beim Sonnenlicht als Helligkeit.

Die Modulation

Die Modulation wird verwendet, um mit Hilfe von Wellen Informationen zu übertragen. Dabei wird eine Trägerwelle in einem bestimmten Rhythmus verändert. Dieser Rhythmus trägt verschlüsselt die zu übermittelnde Information, ähnlich wie beim Morse-Code. Diese kann vom Empfangsgerät »gelesen« und dann je nachdem wieder in Worte, Töne oder Bilder umgesetzt werden.

Im großen und ganzen gibt es drei verschiedene Arten von Modulation: die Amplitudenmodulation, die Frequenzmodulation und die Pulsmodulation.

Die Amplitudenmodulation

Hier wird die Intensität der Schwingung rhythmisch verändert. Sie wird hauptsächlich zur Übertragung von Sprachsignalen verwendet und kommt zum Beispiel bei Mittelwellen-Radiosendern zum Einsatz.

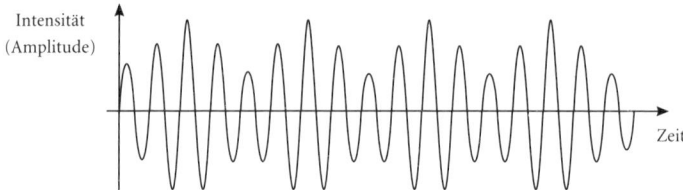

Abb. 10: Amplitudenmodulation

Die Frequenzmodulation

Bei der Frequenzmodulation werden Frequenz und Wellenlänge einer Trägerwelle rhythmisch verändert. Dieses Verfahren kommt bei UKW-Sendern zum Einsatz.

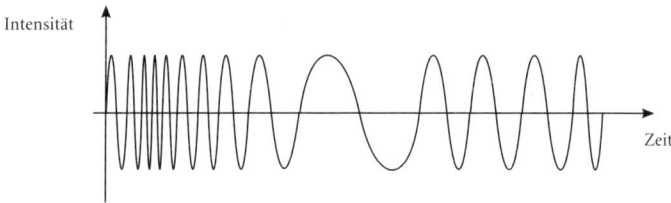

Abb. 11: Frequenzmodulation

Die Pulsmodulation

Radar und die moderne Mobilfunktechnik arbeiten mit der Pulsmodulation. Hierbei wird die Trägerwelle zusätzlich in einem bestimmten Rhythmus ein- und ausgeschaltet, also gepulst. Diese Technik macht es zum Beispiel beim Mobilfunk möglich, mehrere Gesprächsempfänger auf derselben Frequenz gleichzeitig zu bedienen.

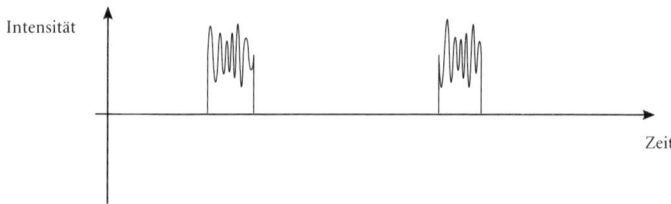

Abb. 12: Pulsmodulation

Das Wichtigste auf einen Blick

- Physikalische gesehen ist Schwingung oder Strahlung eine Welle.
- Jede Welle hat eine Länge, die **Wellenlänge** und eine **Frequenz** (Häufigkeit der Schwingungen pro Sekunde).
- Wellenlänge und Frequenz hängen zusammen: Je kürzer die Wellenlänge desto höher die Frequenz und umgekehrt.
- Anhand ihrer Frequenz und Wellenlänge können die Schwingungen in verschiedene Bereiche mit unterschiedlichen Eigenschaften unterteilt werden:
  Ionisierende Strahlung = Kosmische Höhenstrahlung, Radioaktive Strahlung, Röntgenstrahlung und UV-Licht
  Nicht-ionisierende Strahlung = Sichtbares Licht, Infrarot, Mikrowellen, Hochfrequenz und Niederfrequenz
- Wellen oder Strahlen können unterschiedlich stark sein, sie können verschiedene **Intensitäten** haben.
- Um Informationen (Töne, Sprache, Bilder) zu übertragen wird eine Trägerwelle rhythmisch verändert. Dies nennt man **Modulation**. Es gibt **Amplitudenmodulation, Frequenzmodulation** und **Pulsmodulation**.

Elektrizität und Magnetismus

Magnetismus

Das Wort »Magnet« stammt ursprünglich aus dem Griechischen und bezeichnete Steine aus der Landschaft Magnesia. Diese Steine hatten die Besonderheit, daß sie Eisen anziehen konnten.

Unter Magnetismus versteht man also die Eigenschaft eines Materials, ein anderes Stück desselben Materials anzuziehen und daran festzuhaften oder es abzustoßen.

Heute kennt man vier verschiedene Materialien, Eisen, Stahl, Nickel und Kobalt, die diese Eigenschaft haben können.

Magnete besitzen immer zwei Enden mit unterschiedlichen Eigenschaften, den Nord- und den Südpol. Diese können niemals getrennt vorkommen. Ein Nord- und ein Südpol ziehen sich an, zwei gleichgerichtete Pole (Nord-Nord, Süd-Süd) stoßen sich ab.

Elektrizität

Elektrizität stammt vom griechischen »elektron«, das auch »Bernstein« bedeutete. Dort beobachtete man wahrscheinlich zuerst elektrische Phänomene, denn wenn man Bernstein reibt, lädt er sich elektrisch auf und zieht andere Materialien wie zum Beispiel Staub und Aschepartikel an.

Genauso wie der Magnetismus ist die Elektrizität ein Grundphänomen der Natur und beruht auf der Tatsache, daß Materie aus unterschiedlich geladenen Teilchen aufgebaut ist.

Atome, die Grundbausteine der Materie, bestehen aus einer bestimmten Anzahl noch kleinerer Teilchen: den Protonen, Elektronen und Neutronen. Protonen haben positive Ladung, Elektronen negative und Neutronen sind neutral. Protonen und Elektronen sind immer in derselben Anzahl im Atom vorhanden, so daß sich die Ladungen aufheben und das Atom nach Außen hin neutral erscheint (siehe Abb. 6 auf S. 19).

Durch äußere Einflüsse können sich jedoch die Verhältnisse ändern. Zum Beispiel entsteht beim Bernstein durch die Reibung ein Gebiet mit einem Elektronenüberschuß, das heißt mit negativer Ladung. Dies kann nun positive Ladungen anziehen. Das Ziel dabei ist letztendlich immer ein Ladungsausgleich, also den »Urzustand« der Neutralität wiederherzustellen.

Ganz ähnlich wie sich beim Magnetismus Nord- und Südpol anziehen, zwei gleiche Pole sich aber abstoßen, ziehen sich also negative und positive Ladungen an, und gleichgerichtete Ladungen stoßen sich ab.

Negative Ladungen zeigen immer einen Überschuß an Elektronen (negativ geladenen Teilchen), positive Ladungen haben einen Elektronenmangel beziehungsweise einen Überschuß an Protonen.

Als Elektrizität bezeichnet man nun alle Phänomene, die aufgrund von positiven oder negativen Ladungen entstehen oder mit dem Transport von Ladung zu tun haben. Dazu gehört auch der elektrische Strom. Damit aber ein Strom fließen kann, muß eine Spannung vorhanden sein.

Die Spannung

Eine Spannung entsteht zwischen zwei unterschiedlichen Ladungen, die räumlich voneinander getrennt sind. Je stärker auf der einen Seite die negative Ladung (Elektronenüberschuß) und auf der anderen Seite die positive Ladung (Elektronenmangel) ist, desto stärker ist die Spannung. Spannung ist die

Voraussetzung dafür, daß ein Strom fließen kann. Verbindet man nämlich die beiden Pole durch ein leitfähiges Material, beginnt ein Strom zu fließen, die Ladungen gleichen sich aus und die Spannung wird abgebaut. Die Spannung und die Menge an elektrischem Strom, die fließen kann, sind also direkt voneinander abhängig.

Die Stärke der Spannung wird in Volt (V) gemessen.

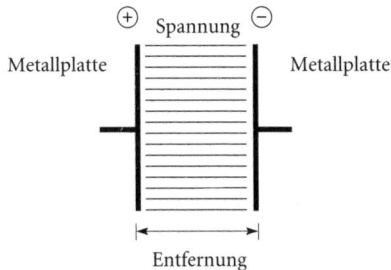

Abb. 13: *Spannung zwischen zwei ungleichnamigen Ladungen.*

Der elektrische Strom

Strom fließt, wenn Ladungen fließen, das heißt, freie negativ geladene Teilchen (Elektronen) sich von einem Ort zu einem anderen bewegen.

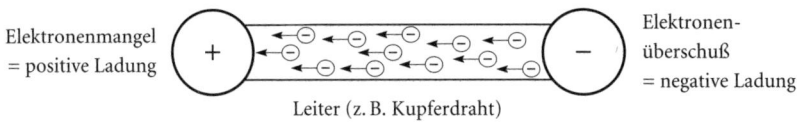

Abb. 14: *Elektronenfluß in einem Leiter*

Der interessante Nebeneffekt dieses Prozesses ist das, was wir tagtäglich nutzen – es wird Energie frei. Lassen wir also die Elektronen nicht nur durch einen Leiter (z. B. Kupferkabel), sondern außerdem durch eine Glühlampe fließen, beginnt diese zu leuchten und wandelt die freigewordene Energie in Licht und Wärme um.

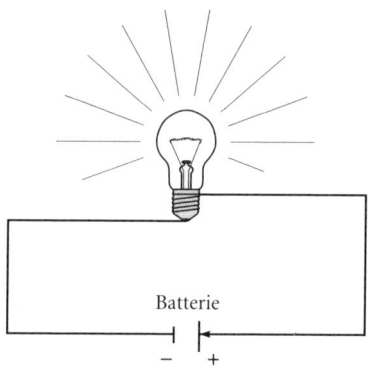

Abb. 15: Der Stromfluß bringt die Glühlampe zum Leuchten

Felder

Der Raum um einen Pol oder eine Ladung, in dem deren Kräfte wirksam sind, wird als Feld bezeichnet. Im Fall des Steins, der ins Wasser geworfen wird, macht das Wasser das entsprechende Feld in Form der Wellenringe sichtbar.

Die Felder von elektrischen und magnetischen Wellen sind räumlich, da diese sich von ihrem Entstehungspunkt in der Regel in alle Richtungen ausbreiten.

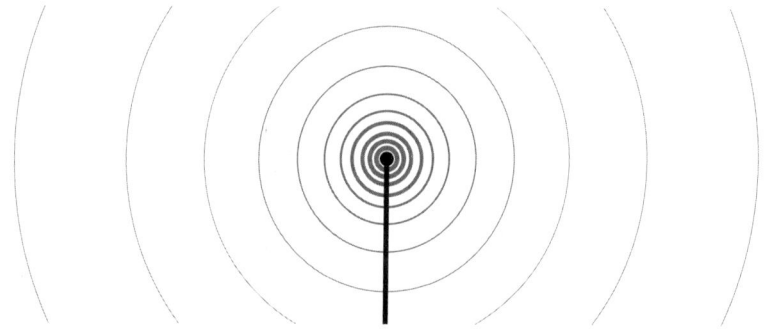

Abb. 16: Das kugelförmige Feld elektrischer und magnetischer Wellen

Je nach Quelle des Felds gibt es physikalisch gesehen unterschiedliche Arten von Feldern: elektrische, magnetische und elektromagnetische Felder, sowie Gleich- und Wechselfelder. Da die verschiedenen Felder, ihre Eigenschaften,

Besonderheiten und Auswirkungen, eigentlich das sind, was normalerweise unter dem Begriff »Elektrosmog« zusammengefaßt wird, sehen wir sie uns nun etwas näher an.

Das magnetische Feld

Ein magnetisches Feld ist der Raum, in dem ein Magnet seine Wirkung entfaltet, d. h. in dem er z. B. ein Stück Eisen anziehen kann. Die Stärke des Feldes ist dabei abhängig von der Entfernung.

Je weiter das Eisen vom Magneten entfernt ist, desto weniger Anziehungskraft übt er auf es aus, bis irgendwann das Eisenstück überhaupt nicht mehr angezogen wird. In der Regel ist das Magnetfeld ganz nah am Magneten sehr stark und nimmt dann mit größer werdender Entfernung sehr schnell ab.

Magnetfelder gibt es aber auch unabhängig von Magneten. Wenn in einem Leiter ein elektrischer Strom fließt, entsteht ebenfalls ein Magnetfeld. Es verschwindet dann allerdings, sobald der Stromfluß aufhört, während das Magnetfeld eines »echten« Magneten immer vorhanden ist.

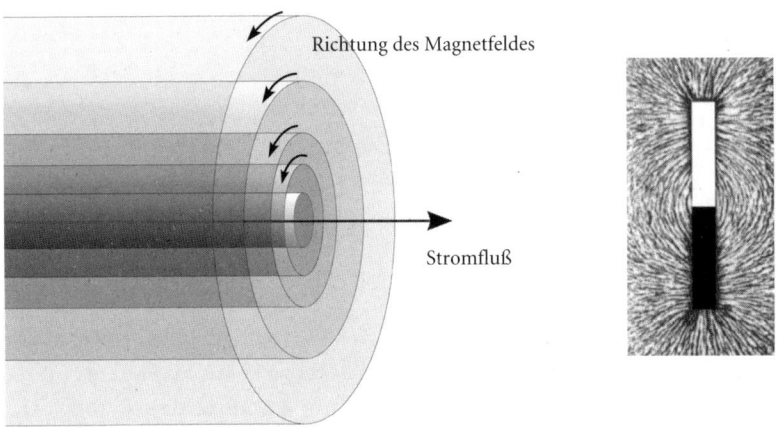

Abb. 17: *Das Magnetfeld eines stromdurchflossenen Leiters*
Rechts: *Das magnetische Feld eines Stabmagneten durch Eisenspäne sichtbar gemacht*

In der Praxis macht man sich diese Tatsache zunutze, um starke »künstliche« Magnete zu erzeugen, indem man Draht auf eine Spule um einen Eisenkern wickelt und einen Strom hindurchfließen läßt. Diese sogenannten »Elektromagnete« können sehr viel stärkere Anziehungskräfte entwickeln als natürliche Magnete.

Das elektrische Feld

Den Raum um eine Ladung, in dem sie in der Lage ist, eine andere Ladung zu beeinflussen, bezeichnet man als elektrisches Feld. Es entsteht durch das Vorhandensein einer Ladung oder den Ladungsunterschied zweier Pole, also durch das Vorhandensein einer Spannung. Wird die Spannung abgebaut, verschwindet das elektrische Feld.

Genauso wie das magnetische Feld ist es in der Nähe des Verursachers am stärksten und nimmt mit zunehmender Entfernung ziemlich schnell ab.

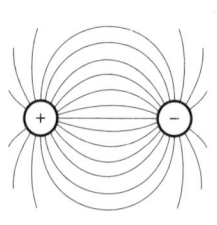
Elektrisches Feld zwischen zwei ungleichnamigen Ladungen

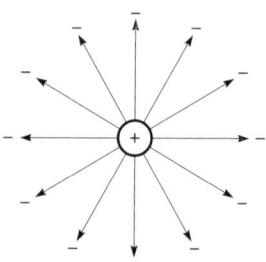
Feld einer kugelförmigen positiven Ladung

Abb. 18: Das elektrische Feld

Ein elektrisches Feld kann man zum Beispiel beobachten, wenn man sich mit einem Kunststoffkamm die Haare kämmt. Dabei kann es passieren, daß diese dabei durch die Reibung negativ mit Elektronen aufgeladen werden. Die Ladung eines Haares stößt dann die der anderen Haare ab. Sie stehen in alle Richtungen ab und zeigen dadurch die Größe des elektrischen Feldes.

Elektrische und magnetische Felder können sich gegenseitig bedingen. Sobald ein Strom fließt, entsteht immer ein magnetisches Feld rund um den Leiter. Bewegt man dagegen einen Leiter in einem Magnetfeld, beginnt im Inneren des Leiters ein Strom zu fließen, und es entsteht ein elektrisches Feld.

Sowohl elektrische wie auch magnetische Felder können als Gleich- oder als Wechselfelder vorkommen:

Das Gleichfeld

Das Gleichfeld verändert sich nicht, es bleibt immer gleich. Um den Nord- und Südpol eines Magneten entsteht zum Beispiel ein magnetisches Gleichfeld. Genauso gibt es ein elektrisches Gleichfeld.

Während das magnetische Gleichfeld eines Magneten in seiner Stärke über längere Zeit hinweg konstant bleibt, können sich elektrische Felder kurzfristig auf- und wieder abbauen.

Ein elektrisches Gleichfeld entsteht zum Beispiel durch Reibung an bestimmten Materialien. Besonders leicht lassen sich der schon erwähnte Bernstein, Haare, Wolle und Kunststoffe elektrisch aufladen. Kommen sie dann mit einem leitfähigen Material in Berührung, baut sich das elektrische Feld wieder ab. Auch der menschliche Körper kann sich elektrisch aufladen, bedingt vor allem durch Kunststoffkleidung und isolierende Schuhsohlen. Die Kleidung lädt sich durch die Reibung der Luft mit Elektronen auf, aber durch die isolierenden Schuhsohlen können sie nicht sofort durch den Körper zur Erde hin abfließen. Den Abbau dieses elektrischen Gleichfelds spürt man dann als »elektrischen Schlag«, wenn durch die Berührung mit einem leitfähigen Material, wie zum Beispiel metallischen Türgriffen oder Autotüren, die überschüssigen Elektronen plötzlich als Strom abfließen.

Ein elektrisches Gleichfeld entsteht aber auch zwischen den beiden Polen einer Batterie. Die Batterie erzeugt eine Spannung. Verbindet man die beiden Pole fließt eine Strom, und die Spannung baut sich ab. Ist die Batterie leer, ist die Spannung vollständig abgebaut. Dann ist auch kein elektrisches Feld mehr vorhanden, und es kann kein Strom mehr fließen.

Gleichfelder haben keine Frequenz, da sie nicht schwingen, sondern konstant sind.

Das elektrische Gleichfeld wird auch »Elektrostatik« genannt, entsprechend das magnetische Gleichfeld, »Magnetostatik«. »Antistatische« Materialien laden sich nicht elektrisch auf.

Die Stärke des elektrischen Gleichfelds wird in **Volt pro Meter (V/m)** gemessen. Bei magnetischen Gleichfeldern mißt man deren Stärke mit einem Kompaß, anhand der Abweichung ihrer Feldlinien vom natürlichen Verlauf des Erdmagnetfelds in **Grad (°)**.

Das Wechselfeld

Ein Wechselfeld liegt dann vor, wenn Pole oder Ladungen nicht konstant sind, sondern ständig wechseln.

Im Fall eines magnetischen Wechselfelds tauschen sich Nord- und Südpol rhythmisch aus. Der regelmäßige Wechsel der Pole ergibt dann eine Schwingung mit einer bestimmten Frequenz. Tauschen die Pole zum Beispiel 50 mal pro Sekunde den Platz, ergibt sich ein magnetisches Wechselfeld mit einer Frequenz von 50 Hz. Dasselbe gilt für das elektrische Wechselfeld.

In unseren Steckdosen findet zum Beispiel solch ein ständiger Wechsel der Ladung statt. Ein Überschuß von Elektronen (negative Ladung) wird von einem Mangel (positive Ladung) abgelöst. Dieser Wechsel findet 50 mal pro Sekunde statt, die berühmten 50 Hz. Dabei entsteht um die Leitungen, Steckdosen und entlang der Anschlußkabel ein elektrisches Feld, das sich rhythmisch verändert, das elektrische Wechselfeld.

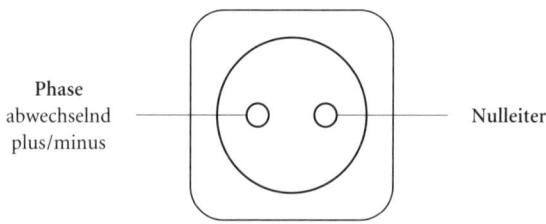

Abb. 19: Wechselstrom aus der Steckdose

Das elektrische Wechselfeld ist vorhanden, sobald eine Spannung anliegt, das heißt, sobald ein Gerät an die Steckdose angeschlossen ist, auch wenn es nicht eingeschaltet ist und kein Strom fließt. Wenn Strom fließt, steigt es in seiner Stärke an und erzeugt dabei noch ein magnetisches Wechselfeld.

Die Stärke des magnetischen Wechselfelds wird als **magnetische Flußdichte** bezeichnet und in **Tesla (T)** gemessen. Manchmal findet man auch die **Feldstärke** in **Ampère pro Meter (A/m)** angegeben.

Die Stärke des elektrischen Wechselfelds wird als **Feldstärke** bezeichnet und in **Volt pro Meter (V/m)** gemessen.

Das elektromagnetische Feld

Ab einer Frequenz von ca. 30 Hertz treten das elektrische und magnetische Feld nicht mehr getrennt, sondern aneinander gekoppelt auf. Deshalb spricht man bei diesen Frequenzen in der Regel nur noch von elektromagnetischen Feldern. Elektromagnetische Felder haben damit sowohl die Eigenschaften von elektrischen wie auch die von magnetischen Feldern.

Die Stärke des elektromagnetischen Felds wird als Feldstärke in Volt pro Meter (V/m) oder als Leistungsdichte in Mikrowatt pro Quadratmeter ($\mu W/m^2$) gemessen.

Das Wichtigste auf einen Blick

- **Magnetismus** und **Elektrizität** sind zwei Grundphänomene der Natur. Beide zeigen eine grundlegende Polarität unserer Welt.
- Durch diese Polarität werden Kräfte erzeugt, die sich anziehen oder abstoßen.
- Gleiche Pole oder Ladungen stoßen sich ab, unterschiedliche Pole oder Ladungen ziehen sich an.
- Zwei unterschiedliche Ladungen, die räumlich getrennt sind, erzeugen eine **Spannung.** Diese Spannung ist die Voraussetzung dafür, daß ein **elektrischer Strom** fließen kann.
- Um zwei Ladungen (positive und negative) voneinander zu trennen und eine Spannung zu erzeugen, muß man Energie aufwenden. Wenn ein Strom fließt und diese Ladungen sich wieder ausgleichen, wird Energie frei.
- Durch Magnetismus und Elektrizität entstehen **Felder.** Unter dem Begriff »Feld« versteht man den Raum, in dem eine elektrische oder magnetische Kraft wirkt.
- Das elektrische Feld entsteht durch das Vorhandensein einer **Ladung** oder einer **Spannung.**
- Das magnetische Feld entsteht durch einen **Magneten** oder dadurch, daß ein **Strom** fließt.
- Die Stärke der Felder nimmt mit zunehmender Entfernung rasch ab.
- Es gibt Gleich- und Wechselfelder.
- Elektrische und magnetische **Gleichfelder**, die auch als Elektrostatik bzw. als Magnetostatik bezeichnet werden, sind konstant und haben keine Frequenz. Elektrische Gleichfelder entstehen durch Reibung an Haaren, Wolle und Kunststoffen wie auch an einer Batterie.
- Bei elektrischen und magnetischen **Wechselfeldern** wechseln die Pole oder Ladungen rhythmisch. Dadurch entsteht eine Schwingung. Die Anzahl der Wechsel pro Sekunde ist die Frequenz des Wechselfeldes. Wechselfelder werden in unserer Stromversorgung eingesetzt.
- Bei Feldern mit relativ niedriger Frequenz unter 300 kHz sind elektrisches und magnetisches Feld getrennt meßbar und wirksam. Oberhalb dieser Frequenz spricht man dann von einem **elektromagnetischen Feld**, da elektrisches und magnetisches Feld dann nicht mehr getrennt voneinander erfaßbar sind.

Die Stärke und Ausdehnung von Feldern

Die Stärke und Ausdehnung der Felder ist, je nach Art des Feldes, abhängig von verschiedenen Faktoren:

Die Stärke des **elektrischen Gleichfelds (Elektrostatik)** ist abhängig von:
- der **Reibung** und Luftbewegung
  (Durch Reibung, die auch einfach durch die Bewegung der Raumluft zustande kommen kann, laden sich bestimmte Materialien elektrisch auf. Je mehr Reibung, desto größer die Aufladung.)
- der Oberflächenspannung und **Leitfähigkeit** des Materials
  (Je mehr Spannung an der Oberfläche eines Materials vorhanden ist – entstanden durch Reibung – und je weniger leitfähig es ist, desto stärker wird das elektrische Gleichfeld und desto länger bleibt es bestehen.)
- der Leitfähigkeit der **Umgebung**
  (Je weniger leitfähig die Umgebung ist, desto länger bleibt die Aufladung bestehen. Durch eine hohe Luftfeuchtigkeit fließt Ladung ab, und die statische Aufladung wird schwächer.)
- vom **Abstand** zur Feldquelle
  (Mit zunehmendem Abstand zur Quelle nimmt die Stärke des Feldes relativ schnell ab.)

Die Stärke des **magnetischen Gleichfelds** ist abhängig von:
- der **Stärke des Gleichstroms** in Leitungen und Geräten
  (Sobald ein Strom in einem Leiter fließt, entsteht ein magnetisches Feld. Je mehr Strom fließt, desto größer ist das Feld.)
- der **Art und Verarbeitung** magnetisierter Metalle
  (Metalle können unterschiedlich stark magnetisiert sein. Je nachdem ist auch das magnetische Gleichfeld stärker oder schwächer.)
- dem **Abstand** zur Feldquelle.
  (Mit zunehmendem Abstand zur Quelle nimmt die Stärke des Felds relativ schnell ab.)

Die **Feldstärke** des **elektrischen Wechselfeldes** ist abhängig von:
- der Höhe der **Spannung**
  (Je höher die Spannung, desto größer und stärker ist das elektrische Feld.)

- der Beschaffenheit und **Leitfähigkeit** der Umgebung
  (Je größer die Leitfähigkeit des umgebenden Materials, desto kleiner ist das elektrische Feld. Zum Beispiel leiten Steinwände das elektrische Feld von Leitungen besser ab, als Holz oder Gipswände. Hier ist das elektrische Feld größer.)
- dem Vorhandensein beziehungsweise der Qualität der **Erdung**
  (Werden elektrische Geräte oder Leitungen geerdet, ist ihr Feld wesentlich kleiner.)
- der **Anordnung** von Leitungen und Geräten zueinander
  (Bei ungünstiger Anordnung können sich die Felder gegenseitig aufschaukeln.)
- der **Art und Qualität** der Installationen
  (Je nachdem welche Art von Leitungen verwendet wurden und ob sie korrekt verlegt und angeschlossen sind, können die Felder größer oder kleiner sein.)
- dem **Abstand** von der Quelle des Feldes.
  (Mit zunehmendem Abstand zur Quelle nimmt die Stärke des Felds relativ schnell ab.)

Die Stärke des **magnetischen Wechselfeldes** (**magnetische Flußdichte**) ist abhängig von:
- der Höhe der **Stromstärke**
  (Sobald ein Strom in einem Leiter fließt, entsteht ein magnetisches Feld. Je mehr Strom fließt, desto größer ist das Feld.)
- dem **Abstand von Hin- und Rückleiter** zueinander
  (Durch die unterschiedliche Richtung des Stromflusses haben auch die Magnetfelder eine unterschiedliche Ausrichtung und heben sich gegenseitig auf, wenn Hin- und Rückleiter nah genug beieinander liegen. Je weiter diese voneinander entfernt sind, desto weniger können sie sich gegenseitig kompensieren und desto stärker ist das Magnetfeld.)
- dem **Abstand** zur Feldquelle.
  (Mit zunehmendem Abstand zur Quelle nimmt die Stärke des Felds relativ schnell ab.)

Die Stärke des **elektromagnetischen Wechselfeldes** (**Feldstärke** oder **Leistungsdichte**) ist abhängig von:
- der **Leistung** des Senders
  (Je höher die Leistung des Senders, desto größer ist die Feldstärke. Je nach Auslastung seiner Sendekapazität sendet ein Sender mit mehr oder weniger Leistung.)

- **Art, Aufbau und Ausrichtung** des Senders
  (Je nach Art, Aufbau und Ausrichtung der einzelnen Antennen eines Senders kann die Leistungsdichte der Strahlung an unterschiedlichen Orten, in unterschiedlichen Richtungen und Entfernungen jeweils unterschiedlich hoch sein. Radio-, Fernseh- und Sender von DECT-Schnurlostelefonen strahlen zum Beispiel gleichmäßig in alle Richtungen ab, während Mobilfunkantennen ausgerichtet sind und in bestimmte Richtungen stärker strahlen.)
- **Kombinationen** verschiedener Sender
  (Durch die Kombination verschiedener Sender kann es zu unerwarteten Effekten kommen. So wird zum Beispiel die Strahlung eines Mobilfunksenders durch die Kombination mit den Wellen eines Fernsehsenders kilometerweit »verschleppt«.)
- den **Abstand** zum Feldverursacher
  (Mit zunehmendem Abstand zur Quelle nimmt die Stärke des Feldes relativ schnell ab.)
- **Art der Bebauung und Landschaftsformationen.**
  (Hochfrequente elektromagnetische Wellen werden von festen (Bau-)Materialien stark gedämpft und/oder reflektiert. Dichte Bebauung und andere feste Barrieren verringert die Feldstärke. Andererseits kann es, durch vielfältige Reflektionen, an bestimmten Punkten auch zu einer Summierung und Überhöhung der Feldstärke kommen.)
- **Umwelt- und Wettergegebenheiten**
  (Bei Nebel und sehr hoher Luftfeuchtigkeit kann die Reichweite von Hochfrequenzsendern erhöht sein.)

Elektrische Felder kann man relativ leicht abschirmen, indem man sie durch eine geerdete Abschirmung ableitet. Auch werden sie von festen Baustoffen wie Stein oder Beton gut abgehalten.

Hochfrequente Strahlung kann man mit speziellen Materialien ebenfalls abschirmen. Auch sie werden von Wänden aus Stein, Lehm oder Beton zu einem großen Teil reflektiert.

Magnetische Felder sind oft deshalb so problematisch, weil man sie nicht abschirmen kann. Man kann sie mit Hilfe einer speziellen Metallegierung (MU-Metall) nur dämpfen.

Weitere Informationen zur Abschirmung finden Sie in Teil 4 im Kapitel »Professionelle Hilfe« unter *Abschirmung*.

Teil 2
Die biologische Wirkung von Strahlen und Wellen

Die Bedeutung von Strahlen und Wellen für das Leben

Strahlung ist nicht grundsätzlich »schlecht«. Wir sind überall von Strahlung umgeben, und elektromagnetische Wellen und Felder sind für das biologische Leben von großer Bedeutung.

Aus dem Kosmos treffen Strahlen des ganzen Spektrums die Erde. Von der extrem kurzwelligen kosmischen Höhenstrahlung bis hin zu den extrem langwelligen ULF-Wellen. Das meiste davon wird von den verschiedenen Schichten der Atmosphäre absorbiert. Nur zwei Frequenzbereiche, die sogenannten »biologischen Fenster«, erreichen die Erdoberfläche.

Dies ist das optische Fenster (UV, das sichtbare Licht und Infrarot) und das Radiofenster (Hochfrequenzstrahlung/Radiowellen).

Weitere natürliche Strahlungs- oder Schwingungsformen, denen wir permanent ausgesetzt sind, sind das Erdmagnetfeld und das elektrische Feld der Luft. Die Atmosphäre selbst erzeugt eine sehr niederfrequente Strahlung (ULF, 0,1 - 30 Hz), und zwischen Erdoberfläche und Ionosphäre bilden sich stehende Wellen im ELF Bereich, die sogenannte Schumann-Resonanz. Die Erde selbst sendet ebenfalls Schwingungen verschiedener Frequenzen aus.[1]

Wir leben also in einem Meer von Schwingungen, und sicherlich waren diese mitbestimmend für die Entwicklung des Lebens, wie wir es auf diesem Planeten kennen. Kommunikationsprozesse zwischen den Zellen funktionieren mit elektromagnetischen Wellen, und auch die Reizleitung der Nerven ist ein elektrischer Vorgang. Neuere Forschungen gehen sogar noch weiter und betrachten die Überlagerung verschiedener elektromagnetischer Schwingungen und Felder als Ursache für die Entstehung der Materie überhaupt.[2]

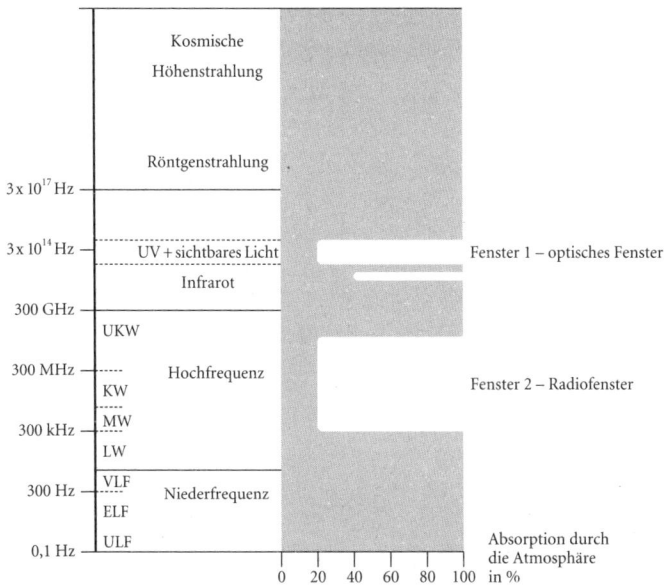

Abb. 20: Das »atmosphärische Fenster«

Strahlen und Wellen sind also eigentlich etwas Natürliches überall vorhanden und nicht grundsätzlich negativ zu bewerten. Im Idealfall wirken sie aufbauend und ordnend auf die Materie und das Leben. Einige Schwingungen aus dem natürlichen Spektrum sind nachgewiesenermaßen sogar lebenswichtig. Bei den ersten Raumflügen wurden Astronauten krank, weil ihnen die Frequenzen der sogenannten Schumann-Resonanz im Weltraum fehlte. Die Symptome verschwanden, nachdem man ihnen Geräte mitgab, die diese Schwingungen künstlich erzeugten.

Was macht also den Unterschied? Warum können Strahlen und Wellen krank machen?

In den folgenden Kapiteln finden Sie verschiedene Faktoren beschrieben, die bei der biologischen Wirkung von elektromagnetischen Wellen eine Rolle spielen können.

Außerdem werden wir einen Blick auf die neuesten Erkenntnisse aufgeschlossener Wissenschaftler werfen, um zu verstehen, warum auch dort eine Wirkung elektromagnetischer Wellen feststellbar ist, wo die konventionelle Wissenschaft dies bisher vehement bestreitet.

Thermische und nicht-thermische Wirkung

Grundsätzlich können zwei Wirkmechanismen unterschieden werden: die thermische und die nicht-thermische Wirkung.

Thermische Wirkung

Jede Welle und jede Strahlung hat eine bestimmte Menge Energie, die von Objekten oder auch dem menschlichen Körper aufgenommen wird, wenn sie ihn erreicht. Diese wird dann dort in Wärme umgewandelt. Thermische Wirkung heißt also, daß sich die Stelle erwärmt, an der eine Strahlung auf einen Körper trifft.

Höhere Frequenzen mit kurzen Wellenlängen sind grundsätzlich energiereicher als niedere Frequenzen mit langen Wellenlängen. Deshalb kommt die Wärmewirkung von elektromagnetischen Wellen in der Regel nur bei ionisierender Strahlung und bei der nichtionisierenden Strahlung erst im sogenannten hochfrequenten Bereich bei hoher Dosierung zum Tragen. Niederfrequente Wellen haben nicht mehr genug Energie, um eine Erwärmung zu bewirken.

Die thermische Wirkung von Strahlung ist gut erforscht. Die Schäden sind sofort sichtbar, leicht zu messen und abhängig von der Intensität der Strahlung – je größer die Dosis und je höher die Frequenz, desto stärker sind die Auswirkungen. Je nach eingestrahlter Energiemenge kann es dann zu Überhitzung bis hin zu Verbrennungen kommen. Die Grenzwerte, ab wann es zu einer (wissenschaftlich relevanten) Erwärmung kommt, sind abhängig von der Frequenz. Sie werden in den Richtlinien der IRPA (Internationale Strahlenschutzkommission) und der WHO (Weltgesundheitsorganisation) definiert, die ausschließlich die thermische Wirkung der elektromagnetischen Strahlung in Betracht ziehen.

Nicht-thermische Wirkung

Sehr viel schwieriger zu erfassen ist die nicht-thermische Wirkung von Strahlung. Das heißt die Wirkungen der Strahlung unabhängig von einer Erwärmung des Gewebes. Bei ionisierender Strahlung wie Radioaktivität oder Röntgenstrahlung ist sie gut erforscht und allgemein anerkannt – jeder weiß, daß auch eine sehr geringe Menge an radioaktiver Strahlung die Gesundheit irreparabel schädigt, ohne daß sich das Gewebe dabei erwärmt.

Im Bereich der nichtionisierenden Strahlung, wie zum Beispiel Haushaltsstrom, Rundfunk, Fernsehen und Mobilfunk, scheiden sich dagegen die Geister. Viele offizielle Stellen und etablierte Wissenschaftler schließen eine nichtthermische Wirkung aus, da es bisher kein wissenschaftlich anerkanntes Erklärungsmodell für die Wirkmechanismen gibt. Man stellt sich also auf den Standpunkt: Wir können uns nicht vorstellen, wie es wirken sollte – nach gängigen Auffassungen dürfte es nicht wirken –, also wirkt es auch nicht. Dabei werden Hinweise internationaler Forscher, die zumindest hellhörig machen müßten, konsequent ignoriert.

Der Stand der Wissenschaft

Seit mehr als 50 Jahren wird auf dem Gebiet der nicht-thermischen Wirkung elektromagnetischer Wellen geforscht. Wissenschaftliche Nachweise, nach den gängigen Spielregeln, gibt es allerdings nur wenige. Denn die Voraussetzung dafür sind in der Regel Laborversuche unter kontrollierten Bedingungen, deren Ergebnisse von anderen Wissenschaftlern beliebig oft reproduzierbar sein müssen.

Die Gründe dafür dürften darin zu suchen sei, daß es kaum unabhängige Forschung in diesem Bereich gibt. – Forschungen werden fast ausschließlich von der Wirtschaft finanziert, die ein Interesse daran hat, daß die Ergebnisse ihren Zielen entsprechen. Im Fall von unliebsamen Ergebnissen wurden Studien in mehreren Fällen jahrelang geheimgehalten und Forscher massiv unter Druck gesetzt. Unerwünschte Ergebnisse werden auch gerne mit »Gegenstudien« in Frage gestellt. Dabei ist es relativ einfach, die Versuche so zu gestalten, daß man das gewünschte Ergebnis erhält – bewußt oder unbewußt.[3]

Zu diesen zur Genüge bekannten Problemen wissenschaftlicher Forschung kommt nun noch hinzu, daß die Wirkmechanismen im nicht-thermischen Bereich wesentlich komplexer und dadurch mit den Standard-Verfahren der Wissenschaft nur schwer erfaßbar sind. Die Wissenschaft sucht stets nach einfachen Ursache-Wirkungs- oder Reiz-Reaktions-Mechanismen, die immer wiederholbar, also allgemeingültig sind. Für das Zustandekommen der nichtthermischen Wirkungen nichtionisierender Strahlung spielen jedoch sehr viele meßtechnisch schwer erfaßbare Faktoren eine Rolle: die Frequenz und

Intensität der Strahlung, der Allgemeinzustand des Körpers, der Stand des biologischen Rhythmus, persönliche Resonanzfähigkeit und anderes. All diese Faktoren für wiederholte Untersuchungen in einem Laborversuch konstant zu halten, so daß die Ergebnisse am Ende vergleichbar sind, ist äußerst schwierig.

Auch reagiert jeder Organismus anders auf einen elektromagnetischen Impuls geringer Intensität. Die Möglichkeiten des Körpers, Einflüsse dieser Art zu kompensieren und zu verarbeiten, sind ungeheuer vielseitig. Da wir im wahrsten Sinne des Wortes lebendig und eben keine technischen Maschinen sind, fallen unsere »Antworten« auf den nicht-thermischen Einfluß der Strahlung eben individuell aus.

Im Grunde ist dieses Prinzip auch bei der Wirkung anderer Einflüsse bekannt. Überschreitet zum Beispiel die Lautstärke von Musik eine gewisse Grenze, tragen die meisten Menschen Hörschäden davon. Dies wäre der thermischen Wirkung von Strahlung vergleichbar. Diese Auswirkung von Lautstärke ist reproduzierbar und allgemeingültig. Eine geringere Lautstärke ruft nun nicht mehr bei allen Zuhörern sofort Hörschäden hervor, vielleicht nur noch bei Vorgeschädigten oder sehr sensiblen Personen. Bei den anderen treten vielleicht Kopfschmerzen, Übelkeit oder ein allgemeines Unwohlsein auf, wenn sie dieser Musik für längere Zeit ausgesetzt sind. Die Tagesverfassung, die Art der Musik, ob sie einem angenehm oder unangenehm ist, ob sie einen an etwas Bestimmtes erinnert, verändert die Wirkung und die individuellen Reaktionen auf eine bestimmte Musik ebenfalls. Dies entspräche der nicht-thermischen Wirkung von Strahlung, und niemand käme auf die Idee, die Wirkung von Musik auf die Gesundheit und das Wohlbefinden in diesem Fall zu leugnen, nur weil sie nicht sofort Hörschäden hervorruft. Ein Feld von 50 Hz und der Stärke von 200 nT ruft also nicht bei allen Menschen die gleichen Reaktionen hervor. Der eine bekommt Kopfschmerzen, der andere hat Schwierigkeiten zu schlafen, und ein Dritter spürt vielleicht lange Zeit gar nichts und reagiert erst sehr viel später mit chronischen Störungen.

Dies ist ein weiterer Punkt, der in wissenschaftlichen Studien, die die Unbedenklichkeit im nicht-thermischen Bereich belegen sollen, immer wieder vernachlässigt wird: Die meisten Effekte treten mit Zeitverzögerung nach einer Dauerbelastung über mehrere Monate oder Jahre auf und sind chronischer Natur. Deshalb ist es dann oft schwierig einen eindeutigen Ursache-Wirkungs-Zusammenhang nachzuweisen.

All diese Faktoren tragen dazu bei, daß die nicht-thermische Wirkung nicht-ionisierender Strahlung bisher wissenschaftlich nicht als erwiesen gilt. Zumindest ist dies die Meinung des wissenschaftlichen »Mainstream«, der

Politik und der Wirtschaft. Als Kontrapunkt dazu kann die Erklärung, auf die sich 16 bekannte Wissenschaftler beim Symposium über biologische und gesundheitliche Auswirkungen hochfrequenter elektromagnetischer Wellen der Universität Wien vom 25. - 28. Oktober 1998 geeinigt haben, gelten: »Die Teilnehmer stimmen darin überein, daß biologische Effekte im nicht-thermischen Bereich wissenschaftlich gesichert sind.«[4]

Ob wir allerdings darauf warten können und wollen, bis die restliche wissenschaftliche Welt und die Politik diese Meinung teilen, ist fraglich. Unzählige Erfahrungen aus der Praxis von Baubiologen, Ärzten und Heilpraktikern sprechen hier für sich. Sie zeigen, daß mit der Sanierung einer Elektrosmogbelastung zum Teil gravierende Beschwerden verschwanden. Es gibt außerdem unzählige Studien von international anerkannten Wissenschaftlern, die als wissenschaftlicher Beweis nicht anerkannt werden, aber eindeutig Wirkungszusammenhänge auch im nicht-thermischen Bereich aufzeigen.

Diese Studien sind größtenteils sogenannte epidemiologische* Studien. Hier wird eine definierte Bevölkerungsgruppe statistisch auf bestimmte Auswirkungen hin untersucht. Zum Beispiel erfaßt man die Häufigkeit des Auftretens von Krebs bei Lokomotivführern, die langfristig einer höheren Belastung mit elektrischen und magnetischen Feldern am Arbeitsplatz ausgesetzt waren. Liegt diese über dem landesüblichen Durchschnitt, kann man auf einen Zusammenhang mit den Feldern rückschließen.

Aufgrund dieser Studien kann man als gesichert ansehen:
- daß elektromagnetischen Feldern im nicht-thermischen Bereich eine Wirkung haben.
- daß immer wieder bestimmte Symptome im Zusammenhang damit auftreten.
- daß bestimmte Krankheiten im Zusammenhang damit vermehrt auftreten und anscheinend durch die Felder zumindest gefördert werden.

Wir selbst betrachten die Diskussion um die nicht-thermische Wirkung von elektromagnetischen Feldern unter einem ganz praktischen Gesichtspunkt. Hinweise auf die Wirkung gibt es genügende, genauso wie persönliche Erfahrungen – ausreichend, um die Notwendigkeit zu erkennen, etwas zu tun, anstatt den Kopf in den Sand zu stecken.

---

* Epidemiologie: Medizinische Forschungsrichtung, die sich mit Krankheiten befaßt, die im ganzen Volk verbreitet sind.

Für Mobilfunk-Sendeanlagen haben Haftpflicht-Versicherungen den Versicherungsschutz für gesundheitliche und andere Schäden durch elektromagnetische Strahlung ausgeschlossen.

Schweizer Versicherungen lehnen die Haftung ab, weil sie laut einer Studie der Schweizer Rückversicherung ansonsten die Zahlungsunfähigkeit der Versicherungswirtschaft befürchten. Das heißt konkret: Mit dem Eintreten des Versicherungsfalls, also gesundheitlichen Schäden durch Mobilfunk, wird früher oder später gerechnet – wenn es um's Geld geht, scheinen also die bis jetzt bekannten Hinweise bereits zu genügen.

Zudem leben wir nicht im Labor, mit ausgewählten Einflüssen unter exakt kontrollierten Bedingungen, sondern sind im Alltag, den verschiedensten Belastungen ausgesetzt, die sich summieren und miteinander wechselwirken. Strahleneinflüsse im nicht-thermischen Bereich wirken auch nicht, wie in den meisten Laborversuchen, nur eine gewisse Zeit auf uns ein, sondern tagtäglich, 24 Stunden über viele Jahre hinweg. Was bringen uns also letztendlich wissenschaftliche Beweise, die unter völlig unrealistischen Bedingungen gewonnen wurden?

Die Haltung vieler Verantwortlicher in Wissenschaft, Wirtschaft und Politik, nicht-thermische Strahlenwirkungen als unbedenklich zu erklären, was wissenschaftlich genausowenig erwiesen ist wie das Gegenteil, ist gefährlich, unethisch und unverantwortlich. Wer jetzt in Sorglosigkeit gewiegt und dadurch geschädigt wird, dem nützt später das kollektive »Händewaschen in Unschuld« nichts mehr. Denken wir an Formaldehyd, Asbest und Contergan – wissenschaftliche Beweise kommen für die Betroffenen meist zu spät.

Wodurch wirkt Strahlung?

Die biologischen Auswirkungen von Strahlung hängen von verschiedenen Faktoren ab. Ihr Zusammenwirken ist dafür verantwortlich, wie eine bestimmte Art von Strahlung auf den Körper wirkt.

Dabei gibt es zwei grundlegenden Wirkmechanismen von Strahlung:

1. **Die Wirkung der Energie**
   Je mehr Energie über eine Strahlung auf den Körper einwirkt, desto stärker ist die Wirkung. Dies ist zum Beispiel bei der **ionisierenden Strahlung** und der **thermischen Wirkung nicht-ionisierender Strahlung** der Fall.

2. **Die Wirkung der Information**
Hier wirkt die Art der Strahlung und ihre Wechselwirkung mit einem individuellen Organismus.
Dies kommt zum Beispiel bei der **nicht-thermischen Wirkung der nicht-ionisierenden Strahlung** zum Tragen.

Strahlung		Wirkung	
Ionisierende Strahlung		Thermische Wirkung = Wirkung der Energie	
Nicht-Ionisierende Strahlung	Hochfrequenz		Nicht-Thermische Wirkung = Wirkung der Information
	Niederfrequenz		

Abb. 21: Strahlung und ihre Wirkung

Die Beziehung zwischen beiden Wirkmechanismen läßt sich am besten mit einem praktischen Beispiel veranschaulichen:

Dreht man die Musikanlage auf volle Leistung, ist es (fast) egal, welches Musikstück gespielt wird – es ist unangenehm, einfach weil es zu laut ist, und schädigt ab einer bestimmten Lautstärke das Gehör. Das heißt, hier hat die Stärke des Reizes, die Menge an Energie, die er überträgt, die Hauptwirkung. Reduziert man aber die Lautstärke auf ein normales Maß, kommt die Art des Musikstücks zur Geltung: Welche Art von Musik ist es? Was übermittelt die Musik, ist sie traurig, fröhlich, aggressiv, usw.? Wie empfindet man sie persönlich, löst sie etwas in einem aus oder nicht?

Der erste Fall entspräche der thermischen Wirkung von Strahlung. Ist die Dosis hoch genug, tritt die Qualität der Strahlung in den Hintergrund – es wirkt vor allem die Menge. Im Fall einer geringen Dosis ist es dann umgekehrt.

Die Wirkung der Energie

Die Wirkung der Menge an Energie bei ionisierender Strahlung und der thermischen Wirkung von nicht-ionisierender Strahlung setzt sich weiterhin aus folgenden Komponenten zusammen:

Frequenz und Wellenlänge

Einen wichtigen Einfluß auf die Auswirkung von Strahlung haben hier deren Frequenz und Wellenlänge.

Als Faustregel gilt: Je höher die Frequenz einer Strahlung, desto kleinere Mengen davon wirken bereits schädlich. Der Grund dafür ist, daß Wellen mit höherer Frequenz energiereicher sind als die niederer Frequenzen und dadurch in niedrigerer Dosierung akute Schäden an Zellen und deren Erbinformation hervorrufen können.

Der Unterschied in der Wirkung von sichtbarem Licht und der Wärme der Sonne und der (unsichtbaren) UV-Strahlung liegt also in der Frequenz und der Wellenlänge der Strahlung. UV-Strahlung hat eine höhere Frequenz als das sichtbare Licht. Während wir das Licht und die Wärme der Sonne als angenehm empfinden und zum Leben dringend benötigen, kann die UV-Strahlung je nach Dauer und Intensität der Einwirkung mehr oder weniger schädlich wirken.

Intensität und Zeit

Neben der Frequenz hat auch die Intensität, das heißt die Stärke der Strahlung, sowie die Dauer der Einwirkung einen Einfluß auf deren Auswirkungen. Je höher die Intensität und je länger die Dauer der Einwirkung, desto größer sind die (schädlichen) Auswirkungen.

Hohe Intensitäten: sofortige, akute Schäden

Jeder kennt die Auswirkungen von zuviel Sonnenstrahlung. Hier ist es vor allem der nicht sichtbare Teil des Sonnenlichts, die UV-Strahlung, die diese verursacht.

Ab einer gewissen Intensität der UV-Strahlen bekommt man innerhalb kürzester Zeit einen Sonnenbrand oder einen Sonnenstich. Beides sind akute Symptome aufgrund der thermischen Wirkung der UV-Strahlung. Einen höheren Anteil der UV-Strahlung findet man zum Beispiel in großer Höhe, in den Bergen oder in südlichen Breiten, wo weniger Strahlung von der Atmosphäre zurückgehalten wird.

Das Verhältnis von Intensität und Zeit

Nimmt die Dauer eines Strahleneinflusses zu, können auch schon geringere Intensitäten, die keine akuten Schäden mehr hervorrufen, langfristige Auswirkungen haben.

Das heißt, der Faktor Zeit spielt bei der biologischen Wirkung von Strahlung eine wesentliche Rolle.

Aus der Toxikologie ist bekannt, daß eine kurzfristige Störung hoher Intensität den Körper weniger belastet als eine langfristige Störung niedriger Intensität. Dies gilt natürlich innerhalb gewisser kritischer Grenzen: Eine tödliche Dosis ist auch bei kurzfristiger Belastung tödlich. Aber grundsätzlich verkraftet der Körper einen monatlichen Discobesuch leichter als die permanente Lärmbelastung durch eine vielbefahrene Straße.

Solange im Bereich ionisierender Strahlung und der thermischen Wirkung von nicht-ionisierender Strahlung die Menge der Energie und die Zeitdauer des Einflusses die bestimmenden Faktoren der körperlichen Auswirkungen sind, lassen sich auch die Zusammenhänge einfach beschreiben: Je höher die Frequenz und die Intensität und je länger die Dauer der Einwirkung, desto stärker sind die Auswirkungen.

Die Wirkung der Information

Sehr viel komplexer sind die Verhältnisse bei der nicht-thermischen Wirkung nicht-ionisierender Strahlung.

Auch hier spielen die oben beschriebenen Faktoren von Frequenz, Intensität und Zeitdauer der Einwirkung eine Rolle. Allerdings können hier keine linearen Zusammenhänge mehr hergestellt werden. Da Schwingungen in diesem Bereich nicht mehr aufgrund ihres Energie-, sondern wegen ihres Informationsgehalts wirken, gelten hier andere Gesetzmäßigkeiten. Der Informationsgehalt einer Schwingung und die daraus resultierende Wirkung setzen sich aus folgenden Komponenten zusammen:

Frequenz und Intensität

Da der Körper selbst mit bestimmten Frequenzen, vor allem im Bereich der ULF- und ELF-Wellen arbeitet, gibt es hier einige Frequenzen, auf die der Organismus besonders stark anspricht. Außerdem scheint es genauso ganz bestimmte, zum Teil sehr schwache Intensitäten zu geben, die besonders wirksam sind. Aber auch bezüglich des Zusammenhangs von Frequenz und Intensität im Bereich der nicht-thermischen Wirkung nicht-ionisierender Strahlung wurden in den letzten Jahren wichtige Entdeckungen gemacht. Gerade hier, wo die konventionelle Wissenschaft grundsätzlich eine Wirkung elektromagnetischer Wellen bestreitet, konnte man in verschiedenen Versuchen bei bestimmten Kombinationen von Frequenzen und Intensitäten starke Auswirkungen feststellen.

Wurden Frequenz *oder* Intensität verändert, war nichts mehr meßbar. Die Konsequenzen dieser Versuche sind weitreichend und belegen, daß nicht-thermische Wirkungen im Körper vorhanden sind und diese anderen Gesetzmäßigkeiten folgen als die thermischen. Die Kombination bestimmter Frequenzen und Intensitäten stellen Signale dar, die der körpereigenen Informationsübermittlung entsprechen und auf die der Körper folgerichtig reagiert. Sie zeigen außerdem deutlich, daß hier die Rechnung »viel = schädlich, wenig = unschädlich«, auf denen unsere Grenzwerte bisher beruhen, nicht mehr aufgeht.

Intensität und Zeit

Für die Wirkung der Zeitdauer eines Einflusses gelten prinzipiell dieselben Gesetzmäßigkeiten wie bereits beschrieben. Bei den hier beschriebenen niedrigen Intensitäten kommt es allerdings kaum zu akuten Symptomen. Die Zeit ist hier ein wichtiger Faktor, da sich die Wirkung der Strahlung im nicht-thermischen Bereich oft erst bei einer Dauerbelastung über mehrere Wochen, Monate oder Jahre zeigt. Dann sind die Schäden aber oft chronischer Natur und manchmal schwerwiegender und schwieriger zu behandeln als die akuten Symptome einer thermischen Wirkung.

Die Modulation

Neben der Frequenz und Intensität hat auch die Art der Modulation einen starken Einfluß auf die biologische Wirkung der Strahlung. Über die Modulation werden Informationen auf eine Trägerwelle aufgebracht. Wie in Teil 1 beschrieben, gibt es drei unterschiedliche Arten der Modulation, die Frequenzmodulation, die Amplitudenmodulation und die Pulsmodulation.

Es spricht viel dafür, daß die Art der Modulation die Hauptrolle bei der sogenannten nicht-thermischen Wirkung von hochfrequenter Strahlung, wie zum Beispiel beim Mobilfunk, spielt.

Die Trägerwelle selbst hat eine hohe Frequenz und wird mit einer niederen Frequenz moduliert. Dieses niederfrequente Signal kann Steuerungs- und Kommunikationsprozesse im Körper bis auf die Zellebene beeinflussen (→ *Grundlegende Wirkmechanismen im Körper*).

Dabei scheint die Frequenzmodulation am unbedenklichsten zu sein. Die Amplitudenmodulation, die mit einer rhythmischen Zu- und Abnahme der Stärke des Sendesignals arbeitet, ist dagegen schon biologische wirksamer. Man hat herausgefunden, daß plötzliche oder rhythmische Zu- und Abnahme der Intensität von elektromagnetischen Feldern eine stärkere Wirkung auf den Körper hat als gleichmäßig starke Felder.

Die ungünstigste Wirkung hat aber eindeutig die heute häufig verwendete Pulsmodulation. Viele Beschwerden, schon bei relativ niedrigen Sendestärken, traten erst mit der Verwendung dieser Technik auf. Sie wirkt wie ein Preßlufthammer im Vergleich zu einer normalen Bohrmaschine oder wie die grellen Lichtblitze des Stroboskops in der Disco zum Schein einer normalen Glühlampe.

Der Neurobiologe Prof. Peter Semm von der Universität Frankfurt sagte zu diesem Thema im Mai 1999 in einem Fernsehbeitrag: »Es ist alles mit Vorsicht zu benutzen, was ein pulsierendes Signal abgibt, alle Formen von gepulster Strahlung, das kann man generell sagen. Egal mit welcher Frequenz gepulst wird, es ist biologisch relevant.«

Dr.Ing. Günther Käs von der Universität der Bundeswehr in Neubiberg weist darauf hin, daß Gentechniker schon lange mit entsprechenden Impulsen arbeiten, um Zellmembranen kurzzeitig zu öffnen.[5] Warum sollte dies nicht auch außerhalb der Versuchslabors unter dem Einfluß technisch gepulster Strahlung funktionieren?

Auch der Körper selbst arbeitet mit gepulsten Signalen: zum Beispiel bei der Nervenreizleitung. Dr. Lebrecht von Klitzing nennt dies als weiteren wichtigen Grund für die besondere Störung, die gepulste Strahlung für den Körper darstellt.

Die Wirkung von Information im Körper

Frequenz, Intensität und Modulation machen also zusammen den Informationsgehalt eine Schwingung aus. Neueste Forschungen haben ergeben, daß die Steuerung der Vorgänge im Körper nicht, wie bisher angenommen, auf rein chemischen Prozessen beruht, sondern Zellen mit Hilfe elektromagnetischer Wellen miteinander kommunizieren. Die von ihnen übermittelten Informationen sind notwendig, damit alle Vorgänge im Körper geordnet ablaufen. Werden nun diese durch Schwingungen mit ähnlichen oder gleichen informationstragenden technischen Wellen überlagert oder gestört, entstehen notwendigerweise Mißverständnisse und Chaos – Körperzellen können nicht mehr richtig kommunizieren, und der Mensch wird krank.

Neben dem Informationsgehalt von Schwingungen gibt es aber noch weitere Faktoren, die dafür verantwortlich sind, daß die Information einer Welle ankommt und im Körper wirken kann, und die vor allem in dem hier beschriebenen Bereich der nicht-thermischen Wirkungen zum Tragen kommen:

Das Resonanzphänomen

Gerade im Bereich von niedrigen Intensitäten tritt ein Phänomen in den Vordergrund, das von der konventionellen Wissenschaft bisher fast ganz vernachlässigt wird. Es ist ein physikalisches Phänomen, das aber anscheinend von wissenschaftlicher Seite nie auf die Problematik angewandt wurde: die Resonanz. In der Naturheilkunde ist es die Basis vieler erfolgreicher Behandlungsmethoden.

Der Begriff Resonanz kommt aus dem Lateinischen und bedeutet »mitschwingen, mittönen«. Er bezeichnet das Mitschwingen eines Körpers in der Schwingung eines anderen Körpers.

Befinden sich zum Beispiel zwei Gitarren im selben Raum, und schlägt man auf der einen eine Saite an, beginnt dieselbe Saite der anderen Gitarre mitzuschwingen und auch einen Ton zu erzeugen, sofern die beiden Saiten auf den selben Ton gestimmt sind. Das heißt, eine Saite regt die andere zum Mitschwingen an und diese geht dabei in Resonanz.

Dasselbe gilt für lebende Organismen. Sie können Resonatoren für sehr viele verschiedene Schwingungen sein. Körperteile, Knochen, Organe, Zellen und Molekülstrukturen sowie Äste und Nadeln von Bäumen können in Resonanz mit äußeren Einflüssen gehen. Das heißt, sie werden durch eine Schwingung von außen angeregt, mitzuschwingen, wenn ihre Abmessungen mit der Wellenlänge der Schwingung übereinstimmt. Wie bei einer normalen Rundfunk- oder Fernsehantenne, bei der die Länge ausschlaggebend dafür ist, welchen Sender sie am besten empfangen kann, gibt es im Körper und anderen Organismen die unterschiedlichsten Abmessungen und somit Empfangsstationen für alle möglichen Frequenzen. Dabei spielt es eine untergeordnete Rolle, wie stark die Schwingung ist, die auf den Körper auftrifft. Wenn er in Resonanz dazu geht, wirkt er wie der Klangkörper eines Musikinstruments, er nimmt die Schwingung auf und verstärkt sie um ein Vielfaches. Schlägt man eine Stimmgabel an, ist die Schwingung des Metalls kaum zu hören, man spürt nur die Vibration, wenn man sie in der Hand hält. Hält man sie nun an ein Stück Holz, nimmt dieses die Schwingung auf, schwingt mit und verstärkt die Schwingung, so daß der Ton plötzlich laut und deutlich zu hören ist. Dieser Effekt findet auch im Körper statt und kann sowohl positive wie auch negative Wirkungen haben.

In der Homöopathie wird dieser Resonanzeffekt genutzt, um mit sehr kleinen Reizen, durch stark verdünnte Substanzen, eine starke Heilreaktion hervorzurufen. Wenn das Mittel stimmt, sind die Auswirkungen zum Teil immens, obwohl kaum ein Molekül der ursprünglichen Substanz mehr darin vorhanden war.

Genauso können aber sehr geringe Intensitäten von Strahlungen aus dem technischen Bereich, die unter allen Grenzwerten liegen, unter diesem Gesichtspunkt eine große Wirkung entfalten. Das Entscheidende ist, ob der Mensch mit der Schwingung und der Information, die sie übermittelt, in Resonanz geht oder nicht!

Das individuelle biologische Fenster

Das sogenannte biologische Fenster ist eine Folge des oben beschriebenen Resonanzphänomens. Tagtäglich sind wir mit einer ungeheuren Menge an äußeren Einflüssen konfrontiert. Ein großer Teil davon wird ausgefiltert und erreicht uns nicht wirklich – hätten wir diesen Schutz nicht, würde unser System in kürzester Zeit zusammenbrechen. Damit ein äußerer Reiz auf den Körper einwirken kann, muß er »ankommen«, etwas im Körper muß damit in Resonanz gehen und ihn aufnehmen. Welche Reize wirklich ankommen, ist individuell verschieden und wird als »individuelles biologisches Fenster« bezeichnet.* Dieses Prinzip ist auch als der »Partyeffekt« bekannt. Auf einer Party herrscht ein relativ hoher Geräuschpegel, viele Leute reden miteinander, und man nimmt ein mehr oder weniger einheitliches Gemurmel, aber keine Einzelheiten, wahr. Sagt allerdings jemand irgendwo im Raum den eigenen Namen, hört man ihn plötzlich. Er löst sich aus dem Hintergrundrauschen, weil es etwas mit einem selbst zu tun hat, auch wenn er nicht lauter ist als die anderen Stimmen.

Dies ist der Grund, daß nicht jeder Einfluß auf jeden Menschen gleich schädlich wirkt. Ein Reiz, eine Strahlung oder Schwingung kann im Positiven wie im Negativen wirken, wenn der Mensch damit in Resonanz geht. Mit was jemand in Resonanz geht, hängt von vielen verschiedenen Faktoren ab und kann sich auch je nach Tagesverfassung, biologischem Rhythmus und seelischer Gestimmtheit ändern.

---

* Nicht zu verwechseln mit dem technischen Begriff »biologisches Fenster«. Dieser meint die Strahlung aus dem Weltraum, die von der Atmosphäre nicht zurückgehalten wird und die Erde erreicht: das optische und das Radiofenster.

Strahlung und andere Belastungen – Synergetische Effekte

Das Zusammenwirken (die Synergie) von Strahlung und anderen Belastungen unserer modernen Umwelt ist ein weiterer wichtiger Faktor, der auf die körperlichen Auswirkungen Einfluß nimmt. Es hat sich zum Beispiel gezeigt, daß eine Belastung mit Schwermetallen die schädliche Wirkung von elektromagnetischen Wellen um ein Vielfaches verstärken kann. Mehr zu diesem Thema finden Sie im Kapitel »Professionelle Hilfe – Stärkung des Körpers und geistige Entwicklung«. Auch die Kombination von Wellen unterschiedlicher Frequenzen und Modulationsarten kann zu unerwartet starken Reaktionen führen.

Genau dies ist ein wesentliches Manko vieler Studien, die die Unbedenklichkeit verschiedener Stoffe oder Strahlungen untersuchen: Meist wird nur ein Faktor in Betracht gezogen, Wechselwirkungen mehrerer Einflüsse werden nicht untersucht. Im Alltag sind wir allerdings immer einer Kombination verschiedener Einflüsse ausgesetzt, und dabei ist die Gesamtwirkung dann meist mehr als die Summe ihrer Teile.

Das Wichtigste auf einen Blick

Für die Wirkung von ionisierender Strahlung und die thermische Wirkung nicht-ionisierender Strahlung gilt:
- Die Wirkung entsteht durch die Menge an Energie, die durch die Strahlung übermittelt wird.
- Je höher die Frequenz, desto energiereicher ist die Strahlung und desto schädlicher die Wirkung bei gleicher Dauer der Einwirkung und gleicher Dosis.
- Je höher die Intensität der Strahlung, desto größer die (schädliche) Wirkung.
- Je länger die Zeitdauer, während der man der Strahlung ausgesetzt ist, desto stärker die Wirkung.

Für die nicht-thermische Wirkung der nicht-ionisierenden Strahlung gilt:
- Hier wirkt der Informationsgehalt der Strahlung stärker als die Menge ihrer Energie. Der Informationsgehalt setzt sich aus Frequenz, Intensität und Modulation zusammen.
- Es wirken bestimmte Frequenzen und Intensitäten sowie bestimmte Kombinationen von Frequenz und Intensität

- Die Art der Modulation spielt eine wesentliche Rolle bei der Wirkung der Strahlung.
- Die Wirkung der Strahlung entfaltet sich häufig erst nach einer gewissen Zeit. Akute Symptome sind selten. Dafür sind die Auswirkungen eher chronischer Natur und schwerer zu behandeln.
- Körperteile oder andere innere Strukturen, die mit der Strahlung in Resonanz gehen, können deren Wirkung um ein Vielfaches verstärken.
- Aufgrund des individuellen biologischen Fensters reagiert jeder Mensch auf andere Schwingungen.
- Das Zusammenwirken verschiedener Umweltfaktoren spielt eine große Rolle bei der individuellen körperlichen Wirkung der Strahlung.

Für beide Bereiche gilt:
- Höhere Intensitäten über eine kurze Zeit verkraftet der Körper besser als niedrigere Intensitäten, die über eine lange Zeit einwirken.

Die körperlichen Auswirkungen von »Elektrosmog«

Unter »Elektrosmog« faßt man in der Regel alle Felder zusammen, die aus unserer technisierten Umwelt auf uns einwirken und potentiell schädlich sein können.

Dabei geht es hauptsächlich um Wellen aus dem Frequenzbereich der **nicht-ionisierenden** Strahlung und um deren **athermische** Wirkung:
- Elektrische und magnetische Wechselfelder (Niederfrequenz)
- Elektrische und magnetische Gleichfelder
- Elektromagnetische Felder (Hochfrequenz und Mikrowellen)

Bis vor nicht allzulanger Zeit gab es kaum Denkmodelle, um zu verstehen, wie und warum niedrige Dosierungen dieser Felder im Körper überhaupt wirken können, denn die Wirkmechanismen aus dem thermischen Bereich sind offensichtlich nicht so einfach hierher zu übertragen.

Trotzdem konnten inzwischen, anhand der bekannten und immer wieder auftretenden Symptome und aufgrund neuester Erkenntnisse aufgeschlossener Wissenschaftler und Mediziner, einige grundlegende Angriffspunkte im Körper herauskristallisiert werden.

Grundlegende Wirkmechanismen im Körper

Beeinflussung der Steuerungsprozesse biologischer Abläufe
Um die vielen im Körper ablaufenden Prozesse zu steuern und zu koordinieren, müssen verschiedenen Körperbereiche, Organe und Zellen Informationen austauschen, müssen sie miteinander kommunizieren. Diese Kommunikation kann auf verschiedenen Ebenen stattfinden: Nerven leiten Reize über elektrische Impulse weiter, das Blut und die Lymphe transportieren chemische Botenstoffe wie Hormone und Enzyme, aber auch schwache elektromagnetische Wellen verschiedener Frequenzen spielen eine wesentliche Rolle bei der Informationsübertragung, wie man inzwischen herausgefunden hat.

Niederfrequente Wellen als Steuerimpulse im Körper
Neben anderen Frequenzen scheinen vor allem Wellen im niederfrequenten Bereich ein wichtiger Faktor der Kommunikation von Zellen untereinander und damit der Steuerung biologischer Abläufe zu sein. Sie übertragen Informationen im Körper und lösen in Zellen bestimmte chemische Vorgänge und Aktivitäten aus. So ist es letztendlich kein Wunder, daß technisch erzeugte Wellen mit denselben Frequenzen hier störend wirken, da der Körper nicht zwischen technischen und natürlichen Impulsen unterscheidet.

Sein Regulationssystem ist zwar so ausgeklügelt, daß es Störimpulse erkennen und ausfiltern kann, doch wenn sie zu stark werden, wenn es zu viele werden oder weitere Störfaktoren hinzukommen (Gifte, Schlafmangel, Streß, Krankheit), ist sein Potential in dieser Hinsicht irgendwann ausgereizt und der berühmte Tropfen bringt das Faß zum Überlaufen. Die Folge davon sind Fehlregulationen im Körper und Krankheit.

Die nicht-thermische Wirkung niederfrequenter Strahlung setzt also auf einer sehr viel grundlegenderen Ebene an als die thermische Wirkung. Sie verursacht nicht immer gleiche »äußere« Symptome wie zum Beispiel Verbrennungen, sondern stört die Körperabläufe an der Basis – dort wo Kommunikation ungestört stattfinden muß, damit die miteinander verwobenen Regelkreisläufe des Körpers funktionieren können. Die »Symptome« der Störungen können dann sehr verschieden sein, je nachdem welche Regelkreisläufe betroffen sind und wo die individuellen Schwachstellen des Körpers liegen.

Fritz Albert Popp und die Biophotonen

Allerdings sind es nicht nur niederfrequente Wellen, die wichtige Informationen übertragen.

Wegweisende Erkenntnisse zu diesem Thema stammen von dem Physiker F. A. Popp. Mit Hilfe eines neuentwickelten Meßverfahrens war er in der Lage, wissenschaftlich nachzuweisen, was viele vor ihm schon lange vermutet hatten: Lebende Zellen senden eine ultraschwache Lichtstrahlung (elektromagnetische Wellen) aus. Dieses Licht ist eine weitere Ebene der Kommunikation von Zellen. Es zeichnet sich außerdem durch eine besondere Ordnung in der Ausbreitung seiner Wellen oder Teilchen aus – es ist kohärent. Diese Kohärenz ist die Grundlage dafür, daß das Licht Informationen übertragen kann. Zum Beispiel überträgt die DNS ihre Informationen zum Aufbau bestimmter Substanzen über diese Lichtstrahlung in die Zelle. Die Kohärenz des Lichts wird allerdings durch »Elektrosmog« zerstört – es wird »chaotisch« und kann die notwendigen Informationen nicht mehr übertragen. Chaos und Desinformation, Funktionsstörungen der Zellen und Fehlsteuerungen im Körper sind die Folge.

> **Kohärenz**
> Geordneter Zustand bei der Ausbreitung von Wellen oder Teilchen bei dem diese ein zusammenhängendes kommunikatives Feld bilden und in hohem Maße aufeinander ausgerichtet sind.

Störung des vegetativen Nervensystems

Viele Symptome in Zusammenhang mit der nicht-thermischen Wirkung elektrischer, magnetischer und elektromagnetischer Felder kann man unter dieser Überschrift zusammenfassen. Die Beeinträchtigung des vegetativen Nervensystems ist eine der ersten Folgen von Störungen in der Informationsübertragung und im Ablauf von Steuerungsprozessen im Körper.

Meist sind dies die ersten akuten, aber relativ unspezifischen Symptome, die nicht unbedingt auf einen

> **Regelkreisläufe im Körper**
> Allein in einer Zelle laufen etwa 1000 sich gegenseitig beeinflussende Prozesse gleichzeitig ab. Um all diese Körper- und Organfunktionen miteinander zu koordinieren, bedarf es ausgeklügelter Regelmechanismen. Zum Beispiel löst die Konzentration bestimmter Stoffe im Blut die Ausschüttung von Hormonen aus, die wiederum Enzyme aktivieren, welche chemische Prozesse in Zellen und Organen stimulieren, die dann auf die Zusammensetzung des Blutes einwirken und damit wieder die Ausschüttung der Hormone regulieren.
>
> Solche Kreisläufe im Körper sind weitreichend miteinander vernetzt und beeinflussen sich gegenseitig.

konkreten organischen Schaden oder auf ein bestimmtes Krankheitsbild hinweisen.

Das vegetative Nervensystem steuert all jene Funktionen im Körper welche willentlich nicht beeinflußbar sind, also automatisch ablaufen. Dies sind zum Beispiel: Herztätigkeit, Kreislauf, Blutdruck, Muskelspannung und Temperaturregulation. Außerdem die Verdauung und die Aktivität anderer innerer Organe sowie Gleichgewichtssinn, Streßfunktionen, Schlaf-Wach-Rhythmus und andere zeitabhängige Rhythmen. Entsprechend breitgestreut sind die Symptome einer Störung, und jeder Mensch reagiert gemäß seiner Veranlagung unterschiedlich.

Das vegetative System ist ein komplexes Zusammenspiel verschiedener sich gegenseitig beeinflussender Regelkreisläufe, deren Funktionieren auf einer ungestörten Kommunikation im Körper beruht. Störungen durch technische Wellen, wie sie in ihren Auswirkungen weiter oben beschrieben wurden, wirken sich hier besonders stark aus.

Störung des Immunsystems

Wissenschaftler der Universitätsklinik Zürich entdeckten, daß die Immunreaktion von Zellen durch Handystrahlung um 90% vermindert wird.

Zu Beginn der Bestrahlung mit gepulsten Wellen ist oft eine Steigerung der Aktivität festzustellen, nach einigen Wochen aber immer eine Unterdrückung der Funktion des Immunsystems.

Störung der Lymphozyten ab:	
El. Wechselfeld (50 Hz)	20 V/m
Magn. Wechselfeld (50 Hz)	1000 nT
Elektromagnetisches Feld	1000 µW/m^2
nach D. B. Lyle, R. D. Ayotte, A. R. Sheppard, USA, 1986	

Veränderung der Aktivität von Hormonen und Enzymen

Hormone sind wichtige Botenstoffe des Körpers, die in speziellen Drüsen gebildet werden. Durch ihre Freisetzung beeinflussen sie die biologischen Abläufe, das Verhalten und die Gemütslage eines Menschen entscheidend. Sie regulieren die chemische Zusammensetzung der Flüssigkeit zwischen den Zellen und des Blutes, regulieren den Stoffaustausch in den Organen, fördern Wachstum und Entwicklung und steuern die Fruchtbarkeit. Über den Blutstrom erreichen sie die Zellen, für die sie bestimmt sind, und lösen dort Reaktionen aus.

Enzyme beschleunigen im Körper ablaufende chemische Reaktionen. Zum Teil werden sie durch Hormone aktiviert. Verschiedene Studien konnten durch den Einfluß von Elektrosmog Veränderungen in der Aktivität von Hormonen und Enzymen feststellen:

Steigerung der Enzymaktivität
Bei der Bestrahlung mit gepulster und ungepulster Hochfrequenz wurde der Anstieg eines Enzyms beobachtet, das in Zusammenhang mit der Entwicklung von Brustkrebs gebracht wird. Je stärker die Felder, desto größer war die Enzymaktivität. Die Aktivität anderer Enzyme unter Hochfrequenzeinfluß wurde bisher noch nicht näher untersucht. Weitere Effekte sind daher nicht auszuschließen.

Störung des Melatoninhaushalts
Melatonin ist ein wichtiges Hormon, das von der Zirbeldrüse (Epiphyse) abgegeben wird. Die Bildung und Ausschüttung von Melatonin hängt vor allem mit dem Licht zusammen. Die Zirbeldrüse ist über Nervenverbindungen mit der Netzhaut des Auges verbunden. Wenn es dunkel wird, steigt der Melatoninspiegel bis auf das Fünffache an. Kleinste Lichtmengen genügen, um ihn wieder absinken zu lassen. Die größte Abgabe von Melatonin findet um etwa 2 Uhr nachts statt.

Die Zirbeldrüse nimmt erst in den ersten Lebenswochen- und Monaten ihre Arbeit auf. Ab dem 2. bis 3. Lebensmonat haben sich dann die charakteristischen nächtlichen Melatoninspitzen herausgebildet – und damit auch ein geregelter Schlaf-/Wachrhythmus des Babys.

Melatonin und elektromagnetische Felder
Die Bildung und Wirksamkeit von Melatonin wird aber nach heutigen Erkenntnissen nicht nur vom sichtbaren Licht sondern auch von UV-Strahlung und niederfrequenten Feldern (z. B. Strom) beeinflußt. Verschiedene Studien konnten belegen, daß die Ausschüttung von Melatonin unter dem Einfluß von magnetischen Wechselfeldern mit einer Frequenz von 50 Hz und einer Stärke von 0,3 - 1 µT, erniedrigt war.[6] Außerdem scheint es durch diesen Einfluß seine krebshemmende Wirkung zu verlieren.[7]

Absenkung des Melatoninspiegels ab:	
El. Wechselfeld (50 Hz)	20 V/m
Magn. Wechselfeld (50 Hz)	300-1000 nT

nach B.W. Wilson, R.G. Stevens, L. Anderson, USA, 1990

Mögliche Auswirkungen einer verminderten Melatoninausschüttung

Schlafstörungen
Eine der Hauptaufgaben von Melatonin ist die Steuerung des Tag-Nacht-Rhythmus, d. h. der Schlaf- und Wachphasen und die Reaktionen auf die jahreszeitlich veränderte Tageslänge. In Folge des Absinkens des Melatoninspiegels durch die Belastung mit elektromagnetischen Feldern kann es zu Schlafstörungen kommen. Tatsächlich ist dies eines der ersten und häufigsten Symptome für eine Elektrosmogbelastung.

Fruchtbarkeit
Weiterhin beeinflußt Melatonin die Ausschüttung von Sexualhormonen, die auf den Sexualtrieb und die Fruchtbarkeit einwirken.

In den letzten Jahrzehnten wurde in den westlichen Industrienationen, deren Bevölkerung zumeist stärker mit elektromagnetischen Feldern belastet ist, ein dramatischer Rückgang der Fruchtbarkeit registriert. Die männliche Samenflüssigkeit enthält sehr viel weniger lebensfähige Spermien als früher, und immer mehr Frauen haben Schwierigkeiten, schwanger zu werden oder erleiden Frühgeburten.

Neben anderen Umweltfaktoren könnte hier auch ein Zusammenhang mit der Störung des Melatoninspiegels vorhanden sein.

Streß
Melatonin wirkt auf die Produktion der Streßhormone Adrenalin und Noradrenalin im Nebennierenmark. Die Ausschüttung dieser Hormone bewirkt bestimmte körperliche Reaktionen, die einem akuten Zustand der Gefahr angepaßt sind. Folge davon ist ein andauernder Streßzustand im Körper. Eine Überreizung, die dann letztendlich in chronische Erschöpfung übergeht. Das Krankheitsbild des »Chronischen Erschöpfungs-Syndroms«, das erst in den letzten Jahren vermehrt beobachtet wird, könnte hiermit in Zusammenhang stehen. Interessant sind in diesem

> **Die Streßreaktion des Körpers**
> - Zunahme der Herzschlagfrequenz und -kontraktionskraft
> - Reduktion der Durchblutung von Haut und inneren Organen, bessere Durchblutung von Skelettmuskeln, des Herzmuskels und der Lunge
> - Freisetzung von Glukose ins Blut durch die Leber
> - Denkvorgänge werden dagegen zugunsten von vorprogrammierten Reflexhandlungen, Flucht und Angriff, blockiert.

Zusammenhang auch die Denk- und Lernblockaden, möglicherweise eine Folge der Streßreaktion des Körpers, die durch häufiges mobiles Telefonieren bei Schülern beobachtet wurden.

Krebs und Immunschwäche
Melatonin wirkt als Fänger freier Radikale[8] und stimuliert die Zellen der spezifischen Immunabwehr des Körpers (Lymphozyten). Dadurch wirkt es krebshemmend und schützt vor allem vor hormonabhängigen Tumoren, z. B. Brustkrebs. Ein Mangel an Melatonin steht außerdem in engem Zusammenhang mit verminderter Abwehrkraft gegen Viren, Pilze und Bakterien und fördert die Anfälligkeit für Infektionen der Luftwege und Pilzinfektionen (Candida).

In diesem Zusammenhang ist interessant, daß die Zahl der Leukozyten (weiße Blutkörperchen) in den letzten Jahrzehnten in der Gesamtbevölkerung kontinuierlich abgesunken ist. Werte, die in den 60er Jahren als ausgesprochen besorgniserregend und krankhaft galten, sind heute bei vielen Menschen ein »normaler« Befund. Die meisten Menschen heutzutage leiden also an einer chronischen Immunschwäche. Neben Giftstoffen, wie zum Beispiel Dioxin, ist es wahrscheinlich, daß auch das Absinken des Melatoninspiegels durch die Belastung mit elektromagnetischen Feldern ein weiterer Grund dafür ist.[9]

> **Freie Radikale**
> Durch verschiedene Einflüsse, wie unter anderem auch Strahlung, können Molekülverbindungen aufgebrochen werden. Die verbleibenden Teilstücke sind chemisch sehr aggressiv und werden freie Radikale genannt. Sie können Zellen schädigen und zerstören sowie die Entstehung von Krebs begünstigen (siehe Abb. 8, S. 19).

Plötzlicher Kindstod
Melatonin könnte außerdem mit dem plötzlichen Kindstod in Zusammenhang stehen. Bei den verstorbenen Säuglingen wurde eine im Durchschnitt halb so hohe Melatoninkonzentration festgestellt wie normal.[10]

Depressionen
Ein Zusammenhang mit Depressionen wird vermutet. Das Hormon Serotonin ist eine Vorstufe von Melatonin. Von Serotonin ist schon länger bekannt, daß es großen Einfluß auf die seelische Gestimmtheit hat und ein Mangel Depressionen auslösen kann.

Störung der Zellfunktionen

Störung der Funktion von Zellmembranen

Die »Wände« der Körperzellen, die Zellmembranen, haben die Aufgabe, die Zelle gegenüber dem umgebenden Raum abzugrenzen und in beiden Richtungen jeweils bestimmte Stoffe passieren zu lassen. Zellmembranen sind an der

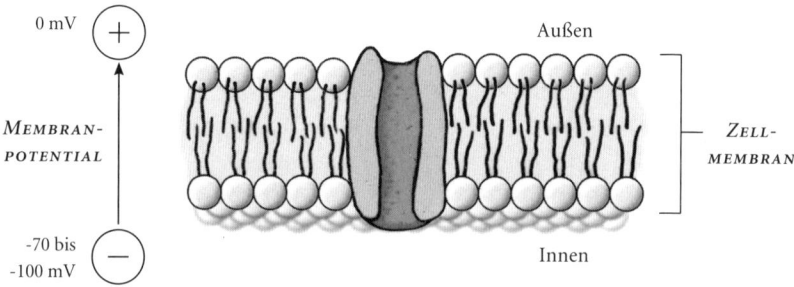

Abb. 22: Zellmembran und Membranpotential

Außenseite der Zelle positiv und im Inneren negativ geladen, dadurch entsteht eine elektrische Spannung, das sogenannte Membranpotential.

Sowohl in der Zelle selbst als auch in den Zwischenräumen der Zellen sind außerdem bestimmte Mengen von Mineralien gelöst, die dort als Ionen, das heißt elektrisch geladene Teilchen, vorliegen. Elektrische Phänomene wie Ionenkonzentrationen außerhalb und innerhalb der Zelle oder das Membranpotential spielen eine Rolle beim Austausch von Stoffen durch die Zellwand und damit für die Übertragung von Informationen ins Innere der Zelle sowie von dort nach außen. Zudem steuern sie chemische Prozesse in der Zelle. Das heißt, Veränderungen an den elektrischen Ladungen der Zellwand und den Ionenkonzentrationen beeinflussen die Informationsübertragung und

Störung des Calcium-Ionen-Austauschs (Ca^{2+}) ab:
Magn. Wechselfeld (50 Hz)   10 - 60 nT
Elektromagnetisches Feld   0,1 µW/cm^2

nach W. Maes: »Streß durch Strom und Strahlung«, IBN, 2000

Störung der Zell-Signalübertragung ab:
Elektr. Wechselfeld (50 Hz)   20 V/m
Magn. Wechselfeld (50 Hz)   1000 nT

nach R. Adey, USA, 1976, u. a.

die Abläufe im Inneren der Zelle. Elektromagnetische Strahlung verändert genauso wie Hormone oder andere Botenstoffe die Ladung der Zellwand und löst damit zwangsläufig ungewollte Reaktionen aus.

1991 entdeckte Prof. Dr. von Klitzing,* daß bereits Feldstärken von 0,0001 $\mu W/m^2$ genügen, um Störungen an den Zellmembranen hervorzurufen. Sogenannte Ionenkanäle in der Zellwand, durch die geladene Teilchen transportiert werden, öffnen und schließen sich unter dem Einfluß elektromagnetischer Felder reflexartig, so daß zum Beispiel Calcium-Ionen vermehrt aus der Zelle austreten.

Was dies in letzter Konsequenz bedeutet, ist noch weitgehend unklar. Außer für die Zellkommunikation wird Calcium für die Melatoninbildung benötigt, außerdem ist die Steuerung des Größenwachstums von Zellen sowie die Bildung der Erbsubstanz (DNS) stark vom Calciumstoffwechsel abhängig. Calcium-Ionen haben außerdem mit Regulation der Aktivität von Nervenzellen im Gehirn zu tun.

Auch die sogenannten Kalium-Natrium-Pumpen sowie deren Energielieferanten, die Mitochondrien, werden geschädigt.[11] Sie sind dafür verantwortlich, eine höhere Konzentration von Kalium-Ionen innerhalb und Natrium-Ionen außerhalb der Zelle aufrechtzuerhalten. Eine höhere Konzentration von Natrium in der Zelle bindet aber dort Wasser und führt zum Aufquellen und Absterben der Zelle.

Das »innere Milieu«

Die Zellen des Körpers brauchen stabile Umgebungsbedingungen, um funktionieren zu können. Diese sind: die Körpertemperatur, der Säurewert des Blutes und das Verhältnis von Sauerstoff und Kohlendioxid und die richtige Zusammensetzung der Flüssigkeit zwischen den Zellen. In dieser Flüssigkeit sind bestimmte Mineralstoffe gelöst und liegen dort als geladene Teilchen vor: insbesondere Natrium, Kalium, Chlor und Calcium. Eine Veränderung der natürlichen Konzentrationen bewirkt hier eine Veränderung des »inneren Milieus« des Körpers, das dafür verantwortlich ist, daß Zellen und Organe (Zellverbände) richtig funktionieren können.

Die Kalium-Natrium-Pumpe

Die unterschiedlichen Konzentrationen von Natrium und Kalium außerhalb und innerhalb der Zelle sind lebensnotwendig. Da sich das Konzentrationsgefälle natürlicherweise mit der Zeit ausgleichen würde, muß es unter Einsatz von Energie aufrechterhalten werden. Dafür sind die sogenannten Kalium-Natrium-Pumpen in der Zellmembran zuständig, die beständig Kalium in die Zelle hinein- und Natrium hinaustransportieren.

---

* Medizinnobelpreis 1991 für die Entdeckung der Ionenkanäle in Zellmembranen

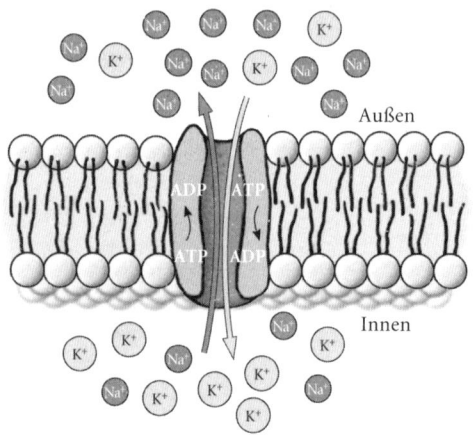

Abb. 23: Natrium-Kalium-Pumpe
Durch den Abbau von ATP zu ADP wird Energie frei, mit deren Hilfe Natrium-Ionen aus der Zelle hinaus- und Kalium-Ionen hineingeschleust werden.

Störung der Funktion von Zellorganellen*

Mitochondrien sind die Energielieferanten für die gesamte Zelle. Sie bauen durch die Verbrennung von Zucker das Molekül ATP auf, das wie ein Akku Energie speichern und wieder abgeben kann, wenn sie gebraucht wird.

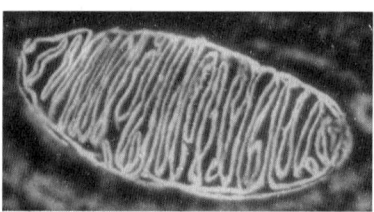

Abb. 24: Mitochondrien sind die Energielieferanten der Zelle

Ihre Schädigung führt zu einem krankhaften chronischen Energiemangel schon auf der Zellebene – die Zelle kann ihre Aufgaben nicht mehr erfüllen und stirbt letztendlich ab. Dies ist ein weiterer Faktor für das oben bereits beschriebene Krankheitsbild des »Chronischen Erschöpfungssyndroms«.

---

* Organe der Zelle, die jeweils bestimmte Aufgaben erfüllen.

Veränderungen der Erbsubstanz

Unter dem Einfluß von Hochfrequenzstrahlung haben Forscher der Universität Washington[12] eine Zunahme von Brüchen in der DNS von Gehirnzellen beobachtet. Frequenz und Intensität der Strahlung lagen in etwa im Bereich der Strahlung von Handys. Die DNS trägt die Erbinformationen der Zelle. Der Körper kann zwar diese Brüche erkennen und reparieren, mit der Zunahme der Häufigkeit von Brüchen steigt aber auch die Wahrscheinlichkeit, daß sie nicht erkannt werden und dann zu Mutationen führen. Das heißt, sie werden zu »Keimzellen« eventuell bösartiger Krebsgeschwüre.

In einer von Motorola finanzierten Studie wurden ebenfalls Gen-Veränderungen durch Mobilfunkstrahlung festgestellt. Dabei wurden Teile der Erbinformation (DNS) von Zellen durch die Strahlung aktiviert, die eine Rolle bei der Entstehung von Krebszellen spielen können.[13]

Störung der Zellteilung

Während sich eine Zelle teilt, ist sie ganz besonders anfällig für Störungen von außen. Wenn sich während der Zellteilung der Doppelstrang der DNS wie ein Reißverschluß öffnet und jeder Teil sich sein spiegelbildliches Gegenüber neu erschafft, genügen bereits geringste Dosen, um diesen Vorgang negativ zu beeinflussen.

Dies betrifft ganz besonders das sensible Stadium der Embryonalentwicklung bei Mensch und Tier. Die gestörte Zellteilung führt hier oft zu Fehlgeburten und Mißbildungen. Aber auch die auffällige Zunahme von Zwillingsgeburten läßt sich wahrscheinlich auf die vermehrte Strahlenbelastung der letzten Jahre zurückführen.

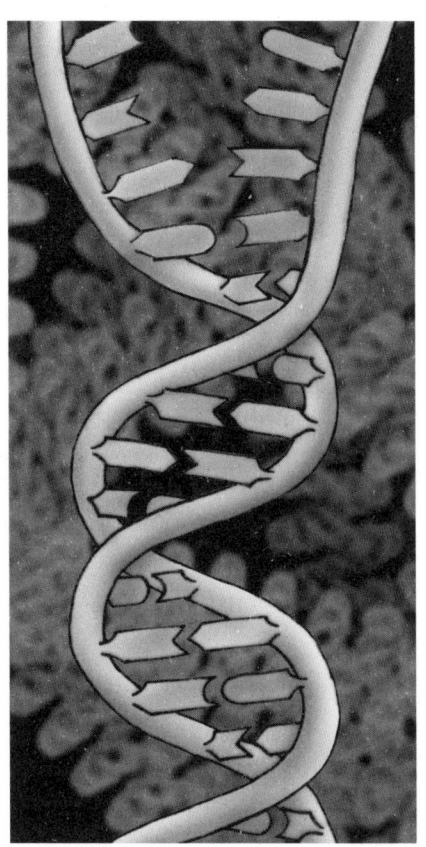

Abb. 25: DNA-Doppelstrang – der Code der Erbinformation

Die bekanntesten Forschungen zu diesem Thema stammen von Dr. Andras Varga, dem damaligen wissenschaftlichen Leiter des Hygieneinstituts der Universität Heidelberg. Er bestrahlte Hühnereier mit Hochfrequenz in einer Intensität, die unter den deutschen Grenzwerten für Arbeitsplätze lag. Kein einziger Embryo hat dies unbeschadet

Störung der Zellteilung bei Hefepilzen:	
Elektr. Wechselfeld (50 Hz)	0,7 V/m
Magn. Wechselfeld (50 Hz)	200 nT
Elektromagn. Feld	10 μW/m^2

nach J. Merron, USA, 1975 u. F. Goodman, USA, 1984

überstanden – sie starben oder waren verkrüppelt.[14] Auch ein niederfrequentes Gleich- beziehungsweise Wechselfeld zeigte eine signifikante Zunahme von Mißbildungen.[15]

Veränderung von Gehirnwellen

Der Medizinphysiker Dr. Lebrecht von Klitzing stellte Veränderungen des EEG (Aufzeichnung der Gehirnwellen) fest, nachdem Testpersonen der Strahlung eines Handys (D-Netz, HF, gepulst mit 217 Hz) ausgesetzt waren. Dabei traten nach mehreren Minuten bisher nie beobachtete Spitzen im Alpha-Wellen-Bereich auf, die von mehreren Stunden bis zu einer Woche anhielten. Die Dauer der Reaktion auf den relativ kurzen Reiz ist

Veränderungen des EEG ab:	
Magn. Wechselfeld[1] (50 Hz)	70 nT
Elektromagnetisches Feld[2]	1000 μW/m^2
Neurologische Störungen ab:	
Elektromagnetisches Feld[2]	10.000 μW/m^2

[1] nach Gerald Newi, Hamburger Elektrizitätswerke, 1993
[2] Wolfang Maes, *Streß durch Strom und Strahlung*

dabei ungewöhnlich. Es scheint, daß es bei der Strahlungswirkung zu einer Resonanz im Körper kommt, die den Reiz immer wieder multipliziert.

Dr. Klaus Mann und Dr. Joachim Röschke von der psychiatrischen Klinik der Universität Mainz stellten ebenfalls Auswirkungen der gepulsten Hochfrequenz, wie sie von Handys abgestrahlt wird, im Bereich der Alpha-Gehirnwellen fest.[16]

Die Blut-Hirn-Schranke

Die Blut-Hirn-Schranke ist eine Barriere aus schützenden Zellen. Sie umgibt alle Blutgefäße im Gehirn und schützt die empfindlichen Nervenzellen vor dem Übertritt schädlicher Substanzen aus dem Blut. Die meisten Gifte und Medikamente sowie Stoffwechsel- und Abbauprodukte werden von der Blut-Hirn-

Schranke zurückgehalten, allein fettlösliche Substanzen können sie im Normalfall passieren.

Durch die Bestrahlung mit niederfrequent gepulster Hochfrequenz, wie sie bei Handys und Schnurlostelefonen nach DECT-Standard verwendet wird, öffnet sich die Blut-Hirn-Schranke auch für Eiweißstoffe und wasserlösliche Substanzen. Dies hat eine Forschergruppe der schwedischen Universität Lund im Rahmen einer großangelegten Studie herausgefunden.[17] Die Zerstörung von Nervengewebe und Hirnödeme (Wasseransammlungen im Gehirn) sind die Folge. Die Defekte ähneln den Vorformen von MS, Parkinson, Alzheimer, vorzeitigem Altern und seniler Demenz. Inzwischen vermutet man, daß auch das »Golfkriegs-Syndrom«, von dem mehr als 20.000 amerikanische Soldaten betroffen waren, auf diesen Effekt zurückzuführen ist. Es scheint möglich, daß die hochfrequente Strahlung von Radar und Funkanlagen die Blut-Hirn-Schranke für den Übertritt von Medikamenten und Gegengiften gegen Nervengas öffnete, die sich ins Hirngewebe einlagerten und dort vielfältige Formen psychischer und neurologischer Störungen hervorriefen. Ein entsprechender Forschungsauftrag ist nach Bekanntwerden der Ergebnisse von Lund von der US-Airforce an die Universität ergangen. – Man nimmt deren Ergebnisse also durchaus ernst.

Die Öffnung der Blut-Hirn-Schranke wurde ab einer Dosis von etwa 5.000 $\mu W/m^2$ bei ca. 50% aller Versuchstiere beobachtet. Die Dauer der Bestrahlung hat keine Bedeutung, der Effekt tritt sofort ein und hält einige Zeit lang an.

Veränderung der räumlichen Eigenschaften von Molekülen

Die Wirkung eines Stoffes im Körper hängt nicht nur von seiner chemischen Zusammensetzung ab, sondern auch von der räumlichen Anordnung der Atome innerhalb des Moleküls.

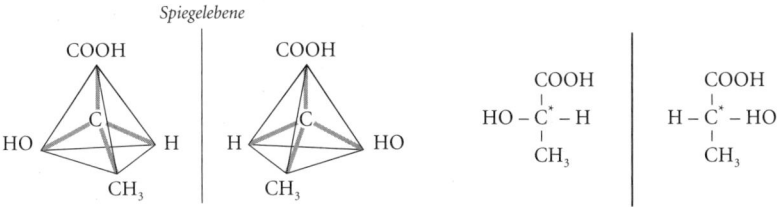

Abb. 26: Die links- und rechtsdrehende Milchsäuren bestehen aus denselben chemischen Elementen. Diese sind aber räumlich unterschiedlich angeordnet.

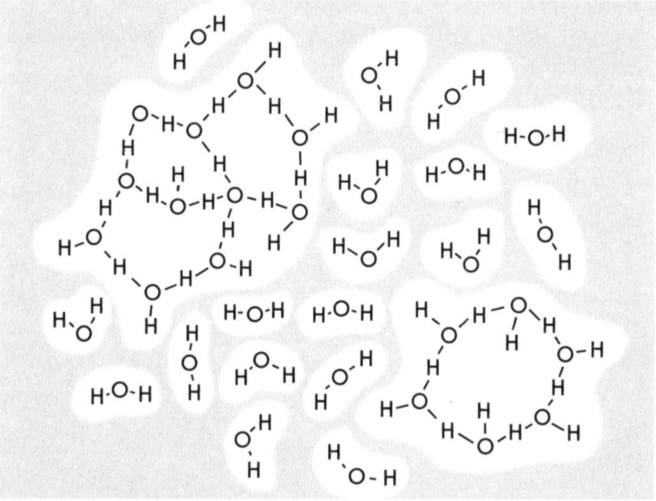

Abb. 27: Wassermoleküle schließen sich zu größeren Gruppen zusammen, sog. Clustern.

Ein bekanntes Beispiel ist die rechts- beziehungsweise linksdrehende Milchsäure. Chemisch identisch, aber in ihrer räumlichen Struktur verschieden, kann die eine Substanz vom Körper gewinnbringend verwertet werden, die andere wird bestenfalls wieder ausgeschieden oder kann sogar Nerven und Leber schädigen.

Nach neuesten Erkenntnissen scheint es nun so, daß die räumliche Struktur von Molekülen in einem Zusammenhang steht mit dem Vorhandensein bestimmter elektromagnetischer Felder. Natürliche Felder sorgen einerseits dafür, daß bestimmte Strukturen bestehen bleiben, aber schwache elektromagnetische Impulse können auch die räumliche Anordnung von Molekülen verändern. Dr. Varga konnte zum Beispiel zeigen, daß die Strahlung eines Mikrowellenherds (Hochfrequenz) die Milchsäure von links- nach rechtsdrehend verändert.[18]

Moderne Wissenschaftler sehen aus diesem Grund auch einen Zusammenhang zwischen dem Auftreten von BSE und elektromagnetischen Feldern. Denn BSE ist kein Virus, wie man inzwischen herausgefunden hat, sondern wird durch die Veränderung der räumlichen Struktur an sich harmloser Eiweißmoleküle (Prionen) hervorgerufen. Zusammen mit weiteren Auswirkungen von elektromagnetischen Feldern, wie der Schwächung des Immunsystems und

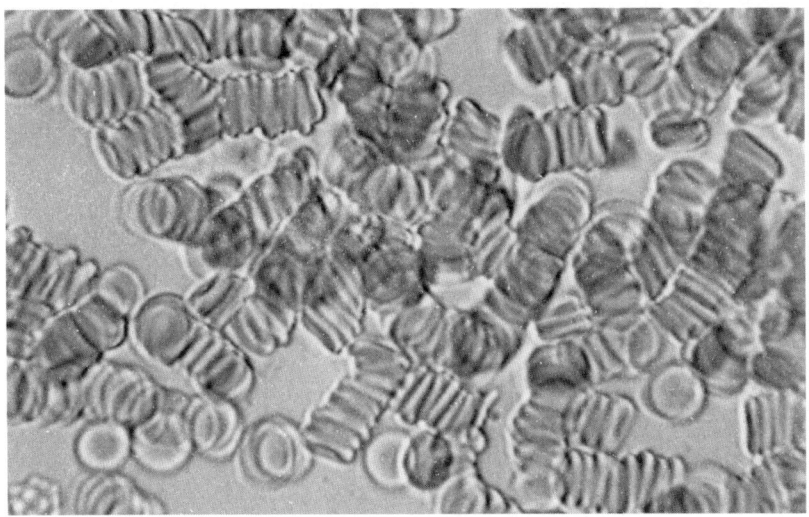

Abb. 28: Beispiel von Geldrollenbildung im Blut nach Hochfrequenzbestrahlung

einer höheren Durchlässigkeit der Blut-Hirn-Schranke, kann es dann zu den bekannten Symptomen kommen.

Veränderung des Zustands der Körperflüssigkeiten

Ein wesentlicher Faktor und Anzeiger für den Zustand und die Reaktionsfähigkeit des Organismus ist der Zustand der Körperflüssigkeiten und der in ihnen gelösten Stoffe. Die Größe von Molekülkomplexen darin entscheidet darüber, wie gut Blut, Lymphe und andere Körperflüssigkeiten ihre Aufgaben im Stoffwechsel des Organismus erfüllen können.

Unter dem Einfluß von »Elektrosmog« entstehen Streß und vermehrt freie Radikale. Beides führt dazu, daß sich größere Zusammenballungen von Molekülen bilden, ähnlich wie die bekannten Cluster im Wasser (siehe Abb. 27). Dies reduziert die Flexibilität des Organismus und seine Fähigkeit, weitere Störungen auszugleichen. Von »verclustertem« Wasser ist bekannt, daß es seine Aufgaben im Körper, die Aufnahme,

> **Wassercluster**
> Wassermoleküle sind auf der einen Seite schwach positiv, auf der anderen Seite negativ geladen – wie ein kleiner Magnet. Dadurch entstehen Anziehungskräfte zwischen unterschiedlichen Ladungen, die dazu führen, daß sich größere Gruppen von Wassermolekülen bilden können, sogenannte Cluster.

Neutralisierung und Ausscheidung von Stoffwechselprodukten und Giftstoffen nicht mehr erfüllen kann. Ähnliches gilt für Blut und Lymphe* und ihre speziellen Aufgabenbereiche.

Dr. Hans-Joachim Petersohn hat dieses Phänomen im Blut unter dem Mikroskop sichtbar gemacht (siehe Abb. 28).

Durch den Einfluß gepulster Hochfrequenz verlieren die roten Blutkörperchen ihre negative Ladung an der Oberfläche. Dies führt dazu, daß sie sich nicht mehr gegenseitig abstoßen und zu geldrollenförmigen Gebilden verklumpen. Dadurch kann das Blut nicht mehr durch die feinen Kapillargefäße fließen, die Sauerstoff- und Nährstoffversorgung von Organen wird beeinträchtigt und Gefäßverschlüsse begünstigt.

Der negative Einfluß von »Elektrosmog« auf die Fließeigenschaften der Lymphe ist unter naturheilkundlich arbeitenden Ärzten und Heilpraktikern ebenfalls bekannt.

Periodische Veränderungen im Herzrhythmus

Ein Metronom schlägt völlig gleichmäßig. Ein gesundes Herz tut dies nicht, sondern die Frequenz des Herzschlages variiert immer ein wenig. Kontrollmechanismen des Herzkreislaufsystems führen zu ständigen Frequenzkorrekturen, die eine wiederkehrende geringfügige Beschleunigung bzw. Verlangsamung des Herzschlags bewirken. Sie werden nicht bewußt wahrgenommen. Dieses Phänomen wird als »Herzfrequenzvariabilität«** (HRV) bezeichnet.

Sowohl die Herzfrequenz – der Puls – als auch die Veränderlichkeit der Herzfrequenz werden durch das vegetative Nervensystem beeinflußt. Störungen im Bereich des vegetativen Nervensystems führen also auch zu Störungen der HRV. Sie ist außerdem ein Anzeiger für die Gesundheit und Leistungsfähigkeit des Herzens. Je stärker die HRV eingeschränkt ist, also je »starrer« der Rhythmus des Herzens ist, desto größer ist die Sterblichkeit. In einem Versuch wurde die Herzfrequenzvariabilität bei Menschen untersucht, die

---

* Das Lymphsystem ist unter anderem Teil des Immunsystems. Es enthält den größten Teil der Lymphozyten, die eine Schlüsselrolle bei der Abwehr von Krankheitserregern spielen. Es hat außerdem die Aufgabe Wasseransammlungen im Gewebe zu verhindern. Die Lymphe ist eine klare Flüssigkeit, die wie das Blut die Aufgabe hat verschiedene Stoffe zu transportieren. Dazu gehören auch Stoffe aus dem Raum zwischen den Zellen, die nicht wieder in die Blutbahn aufgenommen werden können.
** Variabilität = Veränderlichkeit

einem gepulsten Magnetfeld von 20 µT ausgesetzt waren.[19] Hierbei war die HRV deutlich erniedrigt. Nach diesem Ergebnis stehen niederfrequente Magnetfelder im Verdacht, Herzrhythmusstörungen und plötzlichen Herztod zu begünstigen.

Gleichschaltung von Zellen

Unter optimalen Bedingungen laufen Stoffwechselvorgänge, das heißt die Aufnahme und Ausscheidung von Stoffen sowie der Auf- und Abbau von chemischen Substanzen, in Zellen individuell ab. Das heißt, jede Zelle arbeitet in einem ihr eigenen Rhythmus, im Rahmen ihrer Aufgabe im Organismus. Nur in Notsituationen wird der Zellstoffwechsel gleichgeschaltet. Im Organismus gibt es ein sensibles Gleichgewicht zwischen Chaos und Ordnung, Flexibilität und Stabilität. Rhythmisch einwirkende Reize, wie die von elektromagnetischen Signalen des Elektrosmogs, könnten dieses Gleichgewicht stören und zu einer vermehrten »Gleichschaltung« von Zellen führen. Nähere wissenschaftliche Forschungen zu dieser Thematik und ihren Auswirkungen im Körper gibt es unseres Wissens bisher leider nicht.

Flexibilität und Starre

Bekannt ist allerdings, daß das Gleichgewicht zwischen Chaos und Ordnung, Flexibilität und Stabilität ein wichtiges Maß für die Gesundheit, Vitalität und Überlebensfähigkeit des Organismus darstellt. Je mehr der Körper in das eine oder andere Extrem abgleitet, desto weniger ist er in der Lage, sinnvoll auf äußere und innere Reize zu reagieren – und damit gesund zu bleiben.

Viele Erkenntnisse zu den Auswirkungen von Elektrosmog weisen darauf hin, daß elektromagnetische Wellen und im besonderen Maße gepulste Strahlung dieses Gleichgewicht in Richtung einer Starre des Organismus verschieben. Die Verminderung der Herzfrequenzvariabilität, Cluster- und Geldrollenbildung im Blut und anderen Körperflüssigkeiten sowie das oben beschriebene Phänomen der Gleichschaltung von Zellen deuten alle in dieselbe Richtung. Zunehmende Starre bedeutet, weniger Reaktions- und Ausgleichfähigkeit, bedeutet Krankheit und in letzter Konsequenz den Tod.

Elektrosmog ist nicht der einzige Faktor in diesem Prozeß, seine Reduzierung ist jedoch heute und in Zukunft auch unter diesem Gesichtspunkt ein wichtiger Baustein im Hinblick auf ein gesundes und vitales Leben.

Die Auswirkungen verschiedener Frequenzbereiche

Nachdem wir im vorigen Kapitel die grundlegenden Wirkmechanismen von elektromagnetischen Feldern im athermischen Bereich erläutert haben, möchten wir hier noch einmal ausführlicher auf die konkreten körperlichen Folgen eingehen, die durch bisher durchgeführte Studien belegt sind, und uns dabei die einzelnen Frequenzbereiche noch etwas näher anschauen.

Im Rahmen unseres Themas »Elektrosmog«, betrachten wir hierzu die Wellen und Felder im Bereich der Hoch- und Niederfrequenz, wie sie in alltäglichen Situationen am häufigsten vorkommen.

Niederfrequenz

Frequenzbereich: 0,1 Hz – 30 kHz (Kilohertz)

Niederfrequenz kann weiter unterteilt werden in:
VLF   3 kHz – 30 kHz
ELF   30 – 3000 Hz
ULF   0,1 – 30 Hz

Die athermische Wirkung von Wellen und Feldern im niederfrequenten Bereich ist gut erforscht. Vor allem sind der Haushaltsstrom, die Felder von Bahnlinien und Hochspannungsleitungen sowie die Auswirkungen von Wetterveränderungen und Schwankungen des Erdmagnetfelds untersucht worden.

Vorkommen, natürlich:
- Sonneneinstrahlung, kosmische Einstrahlungen, Eigenstrahlungen der Erde und der Atmosphäre
- Sferics (Wetterstrahlung). Darunter versteht man großräumige oder lokale kurzfristige Schwankungen des elektrischen Feldes der Atmosphäre durch Wettereinflüsse, z. B. Turbulenzen im Inneren von Wolken oder Blitzentladungen. Sie haben charakteristische Frequenzen für bestimmte Wetterlagen im Bereich von etwa 1 - 20 Hz (ULF) und gehen Wetterfronten voran.
- Schumann-Resonanz zwischen Erdboden und Atmosphäre (ULF, 7,8 Hz),
- Die täglichen Schwankungen des Erdmagnetfeldes (ULF, 1 - 20 Hz),
- Die Schwankungen des Erdmagnetfeldes unter Einfluß von Sonnenstürmen (ULF, 0,15 - 3,4 Hz)

Technische Verwendung:
- Haushaltsstrom (ELF, 50 Hz), elektrische Leitungen und Geräte, Hochspannungsleitungen
- Bahnstrom (ULF, 16,7 Hz)
- Funk, Radio-Langwelle, Navigation
- Lawinensonden, Sensoren, Diebstahlsicherungsanlagen
- Transformatorenstationen
- HAARP und andere Ionosphärenheizer (VLF, ELF, ULF)

Medizinische Verwendung:
Bereits in Ägypten und dem Griechenland des Altertums wurden Magnetfelder therapeutisch verwendet um Augenkrankheiten, Melancholie und Gicht zu heilen. Paracelsus behandelte damit Epilepsie, Hämorrhoiden, Entzündungen und Krämpfe.

Heute werden niederfrequent gepulste schwache Magnetfelder in der Therapie von schlecht heilenden Knochenbrüchen mit Erfolg eingesetzt;[20] weiterhin bei chronischen Entzündungen von Knochen und Gelenken sowie rheumatischen Erkrankungen, Durchblutungsstörungen und Gefäßkrankheiten. Versuche wurden außerdem in der Behandlung von Parkinson, Multipler Sklerose, spastischen Lähmungen und degenerativen Erkrankungen der Netzhaut, psychovegetativen Erkrankungen wie Schlafstörungen und bestimmten Formen der Depression gemacht.

Prinzipiell wird durch die Therapie mit pulsierenden Magnetfeldern die Sauerstoffaufnahme der Zelle verbessert, der Energiestoffwechsel erhöht, die Abwehr angeregt und die Durchblutung verbessert.

Biologische Wirkung:

ULF: 0,1 - 30 Hz
NATÜRLICHE ULF-WELLEN INFOLGE VON WETTERVERÄNDERUNGEN (SFERICS)
Sie sind die Ursache der sogenannten Wetterfühligkeit und wirken auf das vegetative Nervensystem. Symptome wie Kopfschmerzen, Konzentrationsmangel, Depressionen, Verwirrung, steife Gelenke, Muskelschmerzen, veränderter Puls und Blutdruck können auftreten. Künstliche elektromagnetische Felder können die Beschwerden noch verschlimmern.

ULF-WELLEN INFOLGE VON SCHWANKUNGEN DES ERDMAGNETFELDS
Sie können Herz/Kreislaufstörungen verursachen: Pulsabfall, Blutdruckanstieg, Herzinfarkt, Lungenthrombosen. Sie verändern die Chemie des Blutes, die Atmung und Sauerstoffaufnahme und können Grauen Star und Epilepsieanfälle auslösen. Erhöhte Unfallhäufigkeit, Sterblichkeit sowie die Verschlimmerung von Krankheiten wurden unter ihrem Einfluß beobachtet.

Dieselben Symptome gelten natürlich auch für technische erzeugte ULF-Wellen wie zum Beispiel den Bahnstrom.

ELF: 30 - 3000 Hz
Im ELF-Bereich finden sich viele technische Anwendungen wie Hochspannungsleitungen, Funk, Radio-Langwelle und unser Haushaltsstrom mit seiner Frequenz von 50 Hz.

DIE AUSWIRKUNGEN DES MAGNETISCHEN FELDS
Lange Zeit ging man davon aus, daß nur der magnetische Anteil von niederfrequenten Wechselfeldern eine Einfluß auf den Organismus hat. Entsprechend liegen hier viele Studien und Forschungen zu Auswirkungen und Wechselwirkungen mit biologischen Abläufen vor. Sie beziehen sich meist auf die Frequenz unserer Stromversorgung (50 Hz, Amerika 60 Hz).

Die Mehrheit der Studien untersucht die Auswirkungen der Felder unter dem Aspekt der Stärke und Auswirkung des **magnetischen Felds,** ohne das elektrische Feld auszuschließen, da beide Feldtypen immer gemeinsam auftreten. Dies gilt vor allem für sogenannte epidemiologische Studien, bei denen bestimmten Bevölkerungsgruppen, die im Alltag oder bei der Arbeit den Feldern ausgesetzt sind, auf bestimmte Auswirkungen hin statistisch untersucht wurden.

Folgende Symptome traten unter dem Einfluß von niederfrequenter Strahlung statistisch gesehen häufiger auf:
Vegetative Störungen
Kopfschmerzen, Konzentrationsmangel, Müdigkeit, Depressionen, Verwirrung, steife Gelenke, Muskelschmerzen, Puls und Blutdruckschwankungen, Herz- und Kreislaufstörungen, Schlafstörungen, Regulationsstörungen

Nervensystem und Gehirn
ALS (Amyotrophe Lateralsklerose), Alzheimer, Parkinson, Multiple Sklerose, Epilepsie, Nervenreizungen, chronische Schmerzzustände, Störung von Gehirnfunktionen, Gedächtnisschwund

Krebs
Krebs bei Kindern, Hirntumore, Lungenkrebs, Leukämie, Brustkrebs, Lymphdrüsenkrebs

Fruchtbarkeit, Schwangerschaft, Kinder
Regelstörungen, Fehl- und Frühgeburten, Mißbildungen, plötzlicher Kindstod

Immunsystem
Allergien, Immunschwäche

Zelle
Chromosomenschäden, Störung des Zellstoffwechsels und der Zellkommunikation, Wachstumsstörungen, Beschleunigung der Zellteilung

Augen
Sehstörungen, Grauer Star

Sonstige Störungen
Reaktionsverzögerungen, Verhaltensstörungen, Hyperaktivität, Beeinträchtigung der Lern- und Konzentrationsfähigkeit, Depressionen, Selbstmordneigung

Eine Aufstellung der Feldstärken, bei denen bestimmte Wirkungen aufgetreten sind, finden Sie im Anhang (S. 223).

DIE AUSWIRKUNGEN DES ELEKTRISCHEN FELDS
Erst in jüngerer Zeit wurde auch der elektrischen Komponente vermehrt Aufmerksamkeit geschenkt. Die Studien beziehen sich hauptsächlich auf den Haushaltsstromstrom von 50 Hz.

An speziellen Auswirkungen des elektrischen Feldes wurde folgendes beobachtet:
- Nervenzellen reagieren auf elektrische Spannungen oberhalb von 15 - 20 mV.
- Das elektrische Feld setzt den Körper unter Spannung und verursacht künstliche elektrische Ströme im Organismus. Es kommt dabei zum Beispiel zu Ladungsumkehrungen an den Zellmembranen und zu Nervenreizungen.
- Die größte Empfindlichkeit von Nerven läßt sich bei einer Frequenz von ungefähr 50 Hz feststellen. Das heißt, Nerven reagieren auf den Einfluß von solchen Feldern besonders leicht mit Irritationen.
- Bei Kindern erhöht sich durch elektrische Felder (10 - 20 V/m) am Schlafplatz das Risiko für Krebs und speziell Leukämie. Es wurden außerdem Kopfschmerzen, Vitalitätsverlust, Depressionen und der plötzliche Kindstod damit in Zusammenhang gebracht.[21]

- Schwache elektrische Felder steigern das Wachstum. Dies wurde bei Fischen und Bäumen beobachtet. Es wird in der Fischzucht bewußt eingesetzt.
- Unter dem Einfluß von relativ hohen Feldstärken wurden von Baubiologen folgende Beschwerden beobachtet, die nach der Sanierung der Felder wieder verschwanden:
- Migräne, Herzattacken, Schwindel, Übelkeit, Schmerzen, Krämpfe, Verspannungen, Depressionen, Angstzustände, Schlafstörungen, Störungen des Immunsystems, vegetative Dystonie, Bettnässen, Bluthochdruck, Kreislaufbeschwerden, Nervenstörungen, Tinnitus

SCHLUßBEMERKUNG ZUR BIOLOGISCHEN WIRKUNG VON NIEDERFREQUENZ
Beim Vergleich zwischen dem therapeutischen Einsatz niederfrequenter Magnetfelder und ihren schädlichen Auswirkungen finden sich interessante Parallelen. Die Wirkungsbereiche zeigen erstaunliche Übereinstimmungen und letztendlich scheint es doch wieder eine Frage der Dosis beziehungsweise der Dauer der Anwendung zu sein, ob die Felder heilend oder schädigend wirken. Als bewußt eingesetzter, zeitlich befristeter Heilungsimpuls scheinen sie durchaus positiv zu wirken – als Non-Stop Dauerbestrahlung im Alltag verkehrt sich ihre Wirkung dann ins Gegenteil.

Hochfrequenz

Frequenzbereich: 300 kHz (Kilohertz) - 300 GHz (Gigahertz)

Hochfrequenz kann weiter unterteilt werden in:

EHF:	300 GHz – 30 GHz	VHF:	300 MHz – 30 MHz
SHF:	30 GHz – 3 GHz	HF:	3 MHz – 30 MHz
UHF:	3 GHz – 300 MHz	MF:	300 kHz – 3 MHz
		LF:	30 kHz – 300 kHz

Vorkommen, natürlich:
Einstrahlungen von der Sonne und aus dem Kosmos durch das sogenannte »Radiofenster« in der Atmosphäre.

Technische Verwendung:
Mikrowelle, Radio, Fernsehen, Radar, Satellitenkommunikation, Funk und Mobilfunktelefone, Telefon, Babyphon, Kinderspielzeug, Störfelder von Hochspannungsleitungen, Induktionsöfen, Schweißgeräte, Störstrahlung von

Bahntrassen, drahtlose Mikrofone und Kopfhörer, Bluetooth, Datenfunk (LAN, RLAN), Satellitenkommunikation (Fernsehen, Funk und Telefon), Weltraumforschung, Wetterüberwachung.

Medizinische Verwendung:
Diathermie: Hochfrequente Wechselströme erzeugen eine vermehrte Durchblutung des Gewebes und Wärme.

Bei Schlaflosigkeit und Ängsten: In der Behandlung von Schlaflosigkeit wurde amplitudenmodulierte Hochfrequenz eingesetzt, unter deren Wirkung die Patienten schneller einschliefen, länger und tiefer schliefen und die Anzahl der REM-Phasen* sich erhöhte.[22]

Biologische Wirkung:
Die biologischen Wirkungen von Hoch- und Niederfrequenz lassen sich nicht überall exakt voneinander abgrenzen. Studien bezüglich ungepulster Strahlung gibt es hier hauptsächlich zu Radio- und Fernsehsendern und Mikrowellen. In vielen Punkten scheinen die Symptome sich aber zu entsprechen.

Trotzdem gibt es von den biologischen Effekten, die für beide Frequenzbereiche im athermischen Bereich gelten, einige, bei denen verschiedene Studien einen ganz speziellen Zusammenhang mit der Hochfrequenz feststellen konnten:
- Vegetative Störungen (Kopfschmerzen, Konzentrationsmangel, Müdigkeit, Depressionen, Verwirrung, steife Gelenke, Muskelschmerzen, Puls und Blutdruckschwankungen, Herz- und Kreislaufstörungen, Schlafstörungen, Regulationsstörungen, Streß)
- Krebs (vor allem Leukämie und Lymphdrüsenkrebs, Hirntumore)
- Trübung der Augenlinse, Grauer Star (Mikrowellen ab 500.000 $\mu W/m^2$)
- Waldsterben
- DNS-Brüche im Gehirn

Bei **gepulster Hochfrequenz**, deren Auswirkungen aus gegebenem Anlaß heute vor allem das Interesse auf sich zieht, ist diese Trennung sowieso nicht mehr aufrechtzuerhalten. Durch den niederfrequenten Puls sind hier beide Frequenzbereiche und somit auch auf jeden Fall sämtliche Symptome vertreten.

---

* (REM = Rapid Eye Movement) REM-Phasen bezeichnen Traumphasen während des nächtlichen Schlafs, während denen schnelle Augenbewegungen festgestellt werden können. Ihre Anzahl und Dauer scheint einen Einfluß auf die Tiefe und den Erholungswert des Schlafes zu haben.

Es scheint außerdem, als ob dem niederfrequente Puls dabei die größte Bedeutung für die beobachteten biologischen Effekte zukäme.

Dr. Lebrecht von Klitzing geht sogar noch weiter und sagt: »Aus den bisherigen Erkenntnissen muß bei getakteten bzw. gepulsten elektromagnetischen Feldern davon ausgegangen werden, daß das biologische System offensichtlich ausschließlich auf die niederfrequente Periodizität reagiert, wobei die obere Grenze des biologisch relevanten Frequenzbereichs nicht bekannt ist. Es gibt bisher keine sichere Erkenntnis darüber, daß die Trägerfrequenz eine biologisch relevante Rolle spielt.« Er erklärt dies damit, daß die Informationsübertragung im Körper selbst, zum Beispiel bei der Reizleitung in den Nerven, mit gepulsten Wellen arbeitet. Jeder fremde Puls stellt also eine Fehlinformation für das System dar.[23]

Viele Beschwerden schon bei relativ niedrigen Sendestärken traten erst mit der Verwendung dieser Technik auf. Der Neurobiologe Prof. Peter Semm von der Universität Frankfurt sagte zu diesem Thema im Mai 1999 in einem Fernsehbeitrag: »Es ist alles mit Vorsicht zu benutzen, was ein pulsierendes Signal abgibt, alle Formen von gepulster Strahlung, das kann man generell sagen. Egal mit welcher Frequenz gepulst wird, es ist biologisch relevant.«

Dr.Ing. Günther Käs von der Universität der Bundeswehr in Neubiberg weist darauf hin, daß Gentechniker schon lange mit entsprechenden Impulsen arbeiten, um Zellmembranen kurzzeitig zu öffnen.[24] Es gibt keinen Grund, warum dies nicht auch außerhalb der Versuchslabors unter dem Einfluß technisch gepulster Strahlung funktionieren sollte.

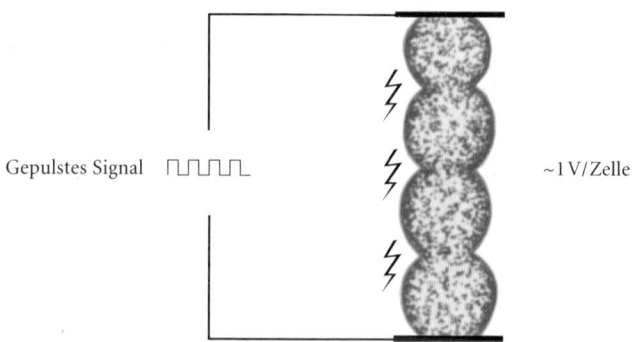

Abb. 29: Zellverschmelzung durch Öffnung der Zellmembran im elektrischen Feld

Therapieresistenz durch »Elektrosmog«

Nach allem, was wir bis jetzt über die Auswirkungen von Elektrosmog wissen und in den vorigen Kapiteln ausführlich dargestellt haben, wundert keinen mehr, was viele Heilpraktiker und naturheilkundlich arbeitende Ärzte in den letzen Jahren festgestellt haben: Eine Elektrosmogbelastung verhindert häufig den Therapieerfolg, führt also zu einer Therapieresistenz.

Elektrosmog schwächt das Immunsystem und die Vitalität des Körpers. Er stört die Kommunikation der Zellen, die Selbstregulation und Reaktionsfähigkeit des Organismus. Damit vermindert er die Möglichkeiten des Körpers, sich selbst zu heilen und sein inneres Gleichgewicht wiederherzustellen.

Die meisten naturheilkundlichen Therapien sind Regulationstherapien, die genau auf dieser Ebene ansetzen. Sie regen den Körper mit verschiedenen Reizen dazu an, seine Selbstheilungskräfte zu entfalten, anstatt äußere Symptome mit chemischen Keulen zu unterdrücken. Daher wirkt sich hier eine Elektrosmogbelastung besonders schädlich aus. Der Therapieerfolg bleibt aus oder wird nach kurzer Zeit durch die fortbestehende Belastung wieder zunichte gemacht.

Der bekannte Naturheilarzt Dr. Braun von Gladiss schreibt dazu in seinem Buch »Das biologische System Mensch«: »Die Behandlung von chronischen Krankheiten setzt immer voraus, daß belastende Faktoren abgebaut oder ausgeschaltet werden. Unabhängig davon, ob äußere schädigende physikalische oder chemische Reize einen ausschlaggebenden Faktor bei der Entstehung chronischer Erkrankungen darstellen oder nicht, hemmen sie praktisch immer den Heilungsprozeß. Deshalb müssen sie ausgeschaltet werden, so weit es geht. Dazu gehören: elektromagnetisch belasteter Schlafplatz, Umweltgifte in der Wohnung, Kleidung und in der Freizeit, ungesunde Ernährung, Belastung des Lymphsystems mit Amalgam, störfeldbelastete Körperzonen, psychosoziale Stressoren. Mal steht der eine, mal der andere Aspekt mehr im Vordergrund. Immer muß diese Checkliste in der Anamnese durchgegangen werden. Wenn man zum Beispiel Belastungen am Schlafplatz übersieht, kann man mit den schönsten naturheilkundlichen, energiemedizinischen, ganzheitsmedizinischen, biokybernetischen Verfahren therapieren – und man kämpft gegen Windmühlenflügel! Nachts ist der Patient dem physikalischen Stressor Strom wieder ausgesetzt und kann sich nicht erholen. Da wird jede Regulationstherapie zur Sisyphusarbeit. Ich habe es mir zur Angewohnheit gemacht, Patienten dann erst gar nicht zu behandeln, wenn sie eine elektrobiologische Hausuntersuchung nicht durchführen lassen, obwohl ich sie für unerläßlich halte. So jemand ist der programmierte Therapieversager, und hinterher ist der Patient ebenso unzufrieden wie der Arzt.«

Der Sinn und Unsinn von Grenzwerten

In Deutschland gibt es seit 1997 gesetzliche Grenzwerte, die sogenannte **Elektrosmogverordnung**. Diese hat die Werte der Internationalen Strahlenschutzkommission (**IRPA**) für ionisierende Strahlung und die der **ICNIRP** (Internationale Kommission zum Schutz vor nicht-ionisierender Strahlung) übernommen.

IRPA/ICNIRP geben sich den Anschein als seien sie Unterorganisationen der WHO (Weltgesundheitsorganisation). Dies wurde inzwischen von der WHO dementiert, und es stellte sich heraus, daß sie zwar mit der WHO zusammenarbeiten, aber ansonsten völlig **private Nichtregierungsorganisationen** sind, die von verschiedenen Wissenschaftlern, aber auch Vertretern der Wirtschaft gebildet werden. Da stellt sich dann allerdings die Frage, welchen Interessen diese Grenzwertempfehlungen dienen, auf denen auch die deutschen Verordnungen beruhen.

Die Normen der IRPA und der ICNIRP beachten zudem ausschließlich die thermische Wirkung. Es wird immer noch davon ausgegangen, daß eine athermische Wirkung nicht existiert. Zudem sind auch die Werte für eine thermische Wirkung ausschließlich nach einem theoretischen Modell mathematisch berechnet und nicht unter realen Bedingungen getestet!

Schaut man sich die Feldstärken an (Tabellen im Anhang), bei denen bereits biologische Wirkungen beobachtet wurden, und vergleicht sie mit den aktuellen Grenzwerten, besteht an einem kein Zweifel mehr: Grenzwerte haben keinesfalls die Gesundheit der Menschen im Blick, die sie eigentlich schützen sollten, dafür sind sie eindeutig zu hoch.

Eine Aussage von Bundeskanzler Schröder zu diesem Thema läßt dann auch keinen Zweifel daran, wen Grenzwerte anscheinend in Wirklichkeit schützen sollen:

»Schröder und der ebenfalls sozialdemokratische Staatsminister im Bundeskanzleramt, Hans Martin Bury, haben vorerst alle Vorstöße aus den Reihen der Regierungskoalition in Richtung einer Absenkung von Grenzwerten ›blockiert‹. Schröder und Bury wollten so ›Unruhe‹ in der Wirtschaft vermeiden. Im Kanzleramt werde alles darangesetzt, die angespannte Konjunkturlage nicht noch durch zusätzliche, die Industrie belastende Maßnahmen zu verschärfen, erklärten sie das Vorgehen.«*

Damit dürfte also klar sein, daß man sich auf die aktuell geltenden Grenzwerte nicht verlassen kann, wenn einem die eigene Gesundheit wirklich am Herzen liegt. Letztendlich sind sie nichts weiter als ein Freibrief für die Wirtschaft, die für eventuell entstehende oder entstandene Schäden nicht zur Verantwortung gezogen werden kann, solange sie sich an die gesetzlich vorgeschriebenen Werte hält.

Das immer wieder von Mobilfunkbetreibern gern geäußerte Argument, es könne ja nichts passieren, da man unter den Grenzwerten bleibe, ist so gesehen schon fast Zynismus. Die Empfehlungen der ICNIRP zu überschreiten ist schon eine Kunst. Außerdem gibt es bis heute niemanden, der mit Sicherheit sagen kann, ab welcher Dosis gepulste Hochfrequenz bei einer Dauerbelastung über Jahre hinweg wirklich schädlich ist und welche Konsequenzen zu erwarten sind. Im Grunde befinden wir uns mitten in einem Feldversuch mit ungewissem Ausgang.

– Und glauben Sie wirklich, daß wir Deutschen unempfindlicher auf diese Art der Strahlung reagieren als unsere Nachbarn in Rußland, Italien oder Österreich und der Schweiz, die zum Teil wesentlich niedrigere Grenzwerte haben?

Einen Überblick über die Grenzwerte verschiedener europäischer Länder und im Vergleich dazu die Empfehlungen der Baubiologie finden sie im Anhang auf Seite 220.

Abgesehen von der Tatsache, daß gängige offizielle Grenzwerte also eher die Wirtschaft schützen sollen als das Leben und die Gesundheit der Menschen, hat das Problem noch eine andere Seite:

Hinsichtlich der subtileren Wirkungsmechanismen elektromagnetischer Wellen, wie zum Beispiel des Resonanzphänomens, der informativen Wirkung der Felder oder des biologischen Fensters, scheint es grundsätzlich schwierig, überhaupt Grenzwerte festzusetzen. Geringste Intensitäten können hier Auswirkungen haben, die außerdem jeweils individuell verschieden sein können.

---

* nach einer Meldung in der *Berliner Zeitung* vom 10.11.2001

Insofern sind selbst die baubiologischen Empfehlungen kein hundertprozentiger Schutz – aber sie sind ein gangbarer Weg und eine sinnvolle Orientierung, denn sie liegen unter allen bisher beobachteten Effekten. Trotzdem gilt immer die Maxime: Je weniger, desto besser.

Teil 3
Technische Strahlenquellen

Hier finden Sie in alphabetischer Reihenfolge alle wichtigen Informationen zu den im Alltag relevanten Strahlungsquellen. Es sind jeweils Funktionsweise, Wirkung und wichtige Besonderheiten beschrieben. Grundlegende Symptome und Wirkmechanismen der unterschiedlichen Felder sind in Teil 2, im Kapitel über die biologischen Auswirkungen, ausführlich erläutert und werden in der Regel nicht mehr gesondert aufgeführt. Im Abschnitt über die Wirkung der Strahlung finden Sie zusätzliche Hinweise zur Wirkungsweise der jeweiligen Strahlungsquelle und die Ergebnisse von Studien, die direkt zu diesem Thema durchgeführt wurden. Über weitere interessante Fakten, die zum Teil nicht direkt mit dem Thema Elektrosmog zu tun haben, informieren wir unter der Überschrift »Sonstiges«. Neben dem Text finden Sie außerdem in den Kästen am rechten Rand der Seite zusätzliche technische Informationen und Meßwerte zur Stärke der Felder, sofern solche bekannt sind. Bitte beachten Sie, daß dies niemals absolute Werte sein können. Die Stärke und Ausdehnung der Felder hängt von den unterschiedlichsten Faktoren ab und kann von Situation zu Situation stark variieren. Die angegebenen Werte sind zur groben Orientierung gedacht. Sie sollen helfen, selbst besser einschätzen zu können, welchen Belastungen – im Vergleich zu den baubiologischen Empfehlungen – man sich im Durchschnitt aussetzt.

Bitte nutzen sie hierzu auch die aufklappbaren Umschlagseiten vorn und hinten im Buch. Dort sind die wichtigsten Grenzwerte und die Bedeutung häufig verwendeter technischer Begriffe nochmals zusammengefaßt.

Amateurfunk → Sendeanlagen

Antennen → Empfangsanlagen

Autos

Die Zeiten, als ein Auto nicht viel mehr zu bieten hatte als einen simplen Verbrennungsmotor mit etwas Blech drumherum, sind längst vorbei. Außer den Magnetfeldern des Motors und der Zündspule gab es da wenig Belastungen.

Heute ähneln manche Modelle eher der Kommandozentrale eines Raumschiffs. Fast alle Funktionen sind elektronisch geregelt: elektrische Fensterheber, elektrisch gesteuerte Außenspiegel, elektrisch verstellbare Sitze, in die Sitze integrierte Heizungen, Klimaanlage, verschiedenste Betriebsanzeigen, elektronische Einspritzanlage, Radio, Autotelefon …

Dazu kommt die Innenausstattung, meist komplett aus Kunststoff – und all das auf kleinstem Raum in unmittelbarer Nähe zum Körper.

Art der Strahlung
- Elektrisches Gleichfeld
- Magnetisches Gleichfeld
- Elektrisches Wechselfeld durch sich bewegende magnetisierte Metallteile. Die Frequenz ist abhängig von der Geschwindigkeit.

Mögliche Intensitäten[1]

Baubiologische Empfehlungen zum Vergleich auf der aufklappbaren hinteren Umschlagseite

Magnetisches Feld am Fahrer- und Beifahrersitz	
Kleinwagen, Benziner	100 - 500 nT
Diesel	< 100 nT
Sportwagen, S-Klasse	bis 10.000 nT

Auto in der Garage unter dem Schlafraum (2 m Entfernung):	
10 - 50° Kompaßabweichung	

Elektrisches Gleichfeld	
Innenraum	100 - 10.000 V

Elektromagnetisches Feld Autotelefon, 8 W	
Abstand 30 cm	95.000.000 µW/m^2
Abstand 1 m	8.500.000 µW/m^2

[1] W. Maes: »Streß durch Strom und Strahlung«, IBN, 2000

Wirkung

Jede Elektrik hat elektrische und magnetische Felder zur Folge. Hier sind es hauptsächlich Gleichfelder, da der Energielieferant die Autobatterie ist.

Ein weiterer wesentlicher Feldverursacher, neben der Bordelektronik, ist auch die Zündspule – sie erzeugt starke magnetische Felder. Aber auch die elektrische Auflagerung (Elektrostatik) der Synthetikmaterialien und der Karosserie hat es in sich, zumal ein Auto durch seine Gummireifen außerordentlich gut vom Boden isoliert ist. Hat man ein Autotelefon oder Handy in Betrieb, kommt noch die gepulste Hochfrequenz hinzu.

Je teurer und größer die Autos, desto mehr Elektronik, desto mehr Elektrosmog. Benziner strahlen in der Regel mehr als Diesel, Automatikfahrzeuge mehr als Schaltwagen.

Die Wirkung der Felder entspricht der Wirkung elektrischer und magnetischer Felder, wie sie in Teil 2 im Kapitel über die Auswirkungen verschiedener Frequenzbereiche beschrieben sind.

Ansonsten sind im akuten Fall hauptsächlich vegetative Symptome bekannt: Kopfschmerzen, Nervosität, Aggressivität, Müdigkeit und Konzentrationsstörungen. Auch Reiseübelkeit kann ihre Ursache in starken elektrischen und magnetischen Feldern haben. Vor allem, wenn unter der Rückbank eine Batterie angebracht ist, wie es in manchen Wohnmobilen der Fall ist.

Zu beachten

Das magnetische Gleichfeld ist auch vorhanden, wenn das Auto nicht fährt und in der Garage steht (Zündspule und magnetisierte Metallteile). Aus diesem Grund ist ein Schlafplatz direkt über oder neben einer Garage nicht zu empfehlen.

Abhilfe

Auflagen aus Naturmaterialien und Sisalteppiche auf den Böden reduzieren die elektrostatische Aufladung. Auch das leitfähige »Schwänzchen«, das an der Autokarosserie befestigt immer wieder Bodenkontakt herstellt, hilft das elektrische Feld abzuleiten. Ansonsten gilt: je weniger Bordelektronik desto besser. Antennen sollten nicht in die Fenster integriert sein.

Wer regelmäßig viele Stunden täglich im Auto verbringt, sollte auch über weitere Maßnahmen nachdenken, die die Belastung dort verringern:

Eine Verlegung der Zündspule reduziert das magnetische Feld um 45 - 96%. Auch eine zusätzliche Abschirmung mit MU-Metall ist möglich (→ Teil 4, *Professionelle Hilfe, Abschirmung*).

Babyphone

Funktionsweise

Ein Babyphon funktioniert wie ein Funkgerät mit niedriger Reichweite. Es besteht aus einem Sender, der im Kinderzimmer an eine Steckdose angeschlossen beziehungsweise mit Akkus oder Batterien betrieben wird, und einem Empfänger.

Wirkung

Wenn das Babyphon übers Hausstromnetz betrieben wird, entstehen durch den Stromfluß am Gerät, am Anschlußkabel und dem Trafo (meist in den Stecker integriert) niederfrequente elektrische und magnetische Felder, die das Kind oder Baby erheblich belasten können. Sendet das Babyphon, erfolgt die Übertragung durch hochfrequente Trägerwellen.

Die Wirkung der Felder entspricht der Wirkung elektrischer und magnetischer Felder, wie sie in Teil 2 im Kapitel über die Auswirkungen verschiedener Frequenzbereiche beschrieben sind.

Außerdem sind als Auswirkungen von Babyphonen vor allem Unruhe, Schlafstörungen und Schreiattacken bekannt.

Zu beachten

Damit das Gerät nicht die ganze Zeit sendet, auch wenn das Kind schläft und keine Verbindung benötigt wird, sind die modernen Babyphone heute meistens mit einer Einrichtung ausgestattet, die den Sender erst einschaltet, wenn ein entsprechendes Geräusch im Zimmer vorhanden ist (Voice Control). In diesem Fall ist die hochfrequente Belastung durch den Sender zu vernachlässigen.

Manche Geräte haben allerdings eine Funktion zur ständigen Überprüfung der Reichweite und geben Alarm, wenn diese überschritten wird. Dazu muß in regelmäßigen Abständen eine Funkverbindung aufgebaut werden, die jedesmal eine hochfrequente Belastung darstellt.

Abhilfe

Es genügt in der Regel ausreichend Abstand vom Schlafplatz einzuhalten. Die meisten Hersteller geben einen Mindestabstand von 1 m zum Kopf des Kindes an, wir empfehlen 2 - 3 m, nicht nur für das Gerät selbst, sondern auch für Netzteil und Kabel. Dies beeinträchtigt die Funktion nicht. Man kann sogar, wenn das Zimmer sehr klein ist, das Gerät auf den Flur stellen und die Tür angelehnt lassen. Dies bietet sich auch an, wenn im Kinderzimmer die Sicherung nachts ausgeschaltet ist oder ein Netzfreischalter installiert ist (→ Teil 4, *Professionelle Hilfe, Abschirmung*).

Auch bei Batteriebetrieb sollte ein Mindestabstand von 1 - 2 m eingehalten werden.

Verzichten Sie zugunsten einer Reduzierung der hochfrequenten Belastung auf die Funktion zur Überprüfung der Reichweite.

Art der Strahlung
- Hochfrequente elektromagnetische Strahlung: 27, 40, 433 MHz, ungepulst
  Meist sind 2 verschiedene Kanäle einstellbar.

Bei Betrieb übers Hausstromnetz:
- Niederfrequentes elektrisches Wechselfeld (50 Hz)
- Niederfrequentes magnetisches Wechselfeld (50 Hz)
- Magnetisches Gleichfeld

Bei Betrieb mit Akku:
- Elektrisches Gleichfeld
- Magnetisches Gleichfeld

Mögliche Intensitäten[1]
Baubiologische Empfehlungen zum Vergleich auf der aufklappbaren hinteren Umschlagseite

Magnetisches Feld bei 1,5 V Batteriestrom	
Abstand 1 cm	20 - 30° Kompaßabweichung
Elektrisches Feld (50 Hz) im Abstand von 30 cm Steckernetzteil	140 V/m
Magnetisches Feld (50 Hz) im Abstand von 30 cm Steckernetzteil	bis 5.000 nT

[1] W. Maes: »Streß durch Strom und Strahlung«, IBN, 2000

Bahnlinien

In der Bundesrepublik Deutschland gibt es 44.000 km Bahnstromtrassen.

Funktionsweise

Die Hochspannungsoberleitung der Bahnlinie führt den Strom heran. Die Lok greift ihn ab und leitet ihn über ihren Motor zu den Schienen, durch die er dann zum Einspeispunkt zurückfließt. Um die Zugmaschine anzutreiben, bedarf es sehr hoher Stromstärken, die starke elektrische Felder verursachen. Auch die Magnetfelder sind, durch den großen Abstand von mehreren Metern zwischen Hinleiter (Oberleitung) und Rückleiter (Schiene), entsprechend stark (→ Teil 1, *Die Stärke und Ausdehnung von Feldern*).

Zu beachten
Vagabundierende Ströme

Zu sogenannten vagabundierenden Strömen kommt es, wenn Ströme durch den Boden abfließen, da die Schienen gegenüber dem Erdreich leider nicht genügend isoliert sind. Strom nimmt immer den Weg des geringsten Widerstands. Ist also die Leitfähigkeit des Erdreichs durch Feuchtigkeit erhöht, kann der Strom statt durch die Schiene durch den Boden fließen. Trifft er dann außerdem auf sanitäre Rohre oder Erdleitungen, die ebenfalls gute Leiter sein können, wird er kilometerweit hinein in Wohngebiete verschleppt und führt auch dort zu starken Feldern.

Wirkung

Solange keine vagabundierenden Ströme im Erdreich auftreten und über Sanitärinstallationen oder elektrische Erdleitungen ins Haus eingeschleppt werden, wirkt nur das

Art der Strahlung
- Niederfrequentes elektrisches Wechselfeld (16,7 Hz)
- Niederfrequentes magn. Wechselfeld (16,7 Hz)
- Hochfrequente Störstrahlung

Mögliche Intensitäten
Baubiologische Empfehlungen zum Vergleich auf der aufklappbaren hinteren Umschlagseite

Magnetisches Feld (16,7 Hz)

Bahnlinie ohne verstärkende Faktoren und vagabundierende Ströme im Abstand von 50 m	
Minimum	70 nT
Mittelwert	300 nT
Maximum	900 nT

Zugfahrt abhängig von der Geschwindigkeit[1]	
50 - 210 km/h	2.500 - 7.000 nT
Spitzenwert	20.000 nT

[1] Meßort: Speisewagen in Tischhöhe, ca. 80 cm über dem Waggonboden; Strecke: Hannover-Bielefeld; Meßgerät: Testatronics M 16-3D (Firma Merkel); die Messungen wurden durchgeführt von Werner Schaper, Elektrosmogberater aus Hamburg

Lokomotivführerstand	50.000.000 nT[2]

[2] Franjo Grotenhermen, Michael Karus, »Elektrosmog-Report«

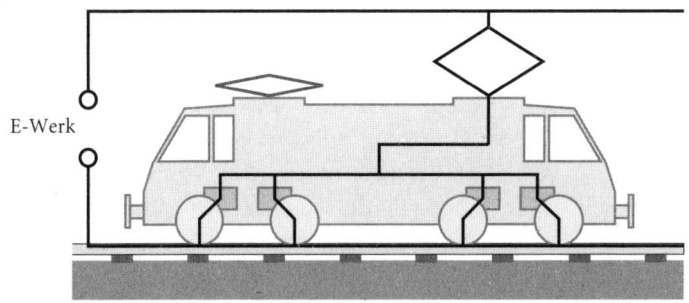

Abb. 30: Stromfluß im Triebwagen eines Zuges

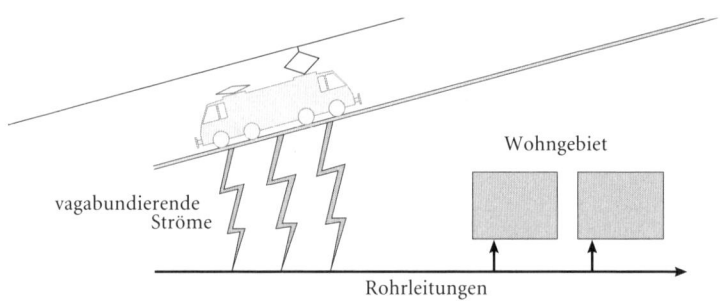

Abb. 31: Durch vagabundierende Ströme werden die Felder von Bahnlinien, über viele Kilometer, bis in Wohngebiete hinein verschleppt.

höhere elektrische Feld als Dauerbelastung in nächster Umgebung der Bahnlinie. Elektrische Felder sind an Bahntrassen immer vorhanden, die magnetischen nur, wenn ein Zug fährt. Allerdings bauen sie sich unter Umständen schon lange vor dem tatsächlichen Eintreffen des Zugs auf und sind auch danach noch einige Zeit meßbar.

Das Hauptproblem bei Bahnlinien sind allerdings oft die vagabundierenden Ströme. Hier kann es lokal zu hohen elektrischen und magnetischen Belastungen auch in größeren Entfernungen kommen.

Die Wirkung der Felder entspricht der Wirkung elektrischer und magnetischer Felder, wie sie in Teil 2 im Kapitel über die Auswirkungen verschiedener Frequenzbereiche beschrieben sind.

Ansonsten wurde beobachtet, daß auf der typischen Frequenz des Bahnstroms (16,7 Hz) vor allem der Stoffwechsel an den Zellmembranen beeinflußt wird, das heißt, der Austausch von Stoffen durch die Zellwand. Auch Blutdruckschwankungen und Bluthochdruck traten in stärkerem Maße als bei haushaltsüblichen 50 Hz-Feldern auf.

Bisher liegen keine direkten Untersuchungen über den Einfluß elektromagnetischer Felder in der Umgebung von Bahnanlagen auf die Gesundheit der Anwohner vor. Angesichts der gemessenen Werte sind sie aber möglicherweise einer erhöhten Gefährdung für die Entwicklung bestimmter Krebsarten ausgesetzt, so wie dies für eine häuslich erhöhte elektromagnetische Belastung, z. B. durch Hochspannungsleitungen, vermutet wird. Besonders betroffen sind die unmittelbaren Anwohner von Bahntrassen im städtischen Bereich, da hier die Bebauung oft sehr nah an die Bahnstrecken heranreicht.[25]

Starke Belastungen treten bei Zugfahrten und auf Bahnhöfen sowie in deren näherer Umgebung auf. Besonders begleitendes Zugpersonal und Lokführer, die einer täglichen Dauerbelastung ausgesetzt sind, sind hiervon betroffen. Bei verschiedenen Studien fanden sich bei ihnen Hinweise auf ein größeres Risiko an Krebs, vor allem Leukämie und Lymphdrüsenkrebs, zu erkranken.

Abhilfe
Hinsichtlich der regulären Felder hilft Abstand halten, da die Feldstärke mit zunehmender Entfernung sehr schnell abnimmt. Ein »sicherer« Abstand kann allerdings kaum pauschal angegeben werden, da die Stärke der Belastung von den unterschiedlichsten Faktoren abhängt. Sofern keine vagabundierenden Ströme auftreten, können aber etwa 100 m genügen. Wer Sicherheit haben will oder Beschwerden hat, sollte nachmessen lassen, da die Felder im ungünstigsten Fall kilometerweit verschleppt werden können. Beim elektrischen Feld und hochfrequenten Störstrahlungen ist eine Abschirmung im Ernstfall möglich (→ Teil 4, *Professionelle Hilfe, Abschirmung*).

Sonstiges
Vagabundierende Ströme und die damit verbundenen starken Belastungen für Anwohner könnten leicht vermieden werden, wenn die Schienen zum Erdboden hin isoliert würden.
 Um den Abschirmeffekt der metallischen Waggonhüllen auszuschalten, hat die Deutsche Bahn in jedem ICE-Zug einige Wagen mit Mobilfunkverstärkern ausgestattet. Genau wie die externen Basisstationen senden die Verstärker ständig auf die Reisenden, ganz gleich, ob jemand telefoniert oder nicht. Die betreffenden Wagen sind gekennzeichnet und bei der Reservierung ist die Wahl eines Platzes mit oder ohne Mobilfunkverstärkung möglich.[26]

Bildschirme

Röhrenbildschirme
Flachbildschirme (TFT-Monitore)

Röhrenbildschirme

Funktionsweise

Der sichtbare Bildschirmbereich wird Punkt für Punkt vom hinteren Teil der Röhre aus mit Elektronen beschossen. In unvorstellbarer Geschwindigkeit wird die Leuchtkraft der einzelnen Bildschirmpunkte (Pixel) Punkt für Punkt, Zeile für Zeile aktiviert. Bei einer Bildwiederholfrequenz von 85 Hz wird so 85 mal pro Sekunde das gesamte Bild aufgebaut. Ein Bildschirm mit einer Auflösung von 1024 x 768 Pixel hat insgesamt 786.432 Bildpunkte, die alle 85 mal pro Sekunde aktiviert werden, das heißt, etwa 66 Millionen mal pro Sekunde treffen Elektronen den Bildschirm. Dies alles kann unser Auge nicht wahrnehmen, für uns erscheint auf dem Bildschirm ein ruhig stehendes Bild. Bei niedriger Bildwiederholfrequenz nimmt man höchstens ein unangenehmes Flimmern wahr.

Art der Strahlung
- Hochfrequente elektromagnetische Strahlung
- Elektrisches Wechselfeld (50 Hz)
- Magnetisches Wechselfeld (50 Hz)
- Elektrisches Gleichfeld
- Magnetisches Gleichfeld
- Röntgenstrahlung (nur beim Röhrenbildschirm)

Mögliche Intensitäten in 50 cm Abstand:[1]
Baubiologische Empfehlungen zum Vergleich auf der aufklappbaren hinteren Umschlagseite

Elektrisches Feld (50 Hz)	
mit TCO, Stecker falsch	>100 V/m
ohne TCO	>200 V/m

Elektrisches Gleichfeld	
ohne TCO	200 - 20.000 V

[1] W. Maes: »Streß durch Strom und Strahlung«, IBN, 2000

Wirkung

Die hochfrequente Strahlung eines Bildschirms kommt durch den Rhythmus des Elektronenbeschusses beim Bildaufbau zustande. Die etwa 66 Millionen »Elektronen-Treffer« pro Sekunde entsprechen einer Frequenz von etwa 66 MHz. Auch die Zeilenwiederholfrequenz liegt im Hochfrequenzbereich und spielt hier eine Rolle. Um die Elektronen zu beschleunigen, sind hohe Spannungen nötig, was wiederum starke elektrische und magnetische Felder im niederfrequenten Bereich zur Folge hat. Durch Spulen, die den Elektronenstrom jeweils auf die einzelnen Bildpunkte richten, entstehen vor allem magnetische Gleich- und Wechselfelder, und auch eingebaute Lautsprecher schlagen mit eventuell starken Magnetfeldern zu Buche. Nicht vergessen werden darf die elektrostatische Auflading an der Bildschirmoberfläche. Dort darf sie laut TCO-Norm zwar nur +/- 500 V betragen, dafür ist sie aber manchmal am Bildschirmgehäuse doppelt bis dreifach so hoch.

Die Wirkung von Bildschirmen entspricht der Wirkung elektrischer und magnetischer Felder, wie sie in Teil 2 im Kapitel über die Auswirkungen verschiedener Frequenzbereiche beschrieben sind.

Bekannt sind außerdem als akute Symptome vor allem vegetative Störungen wie Kopfschmerzen, Muskelschmerzen und Verspannungen, Streßsymptome, Nervosität, Schlafstörungen, Herzrasen und Kreislaufprobleme. Neben Hautirritationen wird außerdem ein Einfluß auf die Entwicklung des ungeborenen Kindes angenommen. Der Schutz schwangerer Frauen am Arbeitsplatz war ein Grund zur Entwicklung der strengen schwedischen TCO-Normen.

TCO '99*	
El. Wechselfeld, 5 - 2000 Hz	10 V/m
El. Wechselfeld, 2 - 400 kHz	1 V/m
Magn. Wechselfeld, 5 - 2000 Hz	200 nT
Magn. Wechselfeld, 2 - 400 kHz	25 nT
Elektrostatisches Feld	500 V
Bildwiederholfrequenz	85 Hz

*Aktuelle Grenzwerte für Arbeitsplätze der Zentralorganisation der Angestellten und Beamten in Schweden, auch »Schweden-Norm« genannt.

Neben dem »normalen« Elektrosmog geben Röhrenbildschirme noch eine geringe Menge Röntgenstrahlung ab. Röntgenstrahlung gehört zum Frequenzbereich der ionisierenden Strahlung. Ionisierende Strahlung schädigt die Erbinformation der Zelle und wirkt krebserregend.

Flachbildschirme (TFT-Monitore)

Funktionsweise
Beim Flachbildschirm besteht jeder Bildschirmpunkt aus einer Art kleinem »Lämpchen«, das elektronisch gesteuert ein- und ausgeschaltet wird. Außer,

daß hier die Aktivierung der Bildschirmpunkte nicht mehr über einen Beschuß mit Elektronen erfolgt, ist das Prinzip ansonsten dasselbe wie beim Röhrenbildschirm. Punkt für Punkt wird aktiviert und das gesamte Bild bei einer Bildwiederholfrequenz von 85 Hz, 85 mal pro Sekunde, auf diese Art und Weise aufgebaut.

Wirkung

Durch den Rhythmus der Aktivierung der einzelnen Bildpunkte entsteht auch hier hochfrequente elektromagnetische Strahlung. Dazu kommen durch den Betrieb mit Haushaltsstrom die entsprechenden niederfrequenten elektrischen und magnetischen Felder. Eingebaute Lautsprecher erzeugen eventuell starke magnetische Gleich- und Wechselfelder.

Meistens sind TFT-Monitore strahlungsärmer als Röhrenbildschirme und verursachen deshalb weniger Beschwerden. Prinzipiell entspricht ihre Wirkung der von Röhrenbildschirmen, allerdings fällt hier die Röntgenstrahlung weg.

Abhilfe

- Strahlungsarme Röhrenbildschirme oder TFT-Monitore nach TCO '99 verwenden. Mit dieser Norm, sofern sie von den Geräten wirklich eingehalten wird, ist man in der Regel auf der sicheren Seite.
- Monitore sind so konstruiert, daß das magnetische Feld hinter dem Monitor stärker ist. Man sollte die Bildschirme also so stellen, daß sich niemand unmittelbar dahinter aufhält oder gar dort seinen Arbeitsplatz hat. Da das magnetische Feld mit der Entfernung schnell abnimmt, reicht meist ein Abstand von 1 - 2 Metern.
- Abstand halten und regelmäßig Pausen machen.
- Das elektrische Feld läßt sich maßgeblich reduzieren, wenn man darauf achtet, daß der Netzstecker richtig in der Steckdose steckt. Hierzu muß man allerdings die Hilfe einer Fachkraft in Anspruch nehmen (→ Teil 4, *Professionelle Hilfe, Die baubiologische Untersuchung*)
- Die Verwendung eines abgeschirmten Anschlußkabels (Netzkabel) kann die Belastung nochmals verringern (→ *Verlängerungskabel/Gerätekabel*).

Außerdem gilt bei älteren Bildschirmen oder Bildschirmen ohne TCO '99:
- Je größer der Bildschirm, desto höher die Strahlung
- Kürzere Arbeitszeiten einplanen und längere Pausen machen

- Auf Elektrostatik achten
  Knistern beim Einschalten und vermehrte Staubbildung deuten auf erhöhte elektrostatische Aufladung hin. Hierfür gibt es im Bürofachhandel spezielle Filter, Folien, Netze oder Gläser zur Abschirmung. Sie schirmen allerdings nur den elektrischen Anteil ab, die magnetische Komponente läßt sich nicht abschirmen und kommt ungehindert hindurch.
- Möglichst großen Abstand halten

Sonstiges

Die gesundheitliche Unbedenklichkeit eines Bildschirms hängt nicht nur von der Intensität seiner Strahlung ab. Ein weiterer wichtiger Faktor, auf den man achten sollte, ist die Bildwiederholfrequenz. Sie sollte nicht unter 85 Hz liegen. Bei einer geringeren Bildwiederholfrequenz flimmert das Bild stärker, was zu Sehstörungen, einer Schädigung der Augen und Kopfschmerzen führen kann. Dasselbe gilt wenn das Bild unscharf oder verzerrt ist.

Ein unscharfes Bild gibt es vor allem bei billigen TFT-Monitoren. Hier gilt: lieber ein guter Röhrenbildschirm, als ein schlechter TFT. Grundsätzlich lohnt es sich meistens nicht, am Monitor zu sparen.

Bluetooth

Funktionsweise

Die Bluetooth-Technologie ermöglicht eine kostengünstige Kurzstreckenfunkverbindung aller möglichen Geräte untereinander wie zum Beispiel: PC, Laptop, Palmtop, Drucker, Scanner, Maus, Tastatur, Kamera, Telefon, Handy, Headset usw. Jedes dieser Geräte enthält einen eingebauten Sender und Empfänger, der die kabellose Kommunikation ermöglicht. Bluetooth sendet auch durch festes nichtmetallisches Material, wie zum Beispiel Wände, hindurch.

Die Daten werden dabei nicht nur innerhalb kurzer Zeiteinheiten als kleine handliche Pakete versendet, sondern es werden zusätzlich die Frequenzen gewechselt, d.h. jedes Datenpaket wird auf einer anderen Frequenz innerhalb des Bluetooth Frequenzbandes gesendet (Frequenzsprungverfahren). Bluetooth macht 1600 Frequenzsprünge pro Sekunde und ist damit in diesem Rhythmus gepulst. Dies entspricht in etwa der Pulsfrequenz von Mobilfunksendern (214 - 1736 Hz).

Wirkung

Jedes Gerät, das mit Bluetooth arbeitet, strahlt mit gepulster hochfrequenter elektromagnetischer Strahlung, solange es eingeschaltet ist. Je nach Leistungsklasse ist die Stärke des Strahlungsfelds unterschiedlich hoch.

Orientiert man sich an den Empfehlungen des Bürgerforums für Elektrosmog für Wachbereiche, liegt die Strahlungsdichte im Abstand von einem Meter je nach Leistungsklasse 80 - 8000 mal höher als der Grenzwert.

Zum Vergleich: Bei Leistungsklasse 1 findet bereits eine Beeinflussung des Hefezellwachstums statt, bei Leistungsklasse 2 kommt es zu Störungen an Zellmembranen und Leistungsklasse 3 liegt schon knapp unter der Schwelle, bei der bereits neurologische Störungen[27] festgestellt wurden.[28]

Meistens wird der Arbeitsabstand zum jeweiligen Gerät im Büroalltag sogar noch wesentlich geringer sein. Zudem sind in der Regel mindestens zwei oder noch mehr Bluetooth-Geräte in einem Raum vorhanden. Entsprechend erhöht sich die Strahlenbelastung.

Die Wirkung der Felder entspricht der Wirkung elektrischer und magnetischer Felder, wie sie in Teil 2 im Kapitel über die Auswirkungen verschiedener Frequenzbereiche beschrieben sind.

> **Art der Strahlung**
> - Hochfrequente elektromagnetische Strahlung: 2,4 - 2,4835 GHz
> - Niederfrequent gepulst mit 1600 Hz
>
> In 3 Leistungsklassen verfügbar:
> 1 mW, 2,5 mW, 100 mW, Reichweite ca. 10 - 100 Meter
>
> **Mögliche Intensitäten**
> Baubiologische Empfehlungen zum Vergleich auf der aufklappbaren hinteren Umschlagseite
>
> Der Baubiologie Dr. Ing. Martin Virnich aus Mönchengladbach rechnet im Abstand von einem Meter mit folgenden Werten:
>
> | | |
> |---|---|
> | Leistungskl. 1 (1 mW) | 80 $\mu W/m^2$ |
> | Leistungskl. 2 (2,5 mW) | 200 $\mu W/m^2$ |
> | Leistungskl. 3 (100 mW) | 8000 $\mu W/m^2$ |

Abhilfe

Konventionelle Kabelgeräte verwenden.

Computer (PCs)/Notebooks

Funktionsweise

Hochfrequente Strahlung entsteht bei Notebooks vor allem durch die Hintergrundbeleuchtung des Displays und die Elektronik unter der Tastatur. Dazu kommen die niederfrequenten elektrischen und magnetischen Wechselfelder durch Netzbetrieb bzw. Gleichfelder durch Akkubetrieb; außerdem magnetische Felder durch den Trafo und eingebaute Lautsprecher. Oft ist die Strahlung bei Notebooks im Netzbetrieb höher als beim Betrieb mit Akkus. Besonders dann, wenn es keine geerdete Zuleitung mit Schukostecker hat (→ *Elektrische Leitungen*). Die Stärke der Strahlung ist bei verschiedenen Modellen sehr unterschiedlich. Die TCO-Norm gilt ursprünglich nur für ortsfeste Anlagen, also eigentlich nicht für Notebooks. Trotzdem verwenden sie manche Hersteller, um deutlich zu machen, daß auch ihre Notebooks diese Grenzwerte einhalten.

Computer haben den Vorteil, daß man sie in einiger Entfernung vom tatsächlichen Sitzplatz aufstellen und dadurch die Belastung schon reduzieren kann. Ist das Gehäuse aus Metall und durch den Anschluß geerdet, ist zudem das elektrische Feld kaum mehr von Bedeutung. Ansonsten strahlen sie wie die meisten elektrisch betriebenen Geräte, magnetische Wechsel- und Gleichfelder ab.

Art der Strahlung
- Hochfrequente elektromagnetische Strahlung (30 kHz)
- Niederfrequentes elektrisches Wechselfeld (50 Hz)
- Niederfrequentes magnetisches Wechselfeld (50 Hz)
- Elektrisches Gleichfeld (Elektrostatik)
- Magnetisches Gleichfeld

Mögliche Intensitäten[1]

Baubiologische Empfehlungen zum Vergleich auf der aufklappbaren hinteren Umschlagseite

Feld (50Hz)	
Elektrisches Wechselfeld im Abstand von 30 cm	
ohne TCO	bis zu mehreren 100 V/m
Netzanschluß (50 Hz)	> 150 V/m
Akkubetrieb	> 20 V/m
Hintergrundbeleuchtung (800 Hz)	> 50 V/m
Elektrisches Gleichfeld	
ohne TCO	bis 20.000 V
Tastatur	1800 V

[1] W. Maes: »Streß durch Strom und Strahlung«, IBN, 2000

Wirkung

Die Wirkung von PCs und Notebooks entspricht grundsätzlich den Auswirkungen von elektrischen und magnetischen Feldern, wie sie in Teil 2 im Kapitel über die Auswirkungen verschiedener Frequenzbereiche beschrieben sind.

Bekannt sind außerdem als akute Symptome vor allem vegetative Störungen wie Kopfschmerzen, Muskelschmerzen und Verspannungen, Streßsymptome, Nervosität, Schlafstörungen, Herzrasen und Kreislaufprobleme. Notebooks sind nach Messungen des Baubiologen Wolfgang Maes meist strahlungsärmer als PCs, aber leider gibt es auch extrem stark strahlende Ausnahmen.

Abhilfe: Notebooks

- Notebooks nach TCO '99 (→ *Bildschirme*) verwenden, hier sollten auf jeden Fall die strengen Grenzwerte eingehalten werden.
- Bei Notebooks ohne TCO kann man einen Baubiologen die Felder messen lassen.
- Akkubetrieb bei Notebooks vorziehen.
- Bei ungeerdeten Anschlußkabeln mit Euroflachstecker (→ *Elektrische Leitungen, Gerätekabel*) sollte man das Notebook bei Netzbetrieb zusätzlich mit einem separaten Kabel erden. Fragen Sie dazu eine Fachkraft in ihrem Elektronikfachhandel oder einen Elektriker. Eine andere Möglichkeit ist, eine Docking-Station* zu verwenden, diese sind oft mit geerdeten Anschlußkabeln ausgerüstet.

Abhilfe: Computer

- Genügend Abstand vom PC halten, meist genügt ein Meter.
- Eventuell die elektrischen Felder bei einem PC ohne Metallgehäuse mit Folie oder Hasendraht abschirmen (→ Teil 4, *Professionelle Hilfe, Abschirmung*).

Sonstiges

Funkkarte

Wenn Sie in Ihrem Notebook eine sogenannte Funkkarte verwenden, sendet diese mit gepulster elektromagnetischer Strahlung, sobald das Notebook eingeschaltet ist, auch wenn momentan keine Daten gesendet werden. Sie funktioniert wie ein W-LAN Sender

Art der Strahlung
• Hochfrequente elektromagnetische Strahlung, gepulst. 2,4 - 2,483 GHz Puls: 10 Hz, Bei Datenaustausch entsteht ein weiterer Puls von ca. 100 - 500 Hz.

(→ *W-LAN*). Wir empfehlen auf Funkkarten zu verzichten und von Access-Points (Sendeantennen des W-LAN) genügend Abstand zu halten.

---

* Eine Konsole zur stationären Verwendung eines Notebooks. Über die Docking-Station kann das Notebook schnell und einfach mit einem externen Bildschirm, einer Tastatur und weiteren Peripheriegeräten, wie Scanner oder Drucker verbunden werden.

Dimmer → Lampen

Elektrische Leitungen

Hochspannungsleitungen, Niederspannungsleitungen
Stromleitungen im Haus, Verlängerungskabel/Gerätekabel

Allgemein

Funktionsweise

Stromleitungen transportieren den elektrischen Strom von dem Ort, an dem er erzeugt wird, bis zu den elektrischen Geräten, die damit betrieben werden – und wieder zurück. Je nach Art der Leitung werden sie mit unterschiedlichen Spannungen betrieben (siehe Kasten).

Stromleitungen bestehen also prinzipiell aus einem Hin- und einem Rückleiter.

Wirkung

Beim elektrischen Strom wirkt sowohl ein elektrisches wie auch ein magnetisches Wechselfeld von 50 Hz. Die Auswirkungen dieser Felder sind ausführlich in Teil 2 im Kapitel über die Auswirkungen verschiedener Frequenzbereiche und speziell im Abschnitt über die Niederfrequenz beschrieben.

Man ging bisher davon aus, daß die magnetische Komponente des Felds eine stärkere Wirkung auf den Körper ausübt als die elektrische.

Art der Strahlung
- Hochfrequente elektromagnetische Störstrahlung
- Niederfrequentes elektrisches Wechselfeld (50 Hz)
- Niederfrequentes magnetisches Wechselfeld (50 Hz)

Spannungen
- Hochspannungsleitung: 110.000, 220.000, 380.000 V
- Niederspannungsleitung: 230 V und 400 V
- Hausinstallation: 230 V

Mögliche Intensitäten[1]
Baubiologische Empfehlungen zum Vergleich auf der aufklappbaren hinteren Umschlagseite

Magnetisches Feld (50 Hz)	
Hochspannung	Abstand 20 m
380.000 V	680 - 3800 nT
110.000 V	180 - 2200 nT
Niederspannung	
Erdleitung, Abstand 10m	30 - 1150 nT
Freileitung, gemessen im Haus	400 - 1200 nT
Elektrisches Feld (50 Hz)	
Hochspannung	Abstand 10 m
220/380 kV, Köln	20.000 V/m
110 kV, Solingen	4.000 V/m
110 kV, Solingen	Abstand 100 m
Luftfeuchte 60 %	200 V/m
Luftfeuchte 35%	350 V/m

[1] W. Maes: »Streß durch Strom und Strahlung«, IBN, 2000

Inzwischen sind auch die Auswirkungen des elektrischen Feldes erforscht worden. Trotzdem ist meistens das magnetische Feld problematischer, da es im Gegensatz zum elektrischen Feld kaum abgeschirmt werden kann und die meisten Materialien ungehindert durchdringt.

Durch die unterschiedlichen Komponenten, die für die Stärke der Felder verantwortlich sein können (→ Teil 1, *Die Stärke und Ausdehnung von Feldern*), ist es leider kaum möglich, pauschale Angaben über deren Ausdehnung zu machen. Die Angaben in den folgenden Abschnitten, wieviel Abstand man halten sollte, um größere Belastungen zu vermeiden, können also nur ungefähre Richtlinien sein, die in einzelnen Fällen wesentlich über- oder unterschritten werden können. Im Zweifelsfall und bei konkreten Beschwerden sollte man auf jeden Fall eine geschulte Fachkraft messen lassen.

Hochspannungsleitungen

Die Gesamtlänge aller Hochspannungsleitungen in Deutschland beträgt ca. 110.000 km. Dies entspricht etwa drei Mal dem gesamten Erdumfang.

Funktionsweise

Hochspannungsleitungen transportieren den Strom vom Elektrizitätswerk über lange Strecken dorthin, wo er gebraucht wird. Durch hohe Spannungen entstehen starke elektrische und durch den großen Abstand der Leiter starke magnetische Felder. Am stärksten sind die Felder unter dem Punkt des maximalen Seildurchhangs. Unter bestimmten Umständen kann es zu Entladungen durch die Luft kommen. Dabei entstehen zusätzlich hochfrequente Störstrahlungen bis in den Megahertzbereich.

Wirkung

Die Wirkung von Hochspannungsleitungen entspricht der Wirkung von elektrischen und magnetischen Feldern, wie sie in Teil 2 im Kapitel über die Auswirkungen verschiedener Frequenzbereiche unter Niederfrequenz beschrieben sind.

Es gibt mehrere Studien und Forschungen zu diesem Thema. Exemplarisch seien folgende erwähnt:

Mäuse, die drei Generationen unter Feldintensitäten gehalten wurden, wie sie unter Hochspannungsleitungen herrschen, brachten verkrüppelte Junge zur Welt. Die Sterblichkeit des Nachwuchses stieg auffällig an.[29]

Art der Strahlung
- Hochfrequente elektromagnetische Störstrahlung
- Niederfrequentes elektrisches Wechselfeld (50 Hz)
- Niederfrequentes magnetisches Wechselfeld (50 Hz)

Spannungen
110.000, 220.000, 380.000 V

Mögliche Intensitäten[1]
Baubiologische Empfehlungen zum Vergleich auf der aufklappbaren hinteren Umschlagseite

Magnetisches Feld (50 Hz)

Hochspannung	Abstand	
	20 m	100 m
380 kV, Neuss	3800 nT	250 nT
380 kV, Bochum	680 nT	40 nT
110 kV, Köln	180 nT	
110/120 kV, Kaarst	2200 nT	

Elektrisches Feld (50 Hz)

Hochspannung	Abstand 10 m
220/380 kV, Köln	20.000 V/m
110 kV, Solingen	4.000 V/m

110 kV, Solingen	Abstand	
	30 m	100 m
Luftfeuchte 60 %	800 nT	200 nT
Luftfeuchte 35%		350 nT
220/380 kV, Köln	Abstand 100 m	
Luftfeuchte 30%	1.000 nT	

[1] Vergleichsmessungen der Baubiologie Maes in: »Streß durch Strom und Strahlung«, IBN, 2000

Die Bewohner eines englischen Dorfes, dessen Häuser direkt unter einer 400 Kilovolt Hochspannungsleitung stehen, zeigten schwerwiegende Krankheitssymptome: Ohnmachts- und Schwindelanfälle, Kopfschmerzen, Übelkeit, Augenbeschwerden, Bluthochdruck, Herzflattern, Hautausschläge, Depressionen und permanentes Unwohlsein, besonders bei feuchtem oder nebligem Wetter. Es stellte sich dann heraus, daß andere Leute in Großbritannien, die unter Hochspannungsleitungen lebten, an ähnlichen Beschwerden litten. Auch in der wissenschaftlichen Literatur gab es schon in den 70er Jahren Hinweise darauf, daß Hochspannungsleitungen wegen ihrer elektrischen und vor allem magnetischen Felder und durch die von ihnen ionisierte Umgebungsluft gesundheitsschädlich sind.[30]

Abhilfe

Elektrische Felder werden durch Hauswände aus Stein, Lehm oder Beton relativ gut abgeschirmt. Da magnetische Felder dagegen nur unter großem Aufwand abgeschirmt werden können, hilft hier nur Abstand halten. Je mehr, desto besser. 200 m Abstand können ausreichen, 500 m dürften relativ sicher sein, um unter den baubiologischen Empfehlungen zu bleiben. Wer Sicherheit über die Belastung haben möchte, sollte einen Baubiologen nachmessen lassen (→ Teil 4, *Professionelle Hilfe*).

Schlafplätze unter Fenstern, die in Richtung einer Hochspannungsleitung gehen, sollte man meiden. Ist dies nicht möglich, kann man zumindest das elektrische Feld mit Hilfe elektrisch leitfähiger Gardinen oder Rollos abschirmen (→ Teil 4, *Professionelle Hilfe, Abschirmung*).

Sonstiges

Die schwedischen Elektrizitätsversorger haben Masten entwickelt, die aufgrund einer besonderen Anordnung der Leiter wesentlich strahlungsärmer sind als unsere. Außerdem ist dort jegliche Bodennutzung im Umkreis von 200 m untersagt. Es geht also besser – wenn man will – und wenn von Seiten der Bevölkerung das Bewußtsein und der Druck auf die Entscheidungsträger vorhanden ist.

Niederspannungsleitungen

Funktionsweise

Niederspannungsleitungen verteilen den Strom lokal in Städten und Gemeinden. Die hohen Spannungen der Überlandhochspannungsleitungen werden dazu in Umspannwerken und Transformatorenstationen in niedrigere Spannungen umgewandelt. Der Strom, der letztendlich in unseren Häusern ankommt, hat dann nur noch die gewohnten 230 V. Entsprechend schwächer sind auch die Felder. Da das Magnetfeld aber nicht von der Spannung, sondern von der Menge des Stromflusses bestimmt wird, kann es auch hier zu höheren Belastungen kommen.

Niederspannungsleitungen können als Frei- oder Erdleitungen vorkommen. Unter Freileitungen versteht man überirdische geführte Leitungen. Sie werden über Strommasten und Dachständer geführt. Im Fall von Erdleitungen sind die stromführenden Kabel unterirdisch verlegt.

Wirkung

Die Wirkung von Niederspannungsleitungen entspricht der von normalem Haushaltsstrom wie sie in Teil 2 im Kapitel über die Auswirkungen verschiedener Frequenzbereiche unter *Niederfrequenz* beschrieben ist.

»Sternförmige Verlegung«
Hin- und Rückleiter sind offen verlegt und die magnetischen Felder können sich ausgleichen.

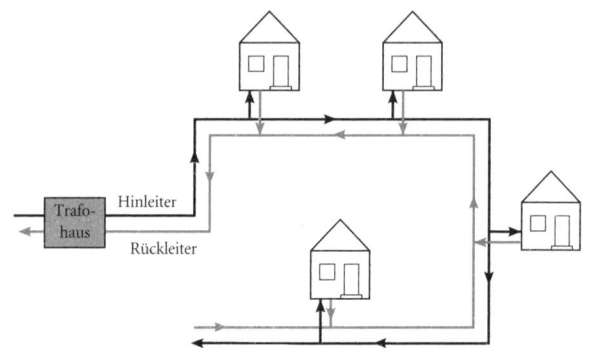

»Offene Ringleitung«
Der Hinleiter ist offen, der Rückleiter ringförmig geschlossen verlegt. Die magnetischen Felder können sich nicht gegenseitig ausgleichen, da der Strom auf dem kürzesten Weg zurückfließt.

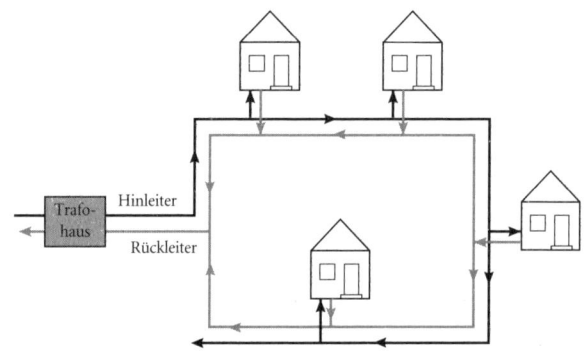

»Geschlossene Ringleitung«
Hin- und Rückleiter sind ringförmig geschlossen verlegt und die magnetischen Felder können sich ausgleichen.

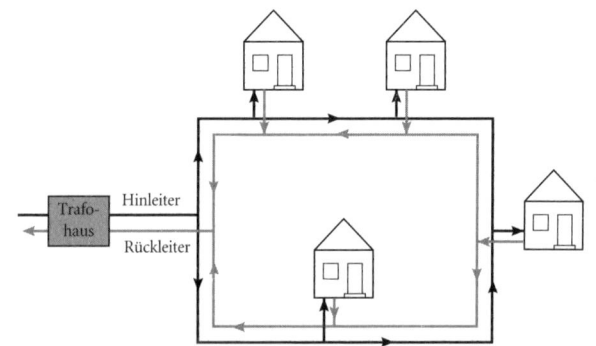

Abb. 32: Unterschiedliche Leitungsführung bei Erdleitungen

Bei **Freileitungen** kann es im Ober- und Dachgeschoß und im Bereich von Dachständern, oder wenn Leitungen direkt über das Haus führen, zu hohen Belastungen, vor allem mit magnetischen Feldern, kommen.

Erdleitungen sind in etwa 60% der Fälle strahlungsärmer, aber leider nicht immer. Es kommt darauf an, wie sie verlegt sind. **Sternförmig** verlegte Leitungen sind um bis zu 90% weniger strahlungsintensiv als **ringförmig** verlegte (Abb. 32).

Ringförmig geschlossen verlegte Leitungen können ein ganzes Wohnviertel stark belasten.

Abhilfe

Abstand halten: Bei Dachständern und Freileitungen, die über das Hausdach laufen, möglichst keine Schlafplätze oder Daueraufenthaltsplätze direkt darunter im Dach- oder Obergeschoß einrichten. Je nachdem, wie viele weitere Haushalte mitversorgt werden, sind die Stromstärke und damit die magnetischen Felder unterschiedlich. Es ist anzuraten, die tatsächliche Belastung messen zu lassen, um die notwendigen Maßnahmen abschätzen zu können.

Oft bringt es eine Verbesserung, wenn man eine Verlegung unter die Erde erwirken kann. Eine weitere Möglichkeit ist es, beim Energieversorger darauf hinzuwirken, daß verdrillte, isolierte Leitungen benutzt werden. Hier sind Hin- und Rückleiter miteinander verdrillt, so daß sich die Magnetfelder optimal aufheben können.

Bei Erdleitungen kann man sich beim lokalen Elektrizitätsversorger über die Art der Verlegung kundig machen. Wenn eine Ringleitung vorhanden ist, sollte man messen lassen und im Fall einer stärkeren Belastung versuchen, daß die Leitungsführung geändert wird. Oft reicht es, den Ring an einer Stelle zu unterbrechen, um die Belastung merklich zu senken.

Art der Strahlung
- Hochfrequente elektromagnetische Störstrahlung
- Niederfrequentes elektrisches Wechselfeld (50 Hz)
- Niederfrequentes magnetisches Wechselfeld (50 Hz)

Spannungen
220/230 oder 400 V

Mögliche Intensitäten[1]
Baubiologische Empfehlungen zum Vergleich auf der aufklappbaren hinteren Umschlagseite

Magnetisches Feld (50 Hz)	
Niederspannungserdleitung Abstand 10m	
Neuss	350 nT
Krefeld	30 nT
Düsseldorf	1.150 nT
Niederspannungsfreileitung	
im Privathaus	400 - 1.200 nT
Im Abstand von 20cm	
Wasserrohr mit Ausgleichsströmen	7.500 nT

[1] Vergleichsmessungen der Baubiologie Maes in: »Streß durch Strom und Strahlung«, IBN, 2000

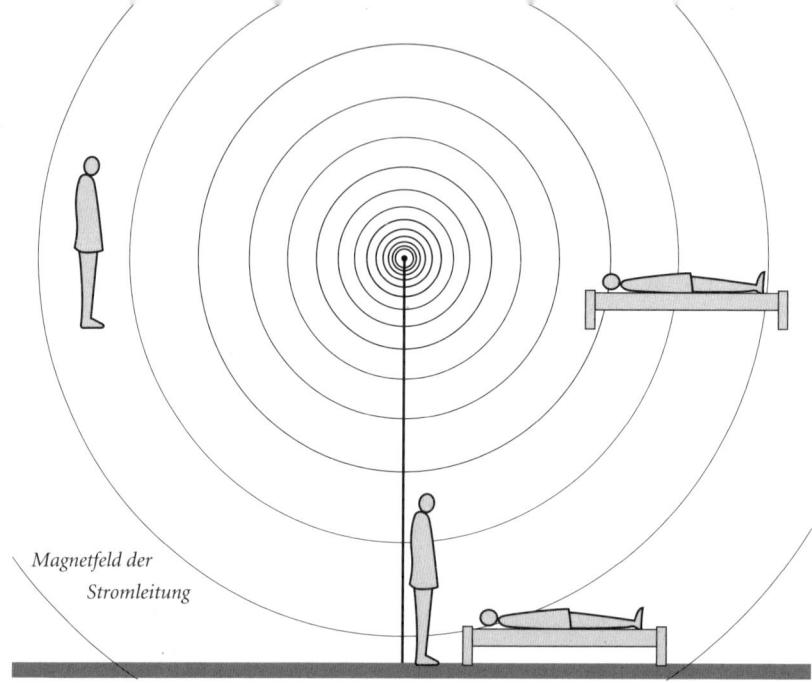

Abb. 33: Es ist günstiger direkt unter einer Hochspannungsleitung zu liegen, als darunter zu stehen und ungünstiger daneben zu liegen, als dort zu stehen.

Zu beachten

Wie schon beschrieben kann die Feldstärke bei Niederspannungsleitungen, auch abhängig von der Tageszeit stark variieren. Vor allem am frühen Morgen oder Abend oder um die Mittagszeit, wenn in jedem Haushalt viel Strom verbraucht wird, steigen die Werte an.

Sonstiges

Bei Magnetfeldern, denen man nicht ausweichen, oder die man nicht reduzieren kann, ist es möglich, durch die eigene Lage im Feld trotzdem eine Verringerung der Belastung zu erzielen: eine Lage in Richtung der Feldlinien bedeutet für den Körper eine geringere Belastung als wenn er quer dazu liegt. Außerdem scheint eine gleichmäßige Feldstärke über den ganzen Körper günstiger zu sein als unterschiedliche Feldstärken an verschiedenen Körperteilen, wenn man zum Beispiel nur teilweise im Feld liegt. Um den Feldlinienverlauf in der jeweiligen Situation abzuklären, muß man allerdings professionelle Hilfe in Anspruch nehmen.

Stromleitungen im Haus

Funktionsweise

Die Hausstromleitungen verteilen den Strom, der von den Niederspannungsleitungen über den Sicherungskasten ins Haus kommt, auf die einzelnen Zimmer an die Schalter, Steckdosen und Anschlußstellen für Lampen. Sie bestehen aus einem stromführenden Leiter (auch »Phase« genannt), einem Rückleiter (»Nulleiter«), der den Strom zum Sicherungskasten zurückführt, und einem Erdungsleiter (Schutzleiter). Die Phase ist in der Regel durch eine schwarze, der Nulleiter durch eine blaue und der Schutzleiter durch eine gelb/grüne Ummantelung gekennzeichnet.

Bei sehr alten Installationen fehlt manchmal der Schutzleiter.

Art der Strahlung
- Niederfrequentes elektrisches Wechselfeld (50 Hz)
- Niederfrequentes magnetisches Wechselfeld (50 Hz)

Mögliche Intensitäten[1]
Baubiologische Empfehlungen zum Vergleich auf der aufklappbaren hinteren Umschlagseite

Elektrisches Feld (50 Hz) im Abstand von 50 cm	
abgeschirmte Leitungen	0 V/m
Wand mit konventionellen Kabeln (NYM)	< 20 V/m
brüchige Stegleitungen	> 200 V/m
trockene Steinwand	20 V/m
feuchte Steinwand	< 5 V/m
trockene Gipswand	200 V/m
abgeschirmte Gipswand	0 V/m

[1] Vergleichsmessungen der Baubiologie Maes in: »Streß durch Strom und Strahlung«, IBN, 2000

Wirkung

Die Wirkung von Haushaltsstrom entspricht der Wirkung von elektrischen und magnetischen Feldern, wie sie in Teil 2 im Kapitel über die Auswirkungen verschiedener Frequenzbereiche unter Niederfrequenz beschrieben ist.

Zu beachten

Fehlerfreie Installation

Bei der Installation von elektrischen Leitungen im Haus sollte darauf geachtet werden, daß an Schaltern, Steck- und Verteilerdosen jeweils Phase mit Phase und Nulleiter mit Nulleiter verbunden werden. Werden Phase und Nulleiter vertauscht, können die elektrischen und magnetischen Felder wesentlich stärker werden. Bei Deckenlampen kann es dann unter Umständen zu einem ähnlichen Effekt wie bei Geräten kommen, deren Stecker falsch in der Steckdose steckt

(→ *Lampen*; Teil 4, *Selbsthilfe*). Das heißt, die Leitungen in der Wand und die Lampe stehen unter Spannung und verursachen elektrische Felder, obwohl die Lampe ausgeschaltet ist. Vor allem in älteren Häusern, bei denen viel selbst gebastelt wurde, kann es leicht zu solchen Phänomenen kommen. Bei Verdacht auf unsaubere Installationen sollte man nachmessen lassen und entsprechend sanieren. Grundsätzlich sollten elektrische Installationen immer von vertrauenswürdigen Fachkräften durchgeführt werden.

Stegleitungen

Für die Hausinstallation gibt es verschiedene Leitungstypen. Bei den sogenannten Stegleitungen laufen die 3 Leiter (Phase, Nulleiter und Schutzleiter) im Kabel parallel nebeneinander. Bei NYM-Leitungen sind sie leicht miteinander verdrillt. Aus diesem Grund sind Stegleitungen zwar billiger aber auch feldintensiver, denn bei verdrillten Leitern heben sich die Magnetfelder von Hin- und Rückleiter günstig auf.

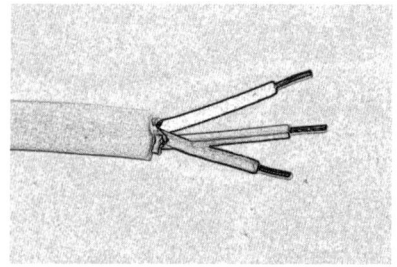 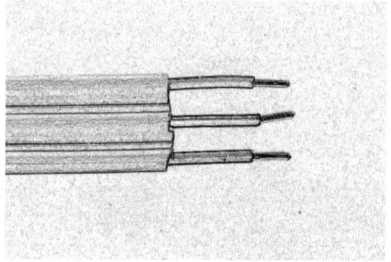

Abb. 34a: NYM-Leitung   *Abb. 34b: Stegleitung*

Alte und brüchige Stegleitungen sollten ausgetauscht werden, da sie eine zusätzliche Belastung darstellen können. Bruchstellen erzeugen einen größeren Widerstand in der Leitung. Daher entsteht an ihnen ein stärkeres Feld.

Ringleitungen

Ringförmig verlaufende Leitungen im Haus können im ungünstigsten Fall starke magnetische Felder erzeugen. Vor allem, wenn der stromführende Leiter offen und der Nulleiter ringförmig geschlossen verlegt ist. Hier gelten dieselben Prinzipien wie bei Erdleitungen (→ *Niederspannungsleitungen*). Bei Verdacht auf ungewöhnlich starke Felder sollte man nachmessen lassen und die Installation entsprechend verändern.

Holz- und Gipswände

Holz und Gips sind schlechte Leiter und leiten somit das elektrische Feld nicht so gut ab. Aus diesem Grund strahlen Leitungen, die dort verlaufen, stärker als in Stein und Beton.

Abhilfe

- Nachts sollte die Sicherung des Schlafraums und der angrenzenden Räume ausgeschaltet werden, möglichst auch die der darüber- und darunterliegenden Räume (→ Teil 4, *Selbsthilfe*). Wer es bequem haben möchte, läßt sich einen oder mehrere Netzfreischalter einbauen (→ Teil 4, *Professionelle Hilfe*).
- Bei Neuinstallationen lohnt es sich, über abgeschirmte Leitungen nachzudenken sowie den Bedarf und die Position von Leitungen, Schaltern und Steckdosen auch unter dem »Elektrosmogaspekt« zu planen. Das heißt, alle elektrischen Installationen vom Bettplatz möglichst weit entfernt zu halten. Abgeschirmte Leitungen lohnen sich aber in jedem Fall, vor allem im Schlafraum. Wer es kennt, möchte es in der Regel nicht mehr missen!
- Wenn man keine abgeschirmten Kabel verwenden möchte oder kann, lassen sich Feldstärken auch durch vernünftige Leitungsführung maßgeblich reduzieren. Lassen Sie sich dazu am besten durch einen fachkundigen Baubiologen beraten.
- Eine weitere Alternative zu abgeschirmten Leitungen ist auch, die Kabel in Metall- oder Kunststoffrohren zu führen, die mit Abschirmfarbe gestrichen und geerdet werden.
- Billige Stegleitungen sollte man nur verwenden, wenn man sie abschirmt. Dazu werden sie mit Abschirmfarbe überstrichen und diese dann korrekt geerdet.
- Ältere Installationen sollte man bei Verdacht auf brüchige Leitungen, fehlenden Schutzleiter oder schlampige Installation baubiologisch nachmessen und sanieren lassen.
- Bei Holz- oder Gipswänden dürfen nur abgeschirmte Kabel verwendet werden. Ausführliche Hinweise zur Verringerung der Belastung durch Haushaltsstrom finden Sie auch in Teil 4 in den Kapiteln *Selbsthilfe* und *Professionelle Hilfe*.

Sonstiges

Es kommt vor, daß sich durch die Leitungsführung die Felder in verschiedenen Räumen günstig beeinflussen. Hier ist dann das Phänomen, daß die Belastung im Schlafraum steigt, wenn man die Sicherung dort oder in einem der Nebenräume abschaltet. Wer wirklich Sicherheit haben möchte, sollte von einem Baubiologen nachmessen lassen. Dieser testet dann genau, welche Sicherungen geschaltet werden oder welche weiteren Maßnahmen getroffen werden müssen, so daß man sich streß- und stromfrei erholen kann.

Verlängerungskabel/Gerätekabel

Funktionsweise

Verlängerungskabel und Gerätekabel bringen den Strom zum Gerät. Sie sind normalerweise genauso aufgebaut wie Hausstromleitungen. Gerätekabel gibt es mit und ohne Schutzleiter (Erdung). Meist sieht man es am Stecker. Die flachen **Eurostecker** führen nur Phase und Nulleiter und keinen Schutzleiter, im Gegensatz zu den Kabeln mit den runden **Schukosteckern** (Schutzkontaktstecker). Echte Schukostecker haben Metallkontakte, die eine Verbindung zu den beiden Metallfedern in Steckdosen herstellen und das Gerät mit der hauseigenen Erdung verbinden. Vorsicht! Es gibt hier auch Attrappen: runde Stecker, aber ohne Metallkontakte.

Art der Strahlung	
• Niederfrequentes elektrisches Wechselfeld (50 Hz)	
• Niederfrequentes magnetisches Wechselfeld (50 Hz)	
Mögliche Intensitäten[1]	
Baubiologische Empfehlungen zum Vergleich auf der aufklappbaren hinteren Umschlagseite	
Elektrisches Feld (50 Hz)	
Verlängerungskabel im Abstand von 50 cm	
ungeerdet	50-60 V/m
geerdet	5 V/m
abgeschirmt	0 V/m

[1] Vergleichsmessungen der Baubiologie Maes in: »Streß durch Strom und Strahlung«, IBN, 2000

Verlängerungskabel beziehungsweise Mehrfachsteckerleisten werden oft mit einem Schalter angeboten, so daß man die angeschlossenen Geräte darüber

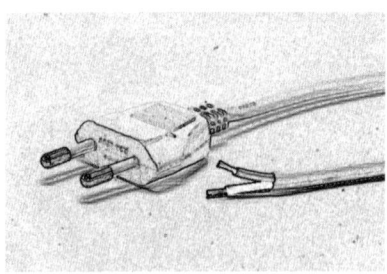

Abb. 35a: Euroflachstecker

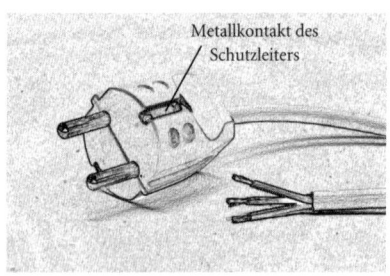

Abb. 35b: Schukostecker mit Schutzleiter

vom Stromnetz trennen kann, ohne den Stecker ziehen zu müssen. Darunter gibt es Leisten die einphasig und andere die zweiphasig abschalten (→ Teil 4, *Selbsthilfe*).

Wirkung

Jedes Stromkabel erzeugt ein elektrisches Wechselfeld, sobald es mit einer Spannung verbunden ist, also zum Beispiel, wenn der Stecker in der Steckdose steckt. Hinzu kommt ein magnetisches Feld, sobald ein Verbraucher (elektrisches Gerät) eingeschaltet ist und ein Strom fließt.

Die Wirkung von Kabeln entspricht der Wirkung von elektrischen und magnetischen Feldern wie sie in Teil 2 im Kapitel über die Auswirkungen verschiedener Frequenzbereiche unter Niederfrequenz beschrieben ist.

Kabel mit Schutzleiter und Schukosteckern sind weniger feldintensiv, da das elektrische Feld zum Teil über die Erdung in der Steckdose abgeleitet wird.

Mehrfachsteckerleisten oder Verlängerungskabel, die mit einem Schalter ausgerüstet sind, der zweiphasig abschaltet, helfen ebenfalls, die Belastung zu reduzieren. Mit ihrer Hilfe lassen sich elektrische Geräte durch einen Handgriff vom Stromnetz trennen, so daß weder sie selbst noch ihre Zuleitungen weiterhin unter Spannung stehen und strahlen (→ Teil 4, *Selbsthilfe*)

Auch Kabel, bei denen Hin- und Rückleiter miteinander verdrillt sind, reduzieren das magnetische Feld maßgeblich, da sich die Felder von Hin- und Rückleiter gegenseitig aufheben.

Abhilfe

Die gesündeste Lösung sind abgeschirmte Kabel und Steckerleisten. Im baubiologischen Handel gibt es inzwischen abgeschirmte Anschlußkabel für die verschiedensten Geräte und Bedürfnisse. Diese schirmen das elektrische Feld zu 100% ab, das magnetische Feld ist nur dann vorhanden, wenn die Geräte in Betrieb sind.

Ansonsten sollte man beim Kauf von elektrischen Geräten und Lampen auf dreiphasige Kabel mit Schukosteckern achten. Wenn die richtige Steckerposition nicht eindeutig festgestellt werden kann (→ Teil 4, *Selbsthilfe*), muß man Stecker von nicht benötigten elektrischen Geräten ziehen oder mit Hilfe von Mehrfachsteckerleisten mit zweipolig schaltendem Schalter vom Netz trennen.

Von Kabeln, die am Netz und nicht abgeschirmt sind, einen Abstand von 1 m einhalten.

Elektrogeräte, sonstige

Staubsauger, Haarfön, Rasierapparat, elektrische Zahnbürste, Kühlschrank, Elektroherd, Rührgerät, Küchenmaschine, Mixer, Toaster, Kaffeemaschine, Wasserkocher, Brotschneidemaschine, Bohrmaschine, Fotokopierer, Anrufbeantworter, Faxgerät, elektrische Schreibmaschine, Kassettenrekorder, Radio, HiFi-Anlage, Videogerät, Fernsehgerät, Pumpen von Brunnen oder Aquarien, Akkuladegerät, Nähmaschine ...

Funktionsweise
Alle elektrischen Geräte arbeiten mit dem elektrischen Strom als Energielieferant. Das Anschlußkabel enthält in der Regel 2 - 3 Leiter (→ *Elektrische Leitungen, Gerätekabel*).

Wirkung
Die Wirkung von elektrischen Geräten entsteht durch die elektrischen und magnetischen Felder des Haushaltsstroms am Gerät selbst sowie an den Zuleitungen. Durch eingebaute Trafos (→ *Trafos*) oder an Netzteilen (→ *Netzteile*) entstehen weitere elektrische und magnetische Gleich- und Wechselfelder.

Die Wirkung der Felder entspricht der Wirkung elektrischer und magnetischer Felder, wie sie in Teil 2 im Kapitel über die Auswirkungen verschiedener Frequenzbereiche unter Niederfrequenz beschrieben sind.

Viele Geräte erzeugen kräftige Felder. Schädlich ist allerdings hauptsächlich eine regelmäßige Dauerbelastung über mehrere Stunden täglich, es sei denn, man ist elektrosensibel. In diesem Fall kann auch eine kurzfristige Belastung heftige Symptome hervorrufen.

Dauerbelastungen entstehen zum Beispiel für Näherinnen an Nähmaschinen, beim Fernsehen oder wenn der Kühlschrank auf der anderen Seite der Wand steht, an der sich auch das Bett befindet. Aber auch in Küchen und Büroräumen mit entsprechend vielen elektrischen Geräten kann es zu einer Dauerbelastung, meist mit elektrischen Feldern, kommen. Denn wenn der Stecker falsch in der Steckdose steckt, sind diese auch vorhanden, wenn die Geräte nicht in Betrieb sind.

Art der Strahlung
- Niederfrequentes elektrisches Wechselfeld (50 Hz)
- Niederfrequentes magnetisches Wechselfeld (50 Hz)
- Elektrisches Gleichfeld (Elektrostatik)
- Magnetisches Gleichfeld

Mögliche Intensitäten[1]
Baubiologische Empfehlungen zum Vergleich auf der aufklappbaren hinteren Umschlagseite

Magnetisches Feld (50 Hz)	Abstand	
El. Schreibmaschine	20 cm	2.600 nT
El. Zahnbürste	5 cm	25.000 nT
Ladegeräte	20 cm	> 3.000 nT
Tragbarer Kassettenrekorder	10 cm	50-180°
Lautsprecher, 100 W	30 cm	50-80°

[1] Vergleichsmessungen der Baubiologie Maes in: »Streß durch Strom und Strahlung«, IBN, 2000

Zu beachten

Die richtige Steckerposition
Auch in ausgeschaltetem Zustand können elektrische Geräte weiterhin unter Strom stehen. Das hat damit zu tun, ob der eingebaute Schalter den Stromkreislauf vor oder nach dem Gerät unterbricht. Solange das Gerät mit der Steckdose verbunden ist, liegt bis zum Schalter eine Spannung an und damit entsteht ein elektrisches Feld. In diesem Zusammenhang kommt es darauf an, daß der Stecker richtig herum in der Steckdose steckt (→ Teil 4, *Selbsthilfe*).

Stand-by
Im Stand-by Betrieb sind die Felder zwar geringer, aber immer noch vorhanden. Am besten ist es also, elektrische Geräte ganz auszuschalten.

Erdung
Die Art des Steckers am Anschlußkabel zeigt, ob es einen Schutzleiter (Erdung) führt und damit, ob das Gerät geerdet ist. Sogenannte Schukostecker deuten auf eine Erdung hin, die flachen Eurostecker führen keine Erdung (→ *Elektrische Leitungen, Gerätekabel*). Eine Erdung reduziert die elektrischen Felder maßgeblich.

Trafos, Lautsprecher, Bildschirme
Leider kommt es oft vor, daß der eingebaute Trafo nicht mit abgeschaltet wird. Das heißt, er verbraucht weiterhin Strom und strahlt ein magnetisches Wechselfeld ab (→ *Trafo*), selbst wenn das Gerät an sich ausgeschaltet ist.

Bei Geräten mit Lautsprechern bleibt in jedem Fall das magnetische Gleichfeld bestehen, auch wenn sie ausgesteckt sind, da diese mit Magneten arbeiten. Genauso bleibt bei Geräten mit Bildschirmen das elektrische Gleichfeld über viele Stunden nach dem Abschalten hinweg erhalten (→ *Fernsehgerät*).

Abhilfe
Elektrisches Wechselfeld
- Geräte nach Gebrauch ausschalten und sicherheitshalber den Stecker ziehen. Wenn man die richtige Steckerposition feststellen kann und/oder der Schalter zweipolig schaltet (→ Teil 4, *Selbsthilfe*), kein Trafo oder Netzteil vorhanden ist oder sie sicher mit ausgeschaltet werden, kann der Stecker in der Steckdose bleiben.
- Bei fest angeschlossenen Geräten (z. B. Lampen) darauf achten, daß sie richtig (Phase an Phase) angeschlossen und geerdet sind (→ Teil 4, *Selbsthilfe*).
- Abgeschirmte Kabel oder zumindest geerdete Anschlußkabel (→ *Elektrische Leitungen, Gerätekabel*) verwenden.

Magnetisches Wechselfeld
- Von Geräten, die ständig in Betrieb sind und deren Feldern man regelmäßig über einen längeren Zeitraum ausgesetzt ist, einen Abstand von 1 - 2 m einhalten.

Elektrisches und magnetisches Gleichfeld
- Von Geräten mit Trafos, Lautsprechern und Bildschirmen auch nach dem Ausschalten 1 - 2 m Abstand halten.
- Im Schlafzimmer Bildschirmgeräte zusätzlich abschirmen (→ *Fernsehgerät*).

Elektroheizungen Nachtspeicheröfen

Funktionsweise
Während der Nacht heizt der elektrische Strom ein wärmespeicherndes Material auf, das dann tagsüber die Wärme an die Umgebung wieder abgibt und mit Hilfe eines Ventilators im Raum verteilt.

Wirkung
Durch den Stromfluß entstehen elektrische und magnetische Wechselfelder.

Das elektrische Feld am Ofen direkt ist meistens kein Problem, da die Öfen aus Metall und geerdet sind. Das heißt, das elektrische Feld wird abgeleitet, solange die Erdung in Ordnung ist. Dies gilt allerdings meistens nicht für die Zuleitungen! Gerade nachts, wenn die Heizung geladen wird, fließt hier der Strom und erzeugt starke elektrische und magnetische Felder. Magnetische Felder sind auch am Ofen direkt vorhanden.

Art der Strahlung
• Niederfrequentes elektrisches Wechselfeld (50 Hz)
• Niederfrequentes magnetisches Wechselfeld (50 Hz)

Mögliche Intensitäten
Baubiologische Empfehlungen zum Vergleich auf der aufklappbaren hinteren Umschlagseite

Magnetisches Feld (50 Hz)	
am Ofen	3000 - 5000 nT
an der Zuleitung, Abstand 50 cm	> 2.000 nT[1]

[1] Vergleichsmessungen der Baubiologie Maes in: »Streß durch Strom und Strahlung«, IBN, 2000

Abhilfe
Die Wirkung der Felder entspricht der Wirkung elektrischer und magnetischer Felder, wie sie in Teil 2 im Kapitel über die Auswirkungen verschiedener Frequenzbereiche unter Niederfrequenz beschrieben sind. Wegen des elektrischen Felds 1-2 m Abstand halten oder die Zuleitungen abschirmen lassen.

Beim magnetischen Feld hilft ebenfalls nur Abstand halten, mindestens 1,5 - 2 m oder mehr, wenn es möglich ist. Geht das nicht, muß man die Hilfe eines Fachmanns in Anspruch nehmen und abschirmen, damit lassen sich die Magnetfelder zumindest reduzieren. Eine weitere Möglichkeit ist, den Ofen im Schlafzimmer auszuschalten und nur über die anderen Räume mitzuheizen.

Sonstiges
Vor 1978 wurden in Nachtspeicheröfen zur Isolation Asbestplatten eingesetzt. Diese Öfen müssen heute als Sondermüll entsorgt werden und sind äußerst gesundheitsschädlich, da durch die Ventilation Asbestfasern in die Raumluft gelangen. Asbestfasern können, wenn sie eingeatmet werden, ein Auslöser für Lungenkrebs sein.

Ein weiterer baubiologischer Maßstab für ein gesundes Raumklima ist die Luftbewegung (gemessen in Meter pro Sekunde (m/s)). Wenn die Ventilation der Nachtspeicherheizung läuft, ist sie bereits zu hoch. Sie fördert die statische Aufladung von Wolle und Synthetikmaterialien und verteilt gesundheitsschädliche Feinstäube in der Raumluft.

Empfangsanlagen

Antennen
Satellitenschüsseln

Funktionsweise
Antennen und Satellitenschüsseln sind so konstruiert, daß sie die hochfrequenten Signale, für die sie jeweils gebaut sind, optimal empfangen können. Dabei spielen ihre Länge, Form und Dicke eine maßgebliche Rolle. Reine Empfangsantennen, wie Fernseh-, Radio- und Satellitenantennen, senden selbst keine Signale aus. Sie leiten die Signale weiter an einen Verstärker, der sie für den weiteren Nutzen im jeweiligen Empfangsgerät aufbereitet. Selbst wenn sie in Resonanz mit der empfangenen Schwingung gehen, erzeugen sie in der Regel nur ein minimales Feld.

Wirkung
Soweit bisher bekannt und meßtechnisch erfaßbar, gehen von reinen Empfangsanlagen keine schädlichen Felder aus.

Energiesparlampen → Lampen

Erdleitungen → Elektrische Leitungen

Federkernmatratzen

Funktionsweise
Metallische Federn im Innern sorgen für die Elastizität der Matratze.

> **Art der Strahlung**
> • Magnetisches Gleichfeld

Wirkung
Sofern die Federn nicht aus Edelstahl gefertigt sind, ist die Wahrscheinlichkeit groß, daß sie magnetisiert sind und ein mehr oder weniger starkes magnetisches Gleichfeld erzeugen. Dadurch wird das natürliche Erdmagnetfeld zum Teil stark verzerrt. Die Wirkung entspricht der Wirkung von Magnetfeldern, wie sie in Teil 2 im Kapitel über die Auswirkungen verschiedener Frequenzbereiche unter Niederfrequenz beschrieben sind.

Abhilfe
Inwieweit eine Federkern das Erdmagnetfeld ablenkt, kann man leicht selbst überprüfen. Eine ausführliche Anleitung hierfür, finden Sie in Teil 4 im Kapitel *Selbsthilfe – Den Schlafplatz entlasten*. Treten mehr als 2 - 3° Ablenkung auf, sollte die Matratze ausgetauscht werden.

Sonstiges
Auf dem boomenden Gesundheits- und Wellnessmarkt werden immer wieder verschiedene Magnetfeld-Produkte angeboten, Matratzen, Matten für das Bett oder unters Bett, Einlegesohlen für Schuhe, Handschuhe und vieles mehr. Sie sollen Erdstrahlen entstören und auch sonst wahre Wunderdinge bewirken. Wenn man auf einer solchen Matte schläft, die zumeist eine noch wesentlich stärkere Verzerrung des Erdmagnetfelds bewirkt als eine Federkernmatratze, braucht man sich um die subtilen Veränderungen des Erdmagnetfelds durch Erdstrahlen tatsächlich keine Gedanken mehr zu machen. Ob dies allerdings eine sinnvolle Art der Entstörung ist, darf man bezweifeln. Es ist, als würde man sich, wenn es einen am Kopf juckt, mit dem Hammer darauf schlagen, damit man das Jucken nicht mehr spürt.

Gezielt eingesetzt ist die Magnetfeldtherapie sicherlich eine sehr effektive und seit dem Altertum bekannte Methode zur Linderung vieler Beschwerden und Heilung von Krankheiten (→ Teil 2, *Die Auswirkungen verschiedener Frequenzbereiche, Niederfrequenz*). Allerdings ist sie genauso wie jedes andere Heilmittel nicht zum Dauergebrauch geeignet, wie es viele Hersteller propagieren.

Im Bett, während der Erholungsphase des Körpers, sind diese Produkte im überwiegenden Teil aller Fälle sogar als schädlich einzustufen. Gerade hier braucht der Körper nichts anderes als die natürlichen Felder, die seine Entwicklung über Jahrmillionen begleitet und gefördert haben. Jeder Zusatz bedeutet eine Störung.

Fernsehgeräte

Funktionsweise

Das Fernsehgerät wandelt die hochfrequenten elektromagnetischen Signale mit der aufmodulierten Bildinformation in Bilder um, die man dann am Bildschirm betrachten kann. Ein Röhren- oder LCD-Fernsehbildschirm entspricht in der Funktionsweise und Strahlungsverhalten den bereits beschriebenen Computerbildschirmen (→ *Bildschirme*).

Wirkung

Leider gibt es hier aber noch keine Normen wie bei Computerbildschirmen. Fernsehbildschirme strahlen also in der Regel stärker. Auch wenn sie z. B. nachts ausgesteckt sind, halten sie über längere Zeit die elektrostatische Aufladung. Genauso ist das magnetische Gleichfeld vom Trafo, magnetisierten Metallteilen und den Lautsprechern weiterhin vorhanden.

Die Wirkung der Felder entspricht der Wirkung elektrischer und magnetischer Felder, wie sie in Teil 2 im Kapitel über die Auswirkungen verschiedener Frequenzbereiche beschrieben sind.

Neben dem »normalen« Elektrosmog geben Fernsehbildschirme noch eine geringe Menge Röntgenstrahlung ab. Röntgenstrahlung gehört zum Frequenzbereich der ionisierenden Strahlung. Ionisierende Strahlung schädigt die Erbinformation der Zelle und wirkt krebserregend.

Abhilfe

- Größere Bildschirme strahlen stärker. Je nach Bildschirmgröße 2 - 4 m Abstand halten.
- Weniger fernsehen.
- Wenn der Stecker richtig eingesteckt ist, kann das die Felder während des Betriebs schon wesentlich reduzieren. Dazu muß man allerdings die Hilfe

einer Fachkraft in Anspruch nehmen (→ Teil 4, *Professionelle Hilfe, Die baubiologische Untersuchung*).
- Stecker nach Gebrauch ziehen oder eine schaltbare Steckdosenleiste verwenden, wenn man die richtige Position nicht kennt, sonst steht das Gerät unter Umständen auch noch unter Spannung, wenn es ausgeschaltet ist (Teil 4, *Selbsthilfe, Stecker von Elektrogeräten richtig einstecken*).
- Kein Fernseher im Schlafzimmer. Wenn es denn doch unbedingt sein muß, sollte er nachts ausgesteckt und entsprechend abgeschirmt werden.

Abschirmung des elektrischen Gleichfelds:
Eine gute Lösung, nicht nur für Schlafräume, ist, den Fernseher in einem Schrank unterzubringen, bei dem man (nachts) die Türen schließen kann. Eine andere Möglichkeit ist einen Karton, der das ganze Gerät bedeckt, innen mit Abschirmfarbe oder -folie zu streichen bzw. zu bekleben und diesen dann zu erden. Dazu kann man ein Kabel mit zwei Krokodilklemmen verwenden. Dies klemmt man an den Karton in Kontakt mit der Abschirmfarbe und auf der anderen Seite an das blanke Metall eines Heizkörpers, zum Beispiel die Entlüftungsschraube. Vorsicht – das Metall darf nicht lackiert sein, sonst funktioniert die Erdung nicht!

Außerdem sollte man, um dem magnetischen Gleichfeld auszuweichen, einen Abstand von 2 Metern einhalten.

Art der Strahlung
- Hochfrequente elektromagnetische Strahlung
- Niederfrequentes elektrisches Wechselfeld (50 Hz)
- Niederfrequentes magnetisches Wechselfeld (50 Hz)
- Magnetisches Gleichfeld
- Elektrisches Gleichfeld
- Röntgenstrahlung

Mögliche Intensitäten[1]
Baubiologische Empfehlungen zum Vergleich auf der aufklappbaren hinteren Umschlagseite

Elektrisches Feld (50 Hz) im Abstand von 50 cm	
eingeschaltet	500 - 600 V/m
Stand-by	20 V/m
Magnetisches Feld (50 Hz) im Abstand von 50 cm	
eingeschaltet	3.500 nT
Stand-by	300 nT

In 2 m Abstand = ca. 31 - 37 V/m (theoretischer Wert im Freifeld)

Elektrisches Gleichfeld	
versch. Bildschirme	500 - 50.000 V
nach dem Ausschalten	
1 Minute	8000 V
3 Stunden	2500 V
24 Stunden	1000 V

[1] Vergleichsmessungen der Baubiologie Maes in: »Streß durch Strom und Strahlung«, IBN, 2000

Fernsehsender → Sendeanlagen

Flachbildschirme → Bildschirme

Freileitungen → Elektrische Leitungen

Freisprecheinrichtungen → Headsets

Funktelefone Schnurlostelefone

Funktionsweise

Schnurlostelefone bestehen aus einer Basisstation und einem Mobilteil. Die Basisstation empfängt die über das Telefonnetz ankommenden Gespräche und leitet sie per Funk an eines oder mehrere Mobilteile weiter, mit denen man dann überall in Haus und Wohnung drahtlos telefonieren kann. In die Basisstation ist meist noch das Ladegerät für die Akkus des Handgeräts integriert.

Für die Übertragung gibt es drei unterschiedliche technische Standards:

CT1+ (CT = Cordless Telephone) sendet mit niedriger Leistung analog und ungepulst nur wenn telefoniert wird. Mehrere Handgeräte sind nicht möglich.

Art der Strahlung
- Hochfrequente elektromagnetische Strahlung

Standard	Frequenzen	Leistung
CT1+	885-935 MHz (UHF), ungepulst, analog	10 mW
CT2	864-868 MHz (UHF), digital, gepulst mit 500 Hz	10 mW
DECT	1,88-1,92 GHz (UHF), gepulst mit 100 Hz	250 mW

- Niederfrequenz (50 Hz) Wechselstrom (Ladegerät der Basisstation)

Mögl. Intensitäten	Elektromagn. Strahlung
Standards	Abstand 1 m
DECT = Dauersender	15.000-36.000 $\mu W/m^2$
CT2	300 $\mu W/m^2$
CT1+	700-1000 $\mu W/m^2$
weitere siehe Text.	

CT2
sendet ebenfalls mit niedriger Leistung, allerdings digital und gepulst, aber nur wenn telefoniert wird. Hat sich in Deutschland nicht durchgesetzt.

DECT (Digital European Cordless Telecommunication)
sendet mit hoher Leistung, ähnlich der eines Handys, digital, gepulst während 24 Stunden, egal ob telefoniert wird oder nicht. Mehrere Handgeräte sind möglich.

Mit DECT kann nicht nur Sprache, sondern können auch andere Daten übertragen werden. Es gibt zum Beispiel ISDN Geräte, die über DECT per Funk Daten von der Basisstation an den PC senden, damit kann ohne Kabelverbindung über den ISDN-Anschluß im Internet gesurft werden.

Wirkung
Durch die räumliche Nähe der Basisstationen erreicht die Strahlenbelastung im häuslichen Umfeld oft Werte, bei denen man sich um den nächsten Mobilfunksendemasten keine Gedanken mehr zu machen braucht. Dies kann vor allem bei der digital gepulsten Dauerbestrahlung von DECT-Geräten massive Gesundheitsstörungen zur Folge haben. Die Pulsfrequenz von 100 Hz ist dabei

außerdem die erste Oberwelle (2 x 50 Hz) der normalen Stromversorgung (50 Hz Wechselstrom). Viele Menschen sind hierauf bereits vorsensibilisiert und reagieren entsprechend schneller und stärker.[31]

Der bekannte Baubiologe Wolfgang Maes überprüfte die von Schnurlostelefonen ausgehende Strahlenbelastung verschiedener Modelle für die Zeitschrift *Ökotest*. Hier, zur Orientierung, ein Auszug aus den Ergebnissen in $\mu W/m^2$:[32]

Strahlung der Basisstation	Abstand:	50 cm	1 m	5 m	10 m
Telekom Sinus 431 D	DECT = Dauersender!	**146.000**	**36.000**	**1500**	300
Siemens Gigaset 910	DECT = Dauersender!	**139.000**	**35.000**	**1400**	300
Phillips CP-5002	DECT = Dauersender!	**61.000**	**15.000**	600	100
Sony DCT-200	CT2	**1000**	300	10	<10
Telekom Sinus 53	CT1+	**4000**	**1000**	40	<10
Samsung Topline	CT1+	**3000**	700	30	<10

Die baubiologische Empfehlung für Schlafplätze liegt bei weniger als 0,1 $\mu W/m^2$. Tagsüber sollte $1\mu W/m^2$ nicht überschritten werden. Neurologische Störungen sind ab 10.000 $\mu W/m^2$ nachweisbar. Hirnstromveränderungen wurden bereits bei 1000 $\mu W/m^2$ (gepulst) festgestellt, Störungen der Zellmembran bei 200 $\mu W/m^2$ und eine Beeinflussung des Hefezellwachstums bei 10 $\mu W/m^2$.[33]

Beobachtet wurden folgende Beschwerden:
Schlafstörungen, Kopfschmerzen, Katergefühl, Gliederschmerzen, Übelkeit, Schwindel, Schwierigkeiten mit dem Blutdruck und Kreislaufprobleme, Herzrhythmusstörungen, Konzentrationsschwierigkeiten, Nervosität.

Besonders Kinder scheinen nach den Beobachtungen vieler Kinderärzte stark auf DECT-Telefone zu reagieren.

Doch nicht nur die Basisstationen sind bedenklich. Beim Telefonieren strahlt das Handteil eines DECT-Telefons ähnlich stark wie ein Handy, und entsprechende biologische Wirkungen sind zu erwarten. (→ *Handy*)

Außer der hochfrequenten elektromagnetischen Strahlung, wie oben beschrieben, strahlt das Ladegerät der Basisstation noch ein elektrisches und magnetisches Feld ab wie andere strombetriebene Geräte auch.

Abhilfe
- Kabeltelefone benutzen.
- Bei »Schnurlosen«, Geräte nach dem CT1+-Standard verwenden. Sie werden in jüngster Zeit wieder vermehrt angeboten. Eine Liste kann beim Institut für Baubiologie und Ökologie Neubeuren (Adresse im Anhang) angefordert werden.

Wenn man ein DECT-Telefon besitzt, auf das man aus irgendeinem Grund nicht verzichten kann oder will, kann man zumindest die Dauerbelastung durch die Basisstation mit folgenden Maßnahmen reduzieren:[34]
- Die Basisstation möglichst weit entfernt von bewohnten Räumen aufstellen, z. B. im Keller, und zum Laden des Handgeräts ein zusätzliches Ladegerät ohne Funk anschaffen.
- Die DECT-Basisstation nachts vom Stromnetz trennen.
- Der »Eco-Man« und der »Power-Safer«, ursprünglich nützliches Zubehör, um bei Faxgeräten Strom zu sparen, schalten das Faxgerät an, wenn eine Nachricht kommt und dann wieder aus. Es funktioniert aber auch bei Schnurlostelefonen. So strahlt auch ein DECT-Telefon nur, wenn man telefoniert und einige Minuten danach (Bezugsadressen im Anhang).

Sonstiges
Leider strahlen nicht nur die Basisstationen, sondern auch
- die mobilen DECT-Telefondosen, egal ob ein Gerät angeschlossen ist oder nicht. Reichweite bis zu 200 m.
- normale Telefondosen in Verbindung mit ISDN-Schnurlostelefonanlagen.
- sogenannte Repeater. Sie vergrößern die Reichweite einer Basisstation, um z. B. mehrere Räume oder sogar Häuser zu überbrücken.
- Kombigeräte aus Kabeltelefon und einem DECT-Schnurlostelefon. Sie strahlen auch, wenn das Schnurlostelefon an der Basisstation abgemeldet wurde und gar nicht betrieben wird.

Funkwecker → **Uhren und Wecker**

Fußbodenheizungen
(elektrische)

Funktionsweise

Schlangenförmig im Fußboden verlegte Drähte werden durch den Stromfluß aufgeheizt, ähnlich wie bei einem Toaster.

Wirkung

Mit einer elektrischen Fußbodenheizung hat man eine flächendeckende Bestrahlung mit elektrischen und magnetischen Wechselfeldern über die gesamte Bodenfläche. Die Betthöhe reicht nicht aus, um genügend Abstand dazu einhalten zu können.

Art der Strahlung	
• Niederfrequentes elektrisches Wechselfeld (50 Hz)	
• Niederfrequentes magnetisches Wechselfeld (50 Hz)	
Mögliche Intensitäten	
Baubiologische Empfehlungen zum Vergleich auf der aufklappbaren hinteren Umschlagseite	
Elektrisches Feld (50 Hz)	
Abstand 1 cm	200 - 1000 V/m
Magnetisches Feld (50 Hz)	
Abstand 50 cm	5500 nT
Abstand 20 cm	17.500 nT
Abstand 5 cm	> 50.000 nT

Vor allem beim magnetischen Feld sind die Werte viel zu hoch, und mit gesundheitlichen Beeinträchtigungen ist zu rechnen.

Die Wirkung der Felder entspricht der Wirkung elektrischer und magnetischer Felder, wie sie in Teil 2 im Kapitel über die Auswirkungen verschiedener Frequenzbereiche unter *Niederfrequenz* beschrieben sind.

Abhilfe

Die Fußbodenheizung möglichst nicht verwenden. Zumindest nachts im Schlafzimmer ausschalten. Das elektrische Feld kann man abschirmen (→ Teil 4, *Professionelle Hilfe, Abschirmung*), das magnetische nicht.

Sonstiges

Abgesehen von der elektromagnetischen Belastung fördert die unnatürliche Wärme von unten die Bildung von Krampfadern und beeinträchtigt ein gesundes Raumklima. Fußbodenheizungen verstärken die elektrostatische Aufladung von Synthetik und Schurwolle und damit eine Störung des Gehalts an negativen Luftionen. Dies gilt auch für mit Wasser betriebene Fußbodenheizungen.

Geräteanschlußkabel → Elektrische Leitungen

HAARP → Sendeanlagen

Handys
(Mobiltelefone, Natel)

Funktionsweise

Handys empfangen die gepulsten hochfrequenten Signale von Mobilfunksendemasten und wandeln diese in für uns hörbare Sprache, Musik oder in Bilder um. Das Handy nimmt bei einem Telefonat Kontakt zur nächstgelegenen Basisstation auf, die dann die Signale bis zu demjenigen Sendemasten weiterleitet, mit dem der andere Gesprächsteilnehmer seinerseits eine Verbindung hat.

Weil die Antennen sehr klein und heute meist sogar in das Gerät selbst integriert sind, sind höhere Sendeleistungen der Basisstationen nötig, um die Signale empfangen zu können.

Wirkung

Inzwischen gibt es viele Studien, die sich direkt mit der Wirkung der Handyfrequenzen und vergleichbaren Feldstärken befaßt haben. Die Ergebnisse sind alarmierend. Die vollständige Auflistung der bisher bekannten Wirkungsmechanismen elektromagnetischer Felder, wie sie auch ganz besonders für die gepulste Handystrahlung gelten, finden Sie in Teil 2 in den Kapiteln über die biologische Wirkung von Strahlen und Wellen und die Auswirkungen verschiedener Frequenzbereiche. Im Folgenden nochmals in Kürze einige der wichtigsten Erkenntnisse zum Thema:

- Verschiedene Forscher fanden Veränderungen der **Gehirnströme** durch den Einfluß von Handystrahlung. Am bekanntesten sind die Forschungen von **Dr. Lebrecht von Klitzing** von der Medizinischen Universität Lübeck.
- **Prof. Dr. Peter Semm** von der Universität Frankfurt forschte für die Telekom. Eigentlich sollte er nichts finden – leider fand er doch heraus, daß **Nervenzellen** auf gepulste Mobilfunkstrahlung reagieren.
- Mehrere Studien fanden eine Beeinflussung des **Schlafs** bei Versuchspersonen, die während der Nacht der Strahlung eines Mobilfunktelefons ausgesetzt waren. Die **REM-Phasen** waren deutlich vermindert und die Alpha-Gehirnwellen wurden von der Strahlung beeinflußt.
- **H. Lai** und **N. Singh** von der Universität Washington fanden nach Handybestrahlung vermehrt **DNS-Brüche** im Gehirn. Die Erbinformation von

---

Art der Strahlung
- Hochfrequente elektromagnetische Strahlung
D1 + D2 - Netz
935 - 960 MHz
Pulsfrequenz: 217 - 1736 Hz
E1, E-Plus + E2-Netz
1,8 - 1,88 GHz
Pulsfrequenz: 217 - 1736 Hz

Mögliche Intensitäten[1]

Baubiologische Empfehlungen zum Vergleich auf der aufklappbaren hinteren Umschlagseite

Elektromagnetisches Feld

Abstand	D-Netz Handy, 2 W
30 cm	3,5 - 17 Mill. $\mu W/m^2$
1 m	300.000 - 1.5 Mill. $\mu W/m^2$
30 m	300 - 1.700 $\mu W/m^2$

Wirkungen ab Feldstärken von

Beeinflussung des Hefezellwachstums	10 $\mu W/m^2$
Störung der Zellmembranen	200 $\mu W/m^2$
Öffnung der Blut-Hirn-Schranke	1.000 $\mu W/m^2$
Beeinflussung der Hirnströme	1.000 $\mu W/m^2$
Neurologische Störungen	10.000 $\mu W/m^2$
Körperlicher Tod	2 Milliarden $\mu W/m^2$

[1] Vergleichsmessungen der Baubiologie Maes in: »Streß durch Strom und Strahlung«, IBN, 2000

Gehirnzellen wird geschädigt und das Risiko für die Entwicklung eines Tumors steigt. Dabei lag die absorbierte Energie pro Kilogramm Körpergewicht (SAR) sogar noch unter dem heute für Handys zulässigen Wert von 2 W/kg!

- **Dr. Michael Repachioli** konnte nachweisen, daß Mäuse, die 9 Monate mit gepulster Hochfrequenz bestrahlt wurden, wie sie von Handys ausgeht, eine doppelt so hohe **Krebs**rate aufwiesen, wie die unbestrahlte Kontrollgruppe. Eigentlich wollten er und seine Kollegen mit ihrer Studie das Gegenteil beweisen.
- Schwedische Wissenschaftler fanden heraus, daß Mobilfunkstrahlung die **Blut-Hirn-Schranke** öffnet, so daß Giftstoffe und Eiweißkörper ungehindert ins Gehirn eindringen und die empfindlichen Nervenzellen schädigen können. Inzwischen wurde dies auch durch eine deutsche Wissenschaftlergruppe bestätigt.
- Wissenschaftler der Uniklinik Zürich entdeckten, daß die **Immunreaktion** von Zellen durch Handystrahlung um 90% vermindert wird.
- Das System der körpereigenen Stimulanzien wird von Handystrahlung ungünstig beeinflußt. Ungewöhnliche Gefühlszustände können auftreten: das Erleben von Freude, Panikattacken, Neurosen, Psychosen sind möglich. Bei Ratten und Affen wurde die Einflußnahme von Mikrowellen auf Lernen, Gedächtnis, Zeitwahrnehmung und Aufmerksamkeit bei sehr geringen spezifischen Absorptionsraten (SAR)* gefunden.
- Bekannt geworden sind inzwischen auch aufsehenerregende Verfahren amerikanischer Bürger gegen Mobilfunkbetreiber, die ihre **Gehirntumorerkrankungen** eindeutig auf den Einfluß des mobilen Telefonierens zurückführen.

Trotz dieser beunruhigenden Ergebnisse gibt es immer noch Wissenschaftler, die lautstark verkünden, daß elektromagnetische Strahlung keine Wirkung haben könne, weil man sie »mit dem Finger nicht spüren kann«,[35] und Mobilfunkunternehmen träumen vom »Easy-Phone« für Kinder im Kindergartenalter.

Inzwischen gibt es aber auch von verschiedenen Seiten Reaktionen auf die wissenschaftlichen Erkenntnisse und praktischen Erfahrungen:

---

* Die spezifische Absorptionsrate gibt an, wieviel Energie pro Kilogramm Körpergewicht vom Gewebe absorbiert (= aufgenommen) wird. Dies ist nur ein Teil dessen, was von der Sendeantenne abgegeben wird. Die Begrenzung dieser Absorptionsrate ist ein international weitgehend akzeptiertes Strahlenschutzkriterium im Bereich hochfrequenter elektromagnetischer Felder.

- Versicherer schließen Schäden durch elektromagnetische Strahlung aus ihren Versicherungsleistungen aus oder verlangen wesentlich höhere Prämien.
- In Bangladesh ist für Jugendliche unter 16 Jahren das Telefonieren mit Handys verboten.
- An englischen Schulen wird vor Handygebrauch offiziell gewarnt.
- Das Bundesumweltministerium fordert, daß Kinder grundsätzlich nicht mit dem Handy telefonieren sollten.

Kinder und Jugendliche sind, nach den Erkenntnissen einer britischen Expertengruppe, wegen ihrer dünneren Schädeldecke, der kleineren Köpfe, der größeren Gewebeleitfähigkeit und des noch nicht voll entwickelten Nervensystems mehr gefährdet als Erwachsene. Es wurden außerdem Konzentrations- und Gedächtnisschwäche, Lernstörungen und nachlassende Leistungen in der Schule bei Jugendlichen beobachtet, die häufig mit dem Handy telefonieren.

Der Grenzwert, ab dem eine Beeinflussung der Hirnströme und eine Beeinflussung der Blut-Hirn-Schranke nachgewiesen werden kann, beträgt 1000 $\mu W/m^2$. Erst ab einem Abstand von 30 m liegt die Abstrahlung der meisten Handys darunter!

Zu beachten

In Bussen, Bahnen und Kraftfahrzeugen werden die elektromagnetischen Wellen durch die metallene Außenhülle sehr stark gedämpft. Will man also im Inneren telefonieren, muß das Handy die Leistung auf ein Höchstmaß steigern, um überhaupt einen Empfang zu haben. Zudem werden im Innenraum die Strahlen mehrfach reflektiert. Entsprechend steigt die Belastung um ein Vielfaches.

Um den Abschirmeffekt der metallischen Waggonhüllen auszuschalten, hat außerdem die Deutsche Bahn in jedem ICE-Zug einige Wagen mit Mobilfunkverstärkern ausgestattet. Genau wie die externen Basisstationen senden die Verstärker ständig auf die Reisenden, ganz gleich, ob jemand telefoniert oder nicht. Die betreffenden Wagen sind gekennzeichnet und bei der Reservierung ist die Wahl eines Platzes mit oder ohne Mobilfunkverstärkung möglich.[36]

Abhilfe

Keine Handys verwenden. Andere Telefonierer bitten, Abstand zu halten. In Bussen oder Bahnen Mitfahrer darum bitten, das Telefonieren zu unterlassen.

Sonstiges

Entstörung

Seit der zunehmenden Diskussion, um die Schädlichkeit der Handystrahlung boomt auch der Markt für verschiedenste Abschirmmaßnahmen und andere Hilfsmittel, die das mobile Telefonieren verträglicher machen sollen.

Einige wollen die Strahlenbelastung tatsächlich meßtechnisch reduzieren, andere wandeln nach Aussagen der Hersteller die schädliche Strahlung um, so daß sie für den Körper verträglich sein soll. Wir raten dringend davon ab, sich auf den Schutz durch eine solche »Entstörung« zu verlassen (→ Teil 4, *Professionelle Hilfe, Entstörgeräte*). Man sollte die Belastung zuerst auf der materiellen Ebene reduzieren wo es geht – denn der Nachbar hat vielleicht keinen kleinen Helfer. Die Kühe und der Wald, die vom nächsten Sendemasten bestrahlt werden, wahrscheinlich auch nicht. Unsere Verantwortung beim Telefonieren mit einem Handy geht über die persönliche Sphäre hinaus, denn es schädigt leider nicht nur jeder Telefonierer sich selbst, sondern durch den Bedarf an immer mehr Sendemasten auch die, die zugunsten ihrer Gesundheit gerne auf das Handy verzichten würden.

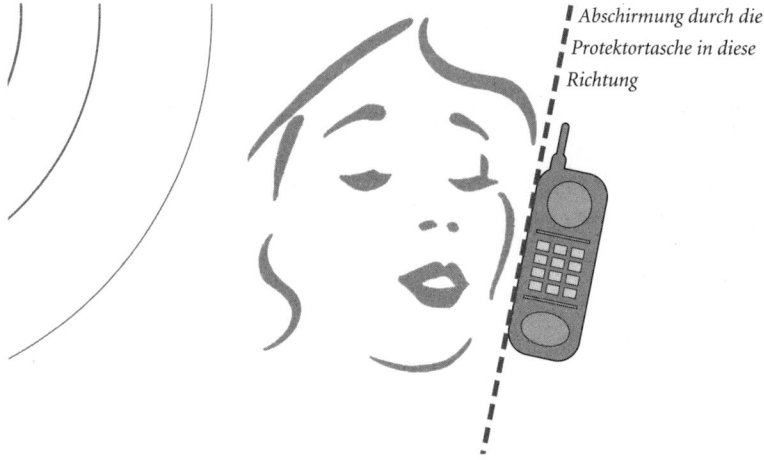

Abschirmung durch die Protektortasche in diese Richtung

Abb. 36: *Das Handy strahlt mit maximaler Leistung um die Abschirmung zu überwinden.*

Abschirmung

Handytaschen, die die Strahlung in Richtung Kopf abschirmen sollen, sind auch nicht ganz unproblematisch. Strahlt die nächste Sendeantenne beim Telefonat zufällig von der Seite, zu der das Handy abgeschirmt ist, fährt dieses die Leistung automatisch hoch und damit werden auch die Felder stärker (Abb. 36).

Die Zeitschrift *Ökotest* hat einige der Abschirmtaschen getestet. Die Ergebnisse sind abzurufen unter www.oekotest.de.

Wechselwirkungen mit technischen Geräten

Handys sind im Krankenhaus strikt verboten, da es bereits zu tödlichen Unfällen kam. Bestimmte Geräte fielen aus und ließen sich nicht mehr starten.

Handygebrauch in Flugzeugen ist bei vielen Gesellschaften ebenfalls strafrechtlich verboten, da schon elektronische Bordinstrumente außer Kontrolle gerieten (Gefängnisstrafen bis zu zwei Jahren).

Handygebrauch im Auto ohne Außenantenne birgt neben der gesundheitlichen Beeinträchtigung noch weitere Gefahren, z. B. können Airbags und ABS-Systeme ausgelöst werden.

Headsets
(Freisprecheinrichtungen)

Funktionsweise

Sogenannte Headsets gibt es in verschiedenen Ausführungen und für verschiedene Zwecke. In der Regel bestehen sie aus einem kleinen Kopfhörer mit Lautsprecher, der direkt in die Ohrmuschel gesteckt wird, und einem Mikrofon. Am bekanntesten sind sie als Freisprecheinrichtungen für Handys. Sie werden aber auch bei sprachgesteuerten Computerprogrammen und beim Telefonieren im Festnetz, zum Beispiel in Call-Centern, verwendet.

Art der Strahlung
- Hochfrequente elektromagnetische Strahlung, gepulst
- Niederfrequentes elektrisches Wechselfeld (50 Hz)
- Niederfrequentes magnetisches Wechselfeld (50 Hz)
- Magnetisches Gleichfeld

Sie können entweder über ein Kabel oder per Bluetooth (→ *Bluetooth*) mit dem entsprechenden Apparat verbunden sein. Bei einer Bluetooth-Verbindung befindet sich der Sender, der mit gepulster Hochfrequenz arbeitet, direkt am Ohr.

Zu beachten

Das Ohr ist einer der Eingänge direkt ins Gehirn. Hier fällt die schützende und abschirmende Funktion der Schädelknochen weg und Strahlung kann sich ungehindert ausbreiten.

Wirkung

Sämtliche Headsets nehmen die hochfrequente Strahlung der Handyantenne auf und leiten sie bis zum Ohr. Nach den Messungen der Baubiologie Maes im Auftrag der Zeitschrift *Ökotest* wurden kabelgebundene Headsets überprüft und festgestellt, daß im Kopfhörer nur noch 5 - 20% der Strahlung ankommt, die eine Handyantenne tatsächlich abgibt. Allerdings ist, durch die Position des Kopfhörers direkt in der Ohrmuschel, auch der Abstand zum Gehirn und die Abschirmung durch den Schädelknochen wesentlich geringer und erzeugt dadurch eine höhere Belastung, als wenn man direkt mit dem Handy telefonieren würde. Damit wurde die Studie einer britischen Verbraucherorganisation bestätigt, die zu denselben Ergebnissen kam.

Bei kabellosen Headsets befindet sich der Sender der Bluetooth-Funkverbindung direkt am Ohr und strahlt gepulste Hochfrequenz unmittelbar ins Gehirn. Wie oben beschrieben dürfte hier die Belastung auch eher zu- als abnehmen, obwohl der Bluetooth-Sender mit geringerer Leistung arbeitet als das Handy.

Zur hochfrequenten Belastung kommen noch elektrische und magnetische Wechselfelder, sowie ein magnetisches Gleichfeld, sofern der Kopfhörer mit einer Spule arbeitet. Diese sind zwar gering, aber in nächster Nähe des Ohrs bei einer Dauerbelastung wie zum Beispiel in Call-Centern durchaus relevant.

Grundsätzlich entspricht die Wirkung von Headsets der Wirkung elektrischer und magnetischer Felder, wie sie in Teil 2 im Kapitel über die Auswirkungen verschiedener Frequenzbereiche beschrieben sind.

Abhilfe

Wie die Messungen zeigen, sind Freisprecheinrichtungen keine sinnvolle Alternative zum Handygebrauch. Auch bei anderen Anwendungen sind sie aufgrund der Belastung in nächster Nähe zur sensiblen Steuerzentrale des Gehirns nicht für den Dauergebrauch zu empfehlen.

Heizdecken

Funktionsweise

Elektrische Heizdecken werden durch einen stromdurchflossenen Heizdraht erwärmt. Durch die verstellbare Stärke des Stromflusses kann die Temperatur reguliert werden.

Wirkung

An der Oberfläche handelsüblicher Heizdecken treten starke elektrische und magnetische Wechselfelder auf, die bei den meisten Geräten je nach Netzsteckerstellung (→ Teil 4, *Selbsthilfe*) und Hersteller auch bei ausgeschalteter Heizdecke bestehen bleiben.

Art der Strahlung
Niederfrequentes elektrisches Wechselfeld (50 Hz)
Niederfrequentes magnetisches Wechselfeld (50 Hz)

Mögliche Intensitäten
Baubiologische Empfehlungen zum Vergleich auf der aufklappbaren hinteren Umschlagseite

Magnetisches Feld (50 Hz)	
Abstand 0 cm	1000 - 2000 nT[2]
Elektrisches Feld (50 Hz)	
eingeschaltet, Abstand 1 cm	1.500 - 4.500 V/m[1]
Abstand 0 cm	über 5000 V/m
ausgeschaltet, Abstand 1 cm	80 - 200 V/m

[1] Katalyse, 1994, *Ökotest* 12/97   [2] Werner Schaper, 1997

Die Wirkung der Felder entspricht der Wirkung elektrischer und magnetischer Felder, wie sie in Teil 2 im Kapitel über die Auswirkungen verschiedener Frequenzbereiche unter Niederfrequenz beschrieben sind.

Daneben sind folgende Auswirkungen elektrischer Heizdecken erforscht worden:[37]

Nach einer Studie von **De-Kun Li**, **Harvey Checkoway** und **Beth Mueller** kann die Verwendung von Heizdecken insbesondere in den ersten Schwangerschaftsmonaten möglicherweise zu einer erhöhten Rate von Fehlbildungen im Harntrakt führen. Wenn Frauen mit verminderter Fruchtbarkeit elektrische Heizdecken in den ersten drei Schwangerschaftsmonaten verwendet hatten, stieg das Risiko von Mißbildungen auf das Zehnfache. Das Risiko nahm mit der Dauer der Heizdeckennutzung zu. Frauen mit normaler Fruchtbarkeit wiesen kein erhöhtes Risiko auf.

Ob elektromagnetische Felder außerdem zu einer erhöhten Rate von Fehlgeburten führen, kann bisher nicht als erwiesen gelten. Möglicherweise besteht ein erhöhtes Risiko in den ersten Wochen nach der Empfängnis, so daß in dieser Zeit auf eine langzeitige körpernahe Verwendung elektrischer Geräte wie Heizdecken verzichtet werden sollte.

Abhilfe

Möglichst anstatt Heizdecken wassergefüllte Wärmflaschen verwenden oder nach dem Aufheizen den Stecker ziehen.

Inzwischen entwickelt auf Anregung des Baubiologen Wolfgang Maes ein Hersteller, dessen Decken keine elektrischen Felder aufwiesen, seine Heizdecken weiter, um nun auch das magnetische Felde weiter zu reduzieren. Wir meinen zwar immer noch, daß die gute alte Wärmflasche die beste Lösung ist, aber wer nicht auf eine Heizdecke verzichten kann oder möchte, sollte zumindest ein strahlungsarmes Modell verwenden. Testergebnisse sind abzurufen bei: www.oekotest.de.

Hochspannungsleitungen → Elektrische Leitungen

Kinderspielzeug

Elektrisches Spielzeug
Eisenbahnen oder Rennbahnen, Kassettenrekorder, CD-Player usw.
Funkgesteuertes Spielzeug
Autos, Flugzeuge, Sonstiges
Plastikspielzeug und Kuscheltiere

Allgemein

Pflegeleichte Teppiche und Textilien aus Kunstfasern, jede Menge Plastikspielzeug und Kuscheltiere erzeugen ein starkes elektrisches Gleichfeld. Kassettenrekorder und elektrisches Spielzeug erzeugen elektrische und magnetische Felder. Fernsteuerungen, Fernseher und Computer steuern die Hochfrequenz bei.

Traurig aber wahr – Kinderzimmer gehören oft, nach Küche, Badezimmer und Büroräumen, mit zu den am meisten belasteten Räumen im Haus.

Wirkung

Die Wirkung der Felder entspricht der Wirkung elektrischer und magnetischer Felder, wie sie in Teil 2 im Kapitel über die Auswirkungen verschiedener Frequenzbereiche beschrieben sind.

Wen wundert es also, daß Kinder immer unruhiger und aggressiver werden, tatsächlich immer mehr »unter Spannung« zu stehen scheinen; daß viele Kinder unter Aufmerksamkeits-, Lern- und Verhaltensstörungen leiden; daß Allergien und Neurodermitis fast zu Volkskrankheiten schon im Kindesalter geworden sind. Die Ursachen hierfür sind vielschichtig, aber mit Sicherheit trägt die zunehmende Dauerbelastung mit elektromagnetischen Feldern ihren Teil dazu bei, und man sollte »Elektrosmog« im Kinderzimmer vermeiden, wo immer es möglich ist.

Art der Strahlung
Elektrisches Spielzeug
• Niederfrequentes elektrisches Wechselfeld (50 Hz)
• Niederfrequentes magnetisches Wechselfeld, (50 Hz)
• Magnetisches Gleichfeld
Funkgesteuertes Spielzeug
• Hochfrequente elektromagnetische Strahlung, 34 - 41 MHz
• Elektrisches Gleichfeld
Plastikspielzeug und Kuscheltiere
• Elektrisches Gleichfeld

Abhilfe

Grundsätzlich ist die Frage wieviel Technik ab welchem Alter wirklich sein muß. Brauchen 6 - 10jährige schon einen eigenen PC und Fernseher im Zimmer? Ist das der kindlichen Entwicklung wirklich förderlich?

Ganz davon abgesehen, gehören unserer Meinung nach Computer und Fernseher nicht in ein Schlafzimmer, also auch nicht ins Kinderzimmer.

Läßt es sich gar nicht vermeiden, sollten sie entsprechend abgeschirmt und alle feldvermindernden Maßnahmen getroffen werden (→ *Fernsehgerät, Bildschirme*)

Elektrisches Spielzeug

(→ *Elektrische Geräte*)

Zu beachten

In oder an elektrischem Spielzeug finden sich in den meisten Fällen Transformatoren (→ *Trafos*). Sie sind die Hauptquelle für starke magnetische Wechselfelder. Oft werden sie

Art der Strahlung
• Niederfrequentes elektrisches Wechselfeld (50 Hz)
• Niederfrequentes magnetisches Wechselfeld, (50 Hz)
• Magnetisches Gleichfeld
Mögliche Intensitäten
Baubiologische Empfehlungen zum Vergleich auf der aufklappbaren hinteren Umschlagseite
Magnetisches Feld (50 Hz)
Am Trafo können in 10 cm Entfernung bis zu 20 µT gemessen werden.

beim Ausschalten nicht automatisch mit abgeschaltet und strahlen weiter, obwohl das Gerät nicht in Betrieb ist.

Abhilfe
Man sollte also sicherheitshalber nach Gebrauch immer den Stecker ziehen oder eine zweipolig schaltbare Steckerleiste verwenden. Tragbare Kassettenrekorder gehören, auch wegen ihres magnetischen Gleichfelds, nicht ins Kinderbett.

Funkgesteuertes Spielzeug

Funktionsweise
Ferngesteuertes Spielzeug arbeitet entweder mit Infrarot oder heute zunehmend mit Hochfrequenz. Das Steuergerät sendet die Steuerinformationen auf einer hochfrequenten Trägerwelle zum Empfänger im Spielzeug.

Art der Strahlung
- Hochfrequente elektromagnetische Strahlung 34 - 41 MHz
- Elektrisches Gleichfeld

Abhilfe
Die Antenne von Funkfernsteuerungen vom Körper entfernt halten und nach Gebrauch immer ausschalten. Ferngesteuertes Spielzeug ist selten problematisch, da man kaum einer Dauerbelastung ausgesetzt ist.

Plastikspielzeug und Kuscheltiere

Zu beachten
Neben Plastikspielzeug sind auch Kuscheltiere heute meist aus Synthetikfasern gefertigt. Sie sind billiger, haltbarer und schmutzunempfindlich, also rundum praktisch. Allerdings bauen sie zum Teil sehr starke elektrische Gleichfelder (Elektrostatik) auf. Diese wirken negativ auf die Luftionisation und das Raumklima, ganz abgesehen davon, daß sie in ihrem Einflußbereich auch den menschlichen Körper unter Spannung setzen.

Wirkung

Negative, gesundheitsfördernde Luftionen nehmen ab und positive, gesundheitsschädliche zu. »Gute Luft« hat viel mit der Ionisation zu tun. Durch »schlechte Luft« nehmen Müdigkeit und Konzentrationsmangel und Infektanfälligkeit zu. Am meisten betroffen vom schlechten Raumklima sind Allergiker und Asthmatiker, denn Elektrostatik zieht Staub an, Bakterien und Pilze fühlen sich dort wohler. Chronische Atemwegsinfekte bei Kindern lassen sich häufig durch das Entfernen von Plastikspielzeug und Kuscheltieren verbessern oder zum Verschwinden bringen.

Art der Strahlung
- Elektrisches Gleichfeld

Mögliche Intensitäten[1]
Baubiologische Empfehlungen zum Vergleich auf der aufklappbaren hinteren Umschlagseite

Elektrisches Gleichfeld	
Innenräume mit viel Synthetik	2.000 - 20.000 V/m
natürliche Luftelektrizität	10-200 V/m
bei Föhn	5.000 V/m
Schmusetiere	
Synthetik	mehrere 100 - 10.000 V
Naturfaser	<100 V
Teppiche	
Synthetik	500 - 5.000 V
Naturfaser	<20 V

[1] Vergleichsmessungen der Baubiologie Maes in: »Streß durch Strom und Strahlung«, IBN, 2000

Abhilfe

Im Kinderzimmer Naturmaterialien (keine Wolle) bevorzugen. Spielzeug und Kuscheltiere mit Baumwollstoff abdecken und vom Bett entfernen.

Lampen

Glühlampen, Leuchtstofflampen, Niedervoltlampen

Allgemein

Lampen erzeugen wie alle elektrischen Geräte nieder- und hochfrequente Felder. Im Gegensatz zu vielen anderen elektrischen Geräten, deren Feldern man meist nur kurzfristig ausgesetzt ist, verbringt man aber in der Regel einige Stunden am Tag in nächster Nähe zu Lampen, zum Beispiel Schreibtisch-, Nachttisch- oder Stehlampen. Deswegen ist es hier, und vor allem bei Nachttischlampen, besonders wichtig, die elektrische und magnetische Belastung

möglichst gering zu halten. Die Maßnahmen, mit denen sich die Felder um bis zu 90 % reduzieren lassen, sind außerdem relativ einfach und kosten meist keinen Cent.

Glühlampen

Funktionsweise
Durch den Stromfluß wird ein dünner Draht aus Wolfram zum Glühen gebracht.

Wirkung
Die Wirkung der Felder entspricht der Wirkung elektrischer und magnetischer Felder, wie sie in Teil 2 im Kapitel über die Auswirkungen verschiedener Frequenzbereiche unter Niederfrequenz beschrieben sind.

Art der Strahlung
- Niederfrequentes elektrisches Wechselfeld (50 Hz)
- Niederfrequentes magnetisches Wechselfeld (50 Hz)

Mögliche Intensitäten[1]
Baubiologische Empfehlungen zum Vergleich auf der aufklappbaren hinteren Umschlagseite

Elektrisches Feld (50 Hz) im Abstand von 50 cm	
ungeerdet	100 - 300 V/m
geerdet	1 - 2 V/m

[1] Vergleichsmessungen der Baubiologie Maes in: »Streß durch Strom und Strahlung«, IBN, 2000

Abhilfe
- Die Felder werden größer, wenn die Lampe nicht geerdet ist. Durch eine Erdung lassen sich die Felder stark reduzieren.
  Die Erdung erfolgt bei Stehlampen über die Steckdose, wenn das Anschlußkabel einen Schutzleiter enthält (mindestens 3 verschiedenfarbige Leiter im Inneren), der über den Schukostecker mit der Steckdose verbunden ist. Flache Eurostecker sind ein Anzeichen dafür, daß die Lampe nicht geerdet ist (→ *Elektrische Leitungen, Gerätekabel*). Bei Deckenlampen muß der gelb/grüne Schutzleiter mit angeschlossen werden.
- Die Felder werden größer, wenn beim Anschließen einer Wand- oder Deckenlampe Hin- und Rückleiter (Phase und Nulleiter) miteinander vertauscht wurden oder bei Stehlampen der Stecker falsch in der Steckdose steckt (→ Teil 4, *Selbsthilfe, Stecker von Elektrogeräten richtig einstecken*).
- Wenn der Stecker falsch in der Steckdose steckt und der Lampenschalter nicht zweipolig schaltet, kann es sein, daß die ganze Lampe auch dann noch unter Strom steht, wenn sie ausgeschaltet ist. Der Stromkreis wird dann erst nach dem Gerät unterbrochen, und es strahlt weiterhin ein elektrisches Feld ab (→ Teil 4, *Selbsthilfe, Stecker von Elektrogeräten richtig einstecken*).
- Inzwischen werden im baubiologischen Handel auch optisch ansprechende Lampenserien angeboten, die so konstruiert sind, daß alle Felder möglichst gering beziehungsweise nicht vorhanden sind (→ Teil 4, *Selbsthilfe, Lampen richtig anschließen*).

Sonstiges

Dimmer
Dimmer regulieren die Helligkeit von Lampen stufenlos. Sie arbeiten heute fast alle mit einer elektronischen Steuerung, die zusätzlich zum 50 Hz-Wechselstrom aus der Steckdose hochfrequente Oberwellen* erzeugt und abstrahlt. Aus diesem Grund empfehlen wir, auf Dimmer zu verzichten oder die tatsächliche Belastung von einem Baubiologen nachmessen zu lassen.

---

* Oberwellen
Als Oberwellen werden die ganzzahligen Vielfache einer Grundfrequenz bezeichnet. Bei einer Grundfrequenz von 50 Hz wären dies also:
2 x 50 Hz = 100 Hz
3 x 50 Hz = 150 Hz
4 x 50 Hz = 200 Hz usw.

Salzkristallampen

Salzkristallampen erzeugen, wie alle anderen Lampen, elektrische und magnetische Felder. Sie sind außerdem meist nicht geerdet. Oft wird in Werbeprospekten immer noch versprochen, sie hätten einen günstigen Einfluß auf die Luftionisation. Dies ist definitiv nicht der Fall. Messungen des Baubiologen Wolfgang Maes ergaben keinerlei Wirkung in dieser Hinsicht. Wenn man eine Kerze anzündet, hat dies einen größeren Effekt auf die Luftionisation als eine Salzkristallampe. Als »gesund« kann man Salzkristallampen also im Normalfall nicht bezeichnen.

Trotzdem sind sie dekorativ und geben ein sehr angenehmes Licht. Wer seine Salzkristallampe unbeschwert »elektrosmogfrei« genießen möchte, kann sie mit einem abgeschirmten Sockel ausstatten, der von der Firma Biosol vertrieben wird. Ansonsten empfehlen wir, Abstand zu halten und nach Gebrauch den Stecker zu ziehen.

Leuchtstofflampen

Leuchtstofflampen
Tageslichtspektrumlampen/Bio-Licht/True-Lite
Energiesparlampen

Funktionsweise

In Leuchtstofflampen wird durch die elektrische Spannung des Stroms Edelgas im Inneren einer Röhre zum Leuchten gebracht. Im Gegensatz zu den konventionellen Glühlampen werden dafür viel höhere Spannungen benötigt, als sie im Hausstromnetz zur Verfügung stehen. Das hat zur Folge, daß entweder direkt an der Lampe, bei Tisch- und Stehlampen im Lampenfuß oder am Stecker ein Transformator, hier »Drossel« genannt, integriert ist, der die Spannung entsprechend anpaßt (→ *Trafos, Netzteile*).

Anstatt des Transformators werden heute auch elektronische Vorschaltgeräte verwendet, um die Spannung anzupassen. Sie strahlen, statt der starken magnetischen Felder von Trafos, Hochfrequenz ab, allerdings mit wesentlich geringerer Intensität als diese.

Wirkung

Leuchtstofflampen strahlen wesentlich stärkere elektrische und magnetische Wechselfelder ab als konventionelle Glühlampen. Zusätzlich erzeugt der Trafo starke Magnetfelder (→ *Trafos*). Dazu kommen hochfrequente Oberwellen, die beim Betrieb von Leuchtstoffröhren besonders zahlreich auftreten.

Die Wirkung der Felder entspricht der Wirkung elektrischer und magnetischer Felder, wie sie in Teil 2 im Kapitel über die Auswirkungen verschiedener Frequenzbereiche beschrieben sind.

Zu beachten

Leuchtstofflampen mit Tageslichtspektrum, das sogenannte Bio-Licht, haben ein Lichtspektrum, das dem normalen Tages- oder Sonnenlicht ähnlicher ist, als dies bei anderen Lampen der Fall ist. Sie sind meist statt mit Trafos mit elektronischen Vorschaltgeräten ausgerüstet. Dies reduziert zwar die Felder im niederfrequenten (50 Hz) Bereich, verschiebt sie letztendlich aber nur in Richtung Hochfrequenz. Statt eines starken Magnetfeldes hat man dann eine hochfrequente Strahlung. Dasselbe gilt auch für Energiesparlampen.

Auch Tageslichtspektrumlampen sind also auf jeden Fall strahlungsintensiver als normale Glühlampen.

Art der Strahlung

Normale Leuchtstofflampen
- Niederfrequentes elektrisches Wechselfeld (50 Hz)
- Niederfrequentes magnetisches Wechselfeld, (50 Hz)

Tageslichtspektrumlampen:
- Hochfrequente elektromagnetische Strahlung (60.000 Hz)
- Hochfrequente elektromagnetische Strahlung (60.000 Hz)

Alle Leuchtstofflampen strahlen außerdem reichlich hochfrequente Oberwellen der 50 Hz Frequenz ab.

Mögliche Intensitäten[1]

Baubiologische Empfehlungen zum Vergleich auf der aufklappbaren hinteren Umschlagseite

Elektrisches Feld (50 Hz) im Abstand von 50 cm	
Leuchtstoffröhre	> 100 V/m
Glühbirne 75 W	< 5 V/m
Magnetisches Feld (50 Hz) im Abstand von 50 cm	
Leuchtstoffröhre	800 - 1.100 nT
Glühbirne. 75 W, 5 cm	< 20 nT

[1] Vergleichsmessungen der Baubiologie Maes in: »Streß durch Strom und Strahlung«, IBN, 2000

Abhilfe

- Möglichst konventionelle Glühlampen verwenden.
- Deckenlampen korrekt anschließen (Phase an Phase) und auf Erdung achten (Schutzleiter mit anschließen).
- Bei Stehlampen nur solche mit Erdung verwenden (ersichtlich am runden Schukostecker), keine mit »flachem« Eurostecker.
- Überprüfen, ob der Schalter zweipolig schaltet (→ Teil 4, *Selbsthilfe*, S. 180)
- wenn nicht: nach Gebrauch Stecker ziehen oder eine Mehrfachsteckerleiste verwenden und diese dann ausschalten.

- Da vor allem auch der Trafo oder das Vorschaltgerät starke Felder erzeugt, sollten sie elektrisch (Erdung) und magnetisch (MU-Metall) abgeschirmt werden (→ Teil 4, *Professionelle Hilfe, Abschirmung*). Außerdem werden sie oft durch das Ausschalten der Lampe nicht mitgeschaltet – sie verbrauchen also weiter Strom und strahlen.
- Wird nicht abgeschirmt, sind etwa 2 m Abstand nötig.

Sonstiges
Neben der hohen Strahlenbelastung haben Leuchtstoffröhren einen weiteren Nachteil: Sie haben zum einen ein schlechteres, das heißt unnatürlicheres Lichtspektrum als Glühlampen, zum anderen bedeutet ihr Flimmern Streß für die Augen und den gesamten Organismus. Das Gas geht entsprechend der Frequenz des Wechselstroms 50 mal in der Sekunde an und aus, und selbst wenn dies nicht bewußt wahrnehmbar ist, wird es vom vegetativen Nervensystem registriert und führt dort zu Störungen bei Mensch und Tier. Vegetative Symptome, wie zum Beispiel nervöse Unruhe und Nervenstörungen, können die Folge sein.

Bei Glüh- und Halogenlampen tritt der Effekt nicht auf, da der Glühfaden zu träge ist, um den ständigen Wechsel mitzumachen.

Niedervoltlampen

Funktionsweise
Über einen Trafo wird die haushaltsübliche Netzspannung von 230 V in 12 Volt umgewandelt.

Wirkung
Niedervoltlampen erzeugen ein elektrisches und während des Betriebs auch ein magnetisches Wechselfeld. Die Betriebsspannung ist zwar niederer als im Hausstromnetz, das reduziert die elektrischen Felder, es fließen aber stärkere Ströme, was entsprechend starke magnetische Felder zur Folge hat. Zusätzlich strahlt noch der Trafo magnetische Felder ab (→ *Trafos*). Feldstärken in der Größenordnung von Hochspannungsleitungen sind im ungünstigsten Fall möglich.

Die Wirkung der Felder entspricht der Wirkung elektrischer und magnetischer Felder, wie sie in Teil 2 im Kapitel über die Auswirkungen verschiedener Frequenzbereiche unter Niederfrequenz beschrieben sind.

Zu beachten
Niedervolthalogenlampen können durch die niedere Spannung an zwei Drähten (Leitern) beliebig durch den Raum geführt werden. Allerdings entsteht durch die größere Entfernung der Hin- und Rückleiter voneinander ein wesentlich stärkeres magnetisches Wechselfeld als bei normalen Lampen (→ Teil 1, *Stärke und Ausdehnung von Feldern*).

Abhilfe
Möglichst konventionelle Glühlampen verwenden. Wenn es denn Halogen sein muß, Konstruktionen mit voneinander entfernten Leitern vermeiden. Auf korrekten Anschluß achten (→ Teil 4, *Selbsthilfe*) und den Trafo zusätzlich elektrisch (Erdung) und magnetisch (MU-Metall) abschirmen (→ Teil 4, *Professionelle Hilfe, Abschirmung*) 1 - 2 m Abstand von Lampen, Leiterdrähten und Transformatoren halten.

Art der Strahlung
- Niederfrequentes elektrisches Wechselfeld (50 Hz)
- Niederfrequentes magnetisches Wechselfeld (50 Hz)
- Magnetisches Gleichfeld

Mögliche Intensitäten[1]
Baubiologische Empfehlungen zum Vergleich auf der aufklappbaren hinteren Umschlagseite

Magnetisches Feld (50 Hz) im Abstand von 50 cm	
Deckenbeleuchtung an Drähten	12.000 nT
Schreibtischlampe	> 4.500 nT
normale Glühlampe	< 20 nT

[1] Vergleichsmessungen der Baubiologie Maes in: »Streß durch Strom und Strahlung«, IBN, 2000

Magnetfeldprodukte → Federkernmatratzen

Mikrowellenherde

Funktionsweise

In der Mikrowelle wird die thermische Wirkung hochfrequenter Strahlung genutzt, um Nahrungsmittel zu erwärmen und zu garen. Die Frequenz der Mikrowellenstrahlung ist so abgestimmt, daß speziell Wasser ihre Energie am besten aufnehmen und in Wärme umsetzen kann. Festere Strukturen wie Eis, Fasern oder Knochen werden dagegen nur allmählich warm.

Wirkung

Ganz allgemein entspricht die Wirkung von Mikrowellen im nicht-thermischen Bereich den Auswirkungen von elektromagnetischen Feldern, wie sie in Teil 2 im Kapitel über die Auswirkungen verschiedener Frequenzbereiche unter Hochfrequenz beschrieben sind.

Art der Strahlung
- Hochfrequente elektromagnetische Strahlung, 2,45 GHz mit 50 Hz gepulst

Mögliche Intensitäten
Baubiologische Empfehlungen zum Vergleich auf der aufklappbaren hinteren Umschlagseite

Strahlungsdichte der Leckstrahlung in $\mu W/m^2$,
Abstand 5 cm

Neues Gerät	200.000 - 4.5 Millionen $\mu W/m^2$
Gebrauchtes Gerät	500.000 - 50 Millionen $\mu W/m^2$

Abstand 5 m

Neues Gerät	1.000 $\mu W/m^2$

Abstand 15 m

Gebrauchtes Gerät	1.000 $\mu W/m^2$

Ansonsten wirken Mikrowellenherde einerseits über Strahlung, die vom Gerät nach außen abgegeben wird, direkt auf den Benutzer und andererseits auf die so behandelte Nahrung. Nach Messungen des Baubiologen Wolfgang Maes gibt es keine Geräte ohne sogenannte Leckstrahlung. Bei älteren Modellen oder nach langjährigem Gebrauch verstärkt sich diese noch.

Als thermische Wirkung, zum Beispiel durch Leckstrahlung, sind Verbrennungen, Nervenerkrankungen und grauer Star zu erwarten.

Die Wirkung auf die Nahrung wurde vor allem in Rußland ausgiebig erforscht: 1976 wurde der Gebrauch von Mikrowellenherden in der damaligen UdSSR verboten. Man hatte herausgefunden, daß Eiweiße und Zuckermoleküle durch die Mikrowellenbehandlung widernatürlich zerfallen. Die Vitalenergie der getesteten Nahrungsmittel nahm um 60 - 90% ab. In Milch und Getreide entstanden neue krebserregende Verbindungen und in anderen pflanzlichen Produkten vermehrt freie Radikale. Die chemischen Veränderungen der Nahrungsmittel verursachten Verdauungsbeschwerden, Funktionsstörungen des Lymphsystems und eine Zunahme der Krebszellen im Blut. Diesen Zusammenhang konnten 1973 auch Tierversuche in den USA bestätigen. Trotzdem wurde das russische Verbot auf Druck der westlichen Wirtschaft wieder aufgehoben!

Auch Schweizer Biologen fanden 1991 Veränderungen des Blutbilds nach dem Genuß von Mikrowellennahrung, »die das Anfangsstadium eines krankhaften Prozesses anzuzeigen scheinen, wie es sich bei der Auslösung eines Krebsgeschehens präsentiert«.[38] Die öffentliche Verbreitung dieser Ergebnisse wurde auf Betreiben der Hersteller von Mikrowellengeräten per Gerichtsbeschluß untersagt.

Weiterhin ist speziell zu Auswirkungen von Mikrowellen folgendes bekannt:

Mikrowellen erhöhen schon in geringen Intensitäten die Durchlässigkeit der Blut-Hirn-Schranke. Es treten außerdem Benommenheitsgefühle, Kopfschmerzen und Blindheit auf.

Militärpersonal, das in erhöhtem Maße Hochfrequenz-Strahlung und Mikrowellen ausgesetzt war, weist nach einer jüngsten polnischen Studie eine erhöhte Krebsrate auf. Insbesondere war das relative Risiko, an Krebsarten des blutbildenden Systems (Lymphome und Leukämien) zu erkranken, unter Hochfrequenzbelastung bis um das Achtfache erhöht.[39]

Abhilfe

Wir raten davon ab, Mikrowellenherde zur Zubereitung von Nahrungsmitteln zu verwenden. Leider ist die »praktische« Mikrowelle in der Gastronomie heute weit verbreitet. Hier hilft es nur, wenn man häufig gezwungen ist auswärts zu essen, Restaurant- und Gaststättenbesitzer auf die Thematik anzusprechen und sich dann entsprechend zu orientieren.

Sonstiges

Da verschiedene Nahrungsbestandteile die Mikrowellenstrahlung unterschiedlich stark absorbieren, kommt es oft zu ungleichmäßiger Erwärmung der Speisen. In sogenannten »cold spots« können deswegen auch Krankheitserreger, wie zum Beispiel Salmonellen, leichter überleben.

Mobilfunksender → Sendeanlagen

Nachtspeicheröfen → Elektroheizungen

Netzteile

Funktionsweise

Die meisten elektrischen Geräte benötigen andere Spannungen als im Hausstromnetz zur Verfügung stehen und unter Umständen Gleich- statt Wechselstrom. Netzteile haben die Aufgabe, den Strom aus der Steckdose den Bedürfnissen des jeweiligen Geräts anzupassen. Unter anderem enthalten die meisten Netzteile Trafos (→ *Trafos*) und können entweder direkt ins Gerät oder in den Stecker integriert sein. Sie zeigen sich dann dort als schwere, meist rechteckige Kästen. Inzwischen gibt es allerdings auch elektronische Netzteile, die sehr viel kleiner sind. Diese regeln die Spannung nicht mehr mit Trafos sondern, ähnlich Dimmern und Vorschaltgeräten von Leuchtstoffröhren, elektronisch.

Wirkung

Bei Netzteilen, die mit Trafos arbeiten (bisher noch die meisten), wirken hauptsächlich starke magnetische Felder. Die Wirkung entspricht der von Trafos (→ *Trafos*). Die Wirkung von elektronischen Netzteilen gleicht

Art der Strahlung
Netzteile mit Trafos
• Niederfrequentes elektrisches Wechselfeld (50 Hz)
• Niederfrequentes magnetisches Wechselfeld (50 Hz)
• Elektrisches und magnetisches Gleichfeld
Elektronische Netzteile
• Hochfrequente elektromagnetische Strahlung (Oberwellen)
Mögliche Intensitäten[1]
Baubiologische Empfehlungen zum Vergleich auf der aufklappbaren hinteren Umschlagseite
Magnetisches Feld (50 Hz) im Abstand von 20 cm
Kleintrafos und Netzteile   > 3.000 nT

[1] Vergleichsmessungen der Baubiologie Maes in: »Streß durch Strom und Strahlung«, IBN, 2000

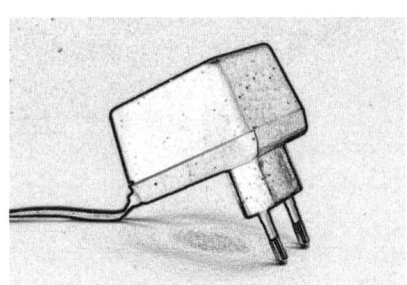

Abb. 37: Netzteil

der von Dimmern (→ *Lampen*) oder elektronischen Vorschaltgeräten (→ *Leuchtstoffröhren*).

Zu beachten

Oft wird der Trafo oder die elektronische Steuerung im Netzteil durch das Abschalten des Geräts nicht mit ausgeschaltet. Sie verbrauchen dann weiter Strom und strahlen.

Abhilfe

Abstand halten: Meist genügen 1 - 2 Meter vom Netzteil oder dem Gerät, in das ein Netzteil integriert ist. Am besten ist es außerdem, wenn man sich nicht sicher ist, ob der Schalter auch den Trafo mitschaltet, nach Gebrauch den Stecker zu ziehen oder eine zweipolig schaltende Steckerleiste (→ Teil 4, *Selbsthilfe*) zu verwenden.

Niederspannungsleitungen → Elektrische Leitungen

PCs → Computer/Notebooks

Notebooks → Computer/Notebooks

Photovoltaikanlagen

Funktionsweise

Mehrere Solarzellen, meist auf dem Dach installiert, erzeugen aus dem Sonnenlicht eine Gleichspannung.

Um diese in Wechselspannung umzuwandeln, mit der die meisten elektrischen Geräte arbeiten, wird ein sogenannter Wechselrichter benötigt, der zusätzlich einen Trafo und eine elektronische Steuerung beinhaltet.

Art der Strahlung
- Elektrisches Gleichfeld, Spannung: 60 - 120 V
- Magnetisches Gleichfeld

Wirkung

Da sowohl die Dachkollektoren sowie auch die Leitung der Solarzellen zum Wechselrichter aus Blitzschutzgründen abgeschirmt und geerdet sein müssen,

dürfte das elektrische Feld kein Problem sein, korrekte Installation vorausgesetzt. Ein magnetisches Feld entsteht, sobald ein Strom fließt. Dies ist der Fall, wenn bei Sonnenschein die Kollektoren arbeiten, in der Nacht ist also kein Magnetfeld vorhanden.

Das magnetische Feld des Wechselrichters hat eine Reichweite von 1 - 2 m. Wenn er in genügendem Abstand zu Wohn- und Schlafräumen montiert ist, dürfte es keine Probleme geben.

Abhilfe

Man sollte sicherheitshalber darauf achten, den Wechselrichter nicht unbedingt direkt unterhalb des Schlafbereichs, sofern dieser sich im Erdgeschoß befindet, zu installieren. Zu Kollektoren und Leitungen sollte man sicherheitshalber bei Daueraufenthaltsplätzen einen Abstand von 1 Meter einhalten.

Powerline Communications (PLC)

Funktionsweise

Powerline Communications nennt sich eine neue Technik zur Übertragung von Daten über das Stromnetz. Das heißt: Internetempfang über jede normale Steckdose, nicht mehr wie bisher über das Telefonnetz. Die Datenübertragung erfolgt mit hochfrequenter Kurzwelle.

Art der Strahlung
• Hochfrequente elektromagnetische Strahlung
1 - 30 Mhz (Kurzwelle)

Wirkung

Mit Powerline strahlt dann jede unabgeschirmte elektrische Leitung im Haus nicht nur die gewohnte Niederfrequenz von 50 Hz, sondern auch die hochfrequenten Wellen ab. Das Haus wird, anstatt wie bisher nur von außen (Mobilfunksender, Fernsehen, Radio, Radar, Amateurfunk), nun auch von innen mit Hochfrequenz überflutet, rundum und flächendeckend! Keine Wände, die abschirmen, ganz im Gegenteil – jede Wand, beziehungsweise, die in ihr verlegten Leitungen, strahlen selbst. Powerline ist die ultimative Steigerung zum DECT-Telefon.

Die erwarteten gesundheitlichen Auswirkungen davon entsprechen der Wirkung elektrischer und magnetischer Felder, wie sie in Teil 2 im Kapitel über die Auswirkungen verschiedener Frequenzbereiche unter gepulster Hochfrequenz beschrieben sind.

Konkrete Erfahrungen gibt es bisher nicht, da Powerline Communications bisher noch nicht offiziell eingesetzt wird. Versuche damit wurden aber bereits in der Schweiz gemacht.

Sonstiges

Zum Glück wurden die Versuche mit Powerline aufgrund von Störungen anderer elektrischer Geräte, die übers Stromnetz betrieben werden, wieder eingestellt. Es bleibt zu hoffen, daß sich das Thema damit endgültig erledigt hat.

Rundfunksender → Sendeanlagen

Salzkristallampen → Lampen

Satellitenschüsseln → Empfangsanlagen

Schnurlostelefone → Funktelefone

Sendeanlagen

Amateurfunk, Fernsehsender, Radiosender, Radar, Mobilfunksender, WLL, HAARP

Allgemeine Informationen

Funktionsweise
Sendeanlagen strahlen in fast allen Frequenzbereichen der Hochfrequenz.

Die Signale der Sender dienen als Trägerwelle, durch die über Modulation verschiedene Informationen aufgebracht und übertragen werden. Diese werden dann vom Empfangsgerät wieder entschlüsselt und in Bilder, Töne, Kurven usw. umgesetzt.

Art der Strahlung
- Hochfrequente elektromagnetische Strahlung
3 kHz - 300 GHz

Die Anwendungen reichen von Navigationsdiensten der See- und Luftfahrt über Radio-, Fernseh- und Mobilfunksender, Radar, Amateurfunk bis zur Weltraumforschung. Die Sendestärken sind sehr unterschiedlich hoch. Die Signale sind unterschiedlich moduliert und teilweise gepulst.

Zu beachten
Seit der Einführung der Mobilfunktechnik hat sich gezeigt, daß gepulste Wellen für den Organismus sehr viel belastender sind als ungepulste. Obwohl Mobilfunksender mit wesentlich geringeren Intensitäten arbeiten als Fernseh- oder Rundfunksender, treten bei Anwohnern trotzdem Beschwerden auf. Besonders auffällig ist, daß auch die Kombination verschiedener Sender innerhalb einer

Station ein erhöhtes Risiko zu bergen scheint. Oft traten Beschwerden erst auf, nachdem auf einen bestehenden Fernseh- oder Radiosender zusätzlich Mobilfunkanlagen montiert wurden.

Abhilfe

Da die Intensität der Strahlung mit zunehmender Entfernung vom Sender schnell abnimmt, sollte man einen möglichst großen Abstand einhalten. Je mehr, desto besser. Ob und ab welcher Entfernung ein Sender belastend wirkt, hängt von vielen unterschiedlichen Faktoren ab wie: Stärke des Senders und Abstrahlrichtung, Frequenz, Modulation, Puls, Reflexionen, Art des Geländes und der Bebauung, Bauart des Hauses und verwendete Baustoffe, Fenster, Sichtkontakt usw. (→ Teil 1, *Die Stärke und Ausdehnung von Feldern*). Leider kann man hier keine allgemeingültigen Aussagen machen. Auf jeden Fall sollte man Fenster meiden und vor allem jene, durch die man direkten Sichtkontakt mit einem Sender hat. Dichte Bebauung und massive Baumaterialien wie Stein, Lehm und Beton sind von Vorteil. Im Untergeschoß ist die Belastung meist niedriger als in den Obergeschossen.

Im Zweifelsfall und bei Beschwerden, die auf eine Belastung hindeuten, sollte ein qualifizierter Baubiologe die Belastung messen (→ Teil 4, *Professionelle Hilfe, Die baubiologische Untersuchung*). Dieser kann dann auch, falls nötig, Abschirmmaßnahmen empfehlen und durchführen (→ Teil 4, *Professionelle Hilfe, Abschirmung*).

Sonstiges

Beteiligen Sie sich am Widerstand gegen den Einsatz gepulster Strahlung jeglicher Art und boykottieren sie entsprechende Geräte wie Handys, Bluetooth und W-LAN.* Nur dann werden sich die Hersteller über verträglichere Technologien Gedanken machen. Vieles ist möglich, aber solange wir es nicht fordern, wird nichts passieren! Sensibilisieren Sie auch andere für die Problematik – es wissen immer noch viele nicht genug über die Gefahren.

Im Folgenden finden Sie weitere Informationen zu den verschiedenen Arten von Sendern:

---

* Drahtloses lokales Netzwerk von Computern, zum Beispiel innerhalb von Firmen

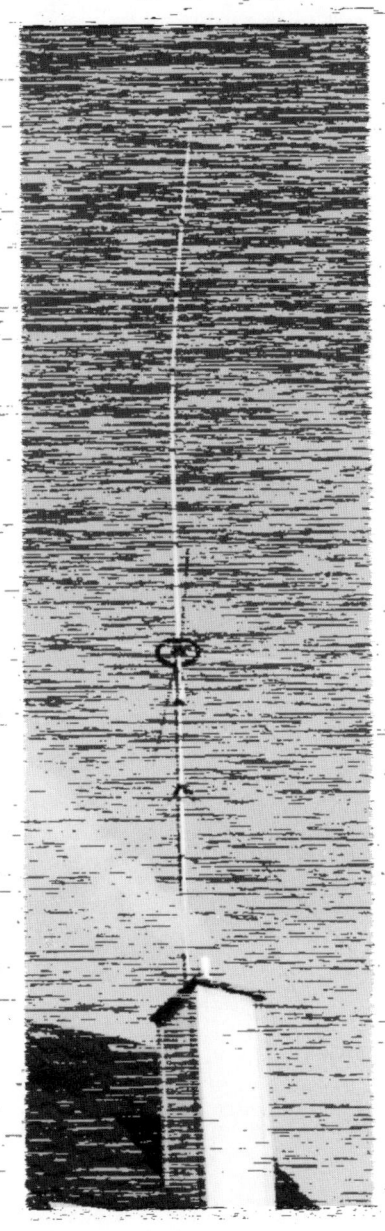

Amateurfunk

Funktionsweise

Für den Amateurfunk sind bestimmte Frequenzen aus dem hochfrequenten Spektrum knapp oberhalb der Radio-Kurzwelle reserviert. Wie bei Radio, Fernsehen und Mobilfunk wird durch die niederfrequente Modulation der hochfrequenten Trägerwelle die Sprachinformation übertragen.

Wirkung

Die Wirkung der Felder entspricht der Wirkung elektromagnetischer Felder, wie sie in Teil 2 im Kapitel über die Auswirkungen verschiedener Frequenzbereiche unter Hochfrequenz beschrieben sind.

In genügend großer Entfernung sind kaum Beeinträchtigungen zu erwarten, da Amateurfunk nicht gepulst wird und in der Regel keine Dauerbelastung vorliegt.

Abhilfe siehe oben

Art der Strahlung
- Hochfrequente elektromagnetische Strahlung:
  Verschiedene Frequenzen im Bereich von 1,8 MHz - 5 GHz

Fernsehsender (analog)

Wirkung

Die Wirkung von Fernsehsendern entspricht grundsätzlich den Auswirkungen von elektromagnetischen Feldern, wie sie in Teil 2 im Kapitel über die Auswirkungen verschiedener Frequenzbereiche unter Hochfrequenz beschrieben sind.

> **Art der Strahlung**
> - Hochfrequente elektromagnetische Strahlung:
> 174 - 223 MHz (VHF-Band)
> 470 - 790 MHz (UHF-Band)
> Leistung: bis über 1 Million W

Fernsehsender verursachen aber in genügend großer Entfernung, trotz ihrer hohen Sendeleistungen, meistens wenig Probleme, da die Strahlung nicht gepulst ist und die Intensität keinen großen Schwankungen unterliegt. Im näheren Umfeld von Sendeanlagen kann es allerdings durch die hohe Sendeleistung zu schwerwiegenden Belastungen und Gesundheitsstörungen kommen.

Verschiedene Studien zeigen eine Zunahme von Leukämie und anderen Krebsarten im näheren Umkreis von Fernsehsendern. Sehr detailliert zeigt die »Birmingham-Studie« die Abnahme der Krebshäufigkeit mit zunehmender Entfernung zum Sender. Innerhalb von 500 m um den Sender stieg die Krebsrate um mehr als das Neunfache des normalen Wertes und nahm dann kontinuierlich mit der Entfernung ab, bis zu einer Normalisierung der Krebsraten nach 8 km.[40] Andere Studien an weiteren Sendeanlagen brachten unterschiedliche Ergebnisse.[41] Es scheint, daß neben der Entfernung noch andere, bisher nicht untersuchte Faktoren eine Rolle spielen. Hier besteht offensichtlich ein dringender Forschungsbedarf.

Abhilfe siehe oben

Fernsehsender (digital)

T-DVB (Digital Video Broadcasting = Digtiale Fernsehübertragung)

Funktionsweise

T-DVB ist die digitale Variante der konventionellen, analogen Fernsehübertragung. Dabei werden die Informationen in Datenpakete einer bestimmten Größe unterteilt, die durch eine Sendepause von ca. 1 Millisekunde voneinander getrennt sind. Dadurch entsteht eine niederfrequenter Puls.

Bisher finden in Deutschland noch keine Sendungen dieser Art statt.

> **Art der Strahlung**
> - Hochfrequente elektromagnetische Strahlung
> 47 - 862 MHz (VHF/UHF), gepulst

Wirkung

Da Fernsehsender mit starken Sendeleistungen arbeiten und die Strahlung außerdem gepulst wird, ist die digitale Fernsehübertragung als biologisch kritisch einzustufen und wird, neben der Strahlung von Mobilfunksendemasten, einen weiteren schwerwiegenden Belastungsfaktor darstellen. Die Wirkung von digitalen Fernsehsendern entspricht grundsätzlich den Auswirkungen von elektromagnetischen Feldern, wie sie in Teil 2 im Kapitel über die Auswirkungen verschiedener Frequenzbereiche unter gepulster Hochfrequenz beschrieben sind.

Abhilfe siehe oben

Radiosender (analog)

Wirkung

Konventionelle Radiosender verursachen in genügend großer Entfernung, trotz ihrer hohen Sendeleistungen, meistens keine Probleme, da die Strahlung nicht gepulst ist und die Intensität keinen großen Schwankungen unterliegt. Im näheren Umfeld von Sendeanlagen kann es durch die hohe Sendeleistung allerdings zu schwerwiegenden Belastungen und Gesundheitsstörungen kommen.

Die Wirkung von Radiowellen entspricht grundsätzlich den Auswirkungen von elektromagnetischen Feldern, wie sie in Teil 2 im Kapitel über die Auswirkungen verschiedener Frequenzbereiche unter Hochfrequenz beschrieben sind.

> **Art der Strahlung**
> - Hochfrequente elektromagnetische Strahlung:
> Kurzwelle (KW): 3,9 - 26 MHz
> Leistung: ca. bis 750.000 W
> Ultrakurzwelle (UKW): 87,5 - 108 MHz
> Leistung: ca. bis 100.000 W
>
> - Niederfrequente elektromagnetische Strahlung:
> Langwelle (LW): 250 - 526 kHz
> Mittelwelle (MW): 526 - 1606 kHz
> Leistung: ca. bis 1,8 Millionen W
>
> **Frequenzen und Leistung des Kurzwellensenders Schwarzenburg:**
> 3 Antennen mit 6,1 - 21,8 MHz und je 150.000 W und 1 Antenne mit 250.000 W

Ansonsten ist der Kurzwellensender Schwarzenburg in der Schweiz ein bekanntes Beispiel für mögliche Auswirkungen. Nach einer Untersuchung der Universität Bern traten im Zusammenhang damit nachweislich vegetative Symptome und Schlafstörungen auf. Außerdem stellte Prof. Dr. Ing. Günther Käs von der Bundeswehruniversität Neubiberg Wachstumsverzögerungen bei Fichtenschößlingen fest, die mit UKW-Radiowellen bestrahlt worden waren.

Abhilfe siehe oben

Radiosender (digital)

T-DAB (Digital Audio Broadcasting = Digitale Rundfunkübertragung)

Funktionsweise

T-DAB ist die digitale Variante der konventionellen analogen Rundfunkübertragung. Dabei werden die Informationen in Datenpakete einer bestimmten Größe unterteilt, die durch eine Sendepause von ca. 1 Millisekunde voneinander getrennt sind. Dadurch entsteht ein niederfrequenter Puls.

T-DAB wird momentan noch erprobt. Etwa 30 - 50% der Fläche von NRW, Rheinland-Pfalz, Baden-Württemberg und Bayern werden wahrscheinlich schon damit versorgt. Gleichfalls die meisten Großstädte von Hessen, Thüringen, Sachsen und des Saarlandes. Bis 2015 soll auch der UKW-Rundfunk durch T-DAB ersetzt werden.

Art der Strahlung
• Hochfrequente elektromagnetische Strahlung: 173 - 230 MHz Gepulst mit 10,42 Hz Reichweite ca. 75 km
1452 - 1467 MHZ (Lz-Band) Gepulst mit 41,67 Hz Reichweite ca. 20 km
Ab ca. 2015: • Ultrakurzwelle (UKW) 87,5 - 108 MHz

Wirkung

Die Wirkung von Radiowellen entspricht grundsätzlich den Auswirkungen von elektromagnetischen Feldern, wie sie in Teil 2 im Kapitel über die Auswirkungen verschiedener Frequenzbereiche unter Hochfrequenz beschrieben sind.

Da Radiosender mit starken Sendeleistungen arbeiten und die Strahlung außerdem gepulst wird, ist die digitale Rundfunkübertragung als biologisch kritisch einzustufen und wird, neben der Strahlung von Mobilfunksendemasten, einen weiteren schwerwiegenden Belastungsfaktor darstellen.

Abhilfe siehe oben

Radar

Funktionsweise

Feste Objekte reflektieren einen Teil der ausgesendeten Hochfrequenz-Strahlung. Beim Radar werden kurze Impulse gesendet und dann deren Reflektion ausgewertet, um entsprechende Objekte zu orten. Verwendet wird Radar für die Flugsicherung, für militärische Ortungssysteme, Wetterbeobachtung, Polizeiradar (Geschwindigkeitskontrolle) und Entfernungsmessung.

Wirkung

Die Wirkung von Radar entspricht grundsätzlich den Auswirkungen von elektromagnetischen Feldern, wie sie in Teil 2 im Kapitel über die Auswirkungen verschiedener Frequenzbereiche unter gepulster Hochfrequenz beschrieben sind.

Radar ist aufgrund der gepulsten Strahlung als biologisch kritisch einzustufen. Die Impulse sind teilweise noch auf Entfernungen von über 50 km meßbar.

Belastet sind vor allem Mitarbeiter auf Flughäfen, Piloten und Flugbegleiter, Militärpersonal sowie Anwohner im näheren Umkreis entsprechender Einrichtungen. Zum Beispiel stellte Dr. Egbert Kutz, Arzt für Allgemeinmedizin, in der Nähe einer Radaranlage der Bundeswehr nördlich von Bremen eine ungewöhnliche Häufung von Gehirntumoren fest.

Art der Strahlung
- Hochfrequente elektromagnetische Strahlung: 1 - 12 GHz (UHF und SHF)
- In verschiedenen Taktfrequenzen gepulst

Mögliche Intensitäten[1]
Baubiologische Empfehlungen zum Vergleich auf der aufklappbaren hinteren Umschlagseite

Elektromagnetische Feldstärke

Milit. Radaranlage Abstand 1 km	10.000.000 µW/m^2
Flugüberwachung in Flughafennähe	1.000 - 20.000 µW/m^2

[1] Vergleichsmessungen der Baubiologie Maes in: »Streß durch Strom und Strahlung«, IBN, 2000

Abhilfe siehe oben

Mobilfunksender

Funktionsweise

Eine Mobilfunkantenne sendet mindestens auf einem Kanal (Frequenz). Auf dieser können durch die Pulsung sechs verschiedene Gespräche gleichzeitig abgewickelt werden (→ Teil 1, *Pulsmodulation*). Ist eine höhere Kapazität erforderlich, können bis zu drei Kanäle dazugeschaltet werden. Hier können dann jeweils bis zu acht Gespräche gleichzeitig bedient werden. Das heißt also, pro Antenne können 30 Menschen gleichzeitig mobil telefonieren. Die Sendeleistung einer Anlage, die meist aus mehreren Antennen besteht, und die daraus resultierende Belastung hängt von der Art und Menge der Antennen und der Auslastung der bis zu vier Kanäle pro Antenne ab. Das heißt, die Sendeleistung einer Anlage schwankt mit der Menge der Menschen, die gerade telefonieren.

Die nebenstehend angegebene Sendeleistung gilt jeweils für eine Antenne und addiert sich entsprechend.

GSM, GPRS, UMTS
GSM (Global System for Mobile Communications), GPRS (General Packet Radio Service) und UMTS (Universal Mobile Telecommunication System) sind verschiedene Verfahren (technischer Begriff: »Standards«) zur Übertragung von Daten. Sie werden bei der Übermittlung von Gesprächen und anderen Daten per Handy eingesetzt. GSM und GPRS sind die heute gebräuchlichen Standards, die in Zukunft von UMTS abgelöst werden sollen. UMTS ist rund sechsmal schneller als ein ISDN-Anschluß und kann in kürzerer Zeit mehr Daten übertragen.

Bei der Übertragung über GPRS und UMTS werden die zu übermittelnden Informationen in »Datenpakete« aufgeteilt, die jeweils mit einer Adresse versehen sind und dann beim Empfänger wieder zusammengesetzt werden, ähnlich wie im Internet. Mehrere Nutzer können sich so einen Kanal »teilen«, dadurch können die einzelnen Übertragungskanäle (Sendefrequenzen) effizienter ausgenutzt werden. Das heißt, mehr Nutzer können gleichzeitig mehr Daten senden und empfangen.

Durch die große Menge an Daten, die pro Sekunde übermittelt werden können, soll es mit UMTS außerdem möglich sein, über das Handy im Internet zu surfen, Videos anzuschauen, MP3-Musikstücke oder Radiosendungen zu hören. Online-Banking, -Payment, -Broking, -Shopping, alles mit dem Handy

---

Art der Strahlung
• Gepulste hochfrequente elektromagnetische Strahlung

D1 + D2-Netz	
935-960 MHz	Pulsfrequenz: 217-1736 Hz

E1, E-Plus+E2-Netz	
1,8-1,88 GHz	Pulsfrequenz: 217-1736 Hz

UMTS	
1,9-1,92 GHz	Pulsfrequenz: 217-1736 Hz
2,01-2,025 GHz	Sendeleistung: 5-40 W
2,11-2,17 GHz	

Mögliche Intensitäten[1]
Baubiologische Empfehlungen zum Vergleich auf der aufklappbaren hinteren Umschlagseite

Elektromagnetische Feldstärke	
D-Netz Sender, Abstand 100 m	
im DG	500-5.000 µW/m^2
im UG	1 µW/m^2
am Fenster mit Sichtkontakt	1.000 µW/m^2
neues Thermofenster	50 µW/m^2
Fenster ohne Sichtkontakt	5 µW/m^2
E-Netz Sender, Abstand 5-10 m	
im Freien	20.000 µW/m^2
im Haus am Fenster	10.000 µW/m^2
hinter einer Wand	150 µW/m^2

Vergleichswerte verschiedener Sendemasten sind im Internet abrufbar unter www.oekotest.de, Test April 2001:»Mobilfunksendemasten«

[1] Vergleichsmessungen der Baubiologie Maes in: »Streß durch Strom und Strahlung«, IBN, 2000

– das sind die Visionen der Mobilfunkbetreiber, bis hin zur Überwachung und Fernsteuerung von technischen Anlagen in Haus, Wohnung und Auto.

UMTS beinhaltet technisch gesehen eigentlich nicht einen sondern zwei Standards. Die beiden Komponenten sind sehr unterschiedlich.

> **Die Übertragungsgeschwindigkeiten von GSM, GPRS, UMTS:**
>
> GSM: Maximal 9,6 Kbit/s (Kilobites pro Sekunde)
> GPRS: Maximal 171,2 Kbit/s
> Realistisch unter Alltagsbedingungen: 15-40 Kbit/s
> UMTS: Maximal 2 Mbit/s
> Realistisch unter Alltagsbedingungen: 384 Kbit/s

Bei der einen wird gepulst bei der anderen nicht. Die ungepulste Strahlung soll voraussichtlich vor allem bei Basisstationen auf Türmen und Dächern eingesetzt werden, die gepulste beim Verbindungsaufbau und einigen speziellen Diensten sowie im häuslichen Bereich, z. B. bei den UMTS-Schnurlostelefonen.

Man kann also hoffen, falls es bei dieser Einteilung bleibt, daß die Belastung zumindest für die Anwohner in der Nähe der Basisstationen geringer sein wird als bei der gepulsten Strahlung bisheriger Anlagen.[42]

Wirkung

Die Wirkung von Mobilfunksendern entspricht grundsätzlich den Auswirkungen von elektromagnetischen Feldern, wie sie in Teil 2 im Kapitel über die Auswirkungen verschiedener Frequenzbereiche unter gepulster Hochfrequenz beschrieben sind.

Da die Hochfrequenzstrahlung beim Mobilfunk gepulst gesendet wird, wirkt sie trotz wesentlich niedrigerer Sendeleistungen als bei Rundfunk- und Fernsehantennen wesentlich schädlicher auf Menschen, Tiere und Pflanzen als diese.

In welchem Abstand die Abstrahlung einer Antenne am stärksten ist, hängt von verschiedenen Faktoren ab (→ Teil 1, *Die Stärke und Ausdehnung von Feldern*). Die Behauptung von Mobilfunkbetreibern, daß es direkt unter einer Antenne keine Strahlung gäbe, ist falsch.

Grundsätzlich kann leider zur tatsächlichen Belastung im Umkreis einer Mobilfunkbasisstation überhaupt keine pauschale Aussage gemacht werden. Die Meßergebnisse der Baubiologie Maes in der Zeitschrift *Ökotest* zeigen es deutlich: In 30 Metern Entfernung können die Werte niedriger liegen als in 500 Metern oder in über einem Kilometer. Wer eine realistische Einschätzung der Belastung und der Gefahren, die von einer Antenne ausgehen, haben will, muß von einem Fachmann messen lassen (→ Teil 4, *Professionelle Hilfe*).

Zu beachten

Sind Mobilfunksender in der Nähe von Fernsehsendern montiert, kann sich die Reichweite ihrer Strahlung dadurch wesentlich erhöhen, da sie von den Fernsehwellen sozusagen »mitgeschleppt« werden.

Sonstiges

Mobilfunkantennen strahlen Non-Stop, 24 Stunden am Tag. In Deutschland gibt es inzwischen etwa 50.000 Standorte. Da UMTS mit niedrigeren Sendeleistungen arbeitet und eine größere Menge an Daten übertragen soll, erfordert es wesentlich mehr Sender. Man rechnet also damit, daß durch den Ausbau des UMTS-Netzes noch einmal etwa 40.000 bis 60.000 Standorte hinzukommen! Die Abstände betragen schon heute nur noch wenige hundert Meter.

Jedes angemeldete Handy trägt dazu bei, daß immer mehr Sendemasten aufgestellt werden, denn die Betreiberfirmen sind gesetzlich dazu verpflichtet, die Versorgung sicherzustellen! Das heißt es müssen genügend Sendemasten vorhanden sein, damit jeder Handynutzer möglichst jederzeit von überall telefonieren kann. Ob Sie also regelmäßig mit Ihrem Handy telefonieren oder nicht, sobald Sie einen Vertrag mit einem Mobilfunkbetreiber abgeschlossen haben, tragen Sie mit dazu bei, daß das Netz der Antennen und ihrer Strahlung immer dichter wird. Wer selbst nicht bereit ist neben einer Basisstation zu wohnen, sollte also die Konsequenzen ziehen und sein Handy abmelden.

Abhilfe siehe oben

WLL (Wireless Local Loop)

Funktionsweise

WLL ist eine neues System zur schnelleren Datenübermittlung auf der sogenannten letzten Meile zum Endverbraucher.

Es besteht aus einer Basisstation mit vier Antennen, die jeweils einen Sektor von 90° bestrahlen, und Richtstrahlantennen direkt bei jedem einzelnen Endverbraucher, die ihrerseits zur Basisantenne zurücksenden.

Art der Strahlung
- Hochfrequente elektromagnetische Strahlung 26 GHz
Leistung: 3 - 11 W

Abb. 38: Das Funktionsprinzip der WLL-Technologie
Die Leistungen der einzelnen Richtstrahlantennen addieren sich an der Basisstation.

Wirkung

Die Wirkung von WLL entspricht grundsätzlich den Auswirkungen von elektromagnetischen Feldern, wie sie in Teil 2 im Kapitel über die Auswirkungen verschiedener Frequenzbereiche unter Hochfrequenz beschrieben sind.

WLL sendet auf einer sehr hohen Frequenz (zum Vergleich: Handy 0,9 - 2 GHz), biologische Auswirkungen sind noch nicht näher untersucht. Die Basisstation bestrahlt die gesamte Umgebung. Eine besonders starke Belastung dürfte sich aber vor allem in der unmittelbaren Nähe der Basisantenne ergeben, da durch die unterschiedlichen Standorte der Richtstrahlantennen beim Endverbraucher eine Streuung der Sendekeule an der Basisstation auf mindestens 5 - 15 m zu erwarten ist und sich die Sendestärken von 3 - 11 W addieren. Das heißt, je mehr Abonnenten, desto mehr Belastung an der Basisstation. Bei 200 Abonnenten ergibt das eine Gesamtsendeleistung von 600 - 2200 W am Standort der Basisstation.[43]

Abhilfe siehe oben

HAARP

High frequency Active Auroral Research Project
(»Forschungsprojekt zur Untersuchung des Polarlichts
mit Hilfe von Hochfrequenzstrahlung«)

Funktionsweise

Die HAARP genannte Anlage ist ein riesiges Antennenfeld, das bisher größte und leistungsstärkste auf diesem Planeten. Durch die spezielle Form und Anordnung der Antennen kann erstmals ein stark fokussierter Strahl jeder beliebigen Frequenz erzeugt werden, der auf die äußerste Schicht unserer Atmosphäre, die Ionosphäre gerichtet ist.

Mit Hilfe der starken Strahlung, die von HAARP auf die Ionosphäre gerichtet werden kann, wird diese »aufgeheizt«. Das heißt, es entsteht eine Beschleunigung und größere Konzentration von Ionen, als es natürlicherweise der Fall wäre.

Offiziell als Forschungsprojekt zur Erforschung des Polarlichts ausgewiesen, wird bei näherer Betrachtung der Anwendungsmöglichkeiten allerdings sehr schnell deutlich, warum es aus militärischen Mitteln finanziert und von einem der größten Rüstungskonzerne der Welt gebaut wurde.

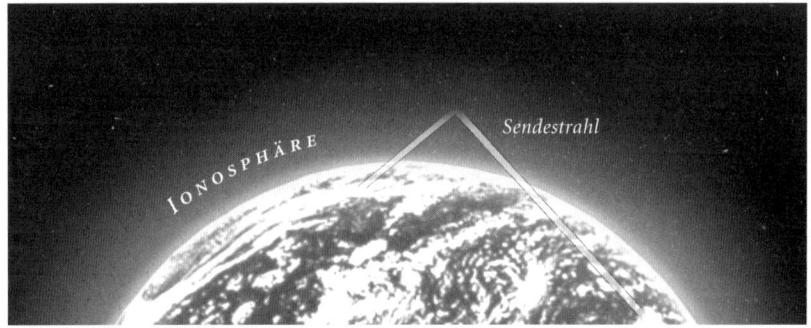

Abb. 39: Die Strahlung der HAARP-Antennen werden an der Ionosphäre reflektiert und können so fast jeden beliebigen Punkt auf der Erdoberfläche erreichen.

Einsatzmöglichkeiten und Auswirkungen von HAARP:
Die Auswirkungen auf Menschen, Umwelt und technische Geräte können unterschiedlichster Art sein:

Manipulation der Ionosphäre
- Durch das »Aufheizen« der Ionosphäre wird diese in den Weltraum hinaus angehoben. Mögliche Konsequenzen für die Erde sind nicht abzuschätzen.
- Mit Hilfe von HAARP können in genau abgegrenzten Bereichen der Ionosphäre Teilchen gezielt ionisiert werden. Diese wirken dann wie ein künstlicher »Spiegel« oder eine Linse für die hochfrequente Wellen, die von HAARP ausgesendet werden. Sie werden dann dort reflektiert und können so auf fast jeden beliebigen Punkt der Erde gerichtet werden.

Wetterbeeinflussung
- Durch die Veränderung der Absorption der Sonnenstrahlung in der Ionosphäre und den Einfluß der Ionosphäre auf die Stärke und Richtung der Winde in anderen atmosphärischen Schichten kann großräumig und lokal das Wetter beeinflußt werden.

Erdbeben
- Veränderung in der Ionosphäre können das Magnetfeld der Erde beeinflussen und dadurch Erdbeben auslösen.

Störung der Funksysteme
- Eine vollständige Unterbrechung der Nachrichtenverbindungen auf großen Teilen der Erde ist mit HAARP möglich.
- Die Satellitenübertragung kann unterbunden werden.
- Leitsysteme für Raketen und Flugzeuge werden gestört oder außer Kraft gesetzt.

Körperliche und seelische Beeinflussung von Menschen
- Hochfrequente Bestrahlung ganzer Landstriche mit entsprechenden gesundheitlichen Folgen können verwirklicht werden.
- Niederfrequente Wellen im ULF-Frequenzbereich wirken vor allem auf das vegetative Nervensystem, auf die Gehirnwellen, die Psyche und das Verhalten von Lebewesen. Militärische Einrichtungen forschen seit Jahrzehnten gezielt auf diesem Gebiet. Mit HAARP können diese Wellen gezielt eingesetzt werden, um riesige Gebiete zu beeinflussen. Da HAARP jegliche gewünschte Frequenz hervorbringen und fast alle Gebiete der Erde erreichen kann, sind hier den Möglichkeiten kaum Grenzen gesetzt.

Technische Daten:
360 Antennen von 24 m Höhe auf einem Gelände von 20 Hektar

Standort:
Gakona, US-Bundesstaat Alaska. Erste Bauphase von 1994-1996, erste Tests 1995, endgültiger Ausbau auf die volle Leistungsfähigkeit 1998.

Leistung:
10 Milliarden Watt (entspricht pro Betriebsstunde der Abstrahlung der Energie einer Hiroshima-Bombe)

Art der Strahlung
Es kann jede gewünschte Frequenz erzeugt werden.

Die Ionosphäre
Die Ionosphäre ist der äußere Bereich der Erdatmosphäre. Hier kollidieren Gasmoleküle mit der hochenergetischen Sonnenstrahlung. Dabei werden Elektronen abgesprengt, und es entstehen freie Elektronen und elektrisch geladene Teilchen, sogenannte Ionen. Dieser elektrisch leitende Schutzschild der Erde filtert aus der Sonnenstrahlung lebensfeindliche Wellenlängen heraus und bewahrt die Erdoberfläche vor einem stärkeren Strahlenbeschuß. Außerdem beeinflußt er durch seine Ladungen die darunterliegenden Schichten und auch das Magnetfeld der Erde.

Eingesetzt werden soll HAARP, wie könnte es anders sein, zu militärischen Zwecken. Der Krieg tritt damit in eine neue Dimension.

Doch auch die Konsequenzen für das Klima und die Lebensbedingungen auf unserem Planeten sind kaum berechenbar, wenn die Ionosphäre unwiederbringlich geschädigt wird. Kein Wissenschaftler weiß, was passiert, wenn die

Energiemenge in der Ionosphäre einen kritischen Wert übersteigt, aber es könnte das Ende des Lebens auf dieser Erde bedeuten.

Ausführliche Informationen zum Thema HAARP bietet das Buch von Jeane Manning und Nick Begich »Löcher im Himmel«, erschienen 1996 im Zweitausendeins Verlag.

Sicherungskästen Zählerkästen

Funktionsweise

Über den Zählerkasten kommt die Stromversorgung mit Frei- oder Erdleitungen ins Haus. Der Strom wird dort, nachdem er den Zähler passiert hat, auf mehrere Sicherungen verteilt. Die Sicherungen unterbrechen automatisch den Stromfluß, wenn er zu stark wird, da einzelne Leitungen sonst zu heiß werden und es zu einem Brand oder anderen Schäden in der elektrischen Installation kommen kann. Eine Sicherung schaltet zum Beispiel, wenn zu viele Geräte an eine Leitung angeschlossen sind, denn je mehr Strom verbraucht wird, desto stärker ist der Stromfluß. Jede Sicherung ist üblicherweise für einen bestimmten Raum im Haus zuständig. Bei älteren und unsauberen Installationen kann es aber vorkommen, daß der eine oder andere Anschluß oder eine Steckdose mit über die Sicherung des Nebenraums läuft.

> **Art der Strahlung**
> - Niederfrequentes elektrisches Wechselfeld (50 Hz)
> - Niederfrequentes magnetisches Wechselfeld (50 Hz)

Nach der Sicherung führen elektrische Leitungen den Strom zu den Verteilerdosen in den einzelnen Räumen und von dort zu Schaltern, Steckdosen und Anschlußstellen für Lampen oder andere elektrische Geräte.

Wirkung

In der Regel sind Sicherungskästen geerdet, so daß es normalerweise keine Belastung mit elektrischen Feldern geben kann. Nur dort, wo die Kabel aus dem Sicherungskasten austreten, gibt es auch elektrische Felder.

Aufgrund der starken Ströme, die im Sicherungskasten gebündelt fließen, ist aber das magnetische Feld manchmal erheblich, wobei es im Einzelfall große Unterschiede in der Feldstärke geben kann.

Die Wirkung der Felder entspricht der Wirkung elektrischer und magnetischer Felder, wie sie in Teil 2 im Kapitel über die Auswirkungen verschiedener Frequenzbereiche unter Niederfrequenz beschrieben sind.

Abhilfe

Oft reichen 2 m Abstand zu Schlaf- und Daueraufenthaltsplätzen, aber leider nicht immer. Im Zweifelsfall und beim Verdacht auf eine Belastung sollte man einen erfahrenen Fachmann nachmessen lassen (→ Teil 4, *Professionelle Hilfe*).

Abhilfe bringt auch, wenn der Sicherungskasten in die Wand eingelassen und zusätzlich mit MU-Metall (→ Teil 4, *Professionelle Hilfe, Abschirmung*) abgeschirmt wird.

Sonnenkollektoren → **Photovoltaikanlagen**

Stromleitungen im Haus → **Elektrische Leitungen**

Tageslichtspektrumlampen → **Lampen**

TFT-Monitore → **Bildschirme**

Trafos

Funktionsweise

Aus unseren Steckdosen kommt ein Wechselstrom mit einer Spannung von 230 V. Da viele elektrisch betriebene Geräte nicht genau mit dieser Spannung arbeiten, befindet sich zwischen ihnen und der Steckdose ein sogenannter Transformator oder »Trafo«, der die Spannung dem Bedarf des Geräts anpaßt.

Manchmal ist der Trafo deutlich sichtbar in das Kabel oder im Stecker integriert, das sind dann die großen schweren, meist rechteckigen Stecker oder Kästen, sogenannte Netzteile (→ *Netzteile*). Oft stecken sie aber auch direkt im Gerät (z. B. Lampenfuß) und sind dann nicht so einfach zu entdecken.

Problematisch ist bei vielen Geräten, die mit Transformatoren arbeiten, daß diese oft nicht mit dem Gerät abgeschaltet werden. Das heißt zum Beispiel, die Lampe ist ausgeschaltet, aber der Trafo ist trotzdem weiter am Netz, verbraucht Strom und strahlt.

Art der Strahlung
- Niederfrequentes elektrisches Wechselfeld (50 Hz)
- Niederfrequentes magnetisches Wechselfeld (50 Hz)
- Elektrisches und magnetisches Gleichfeld

Mögliche Intensitäten[1]
Baubiologische Empfehlungen zum Vergleich auf der aufklappbaren hinteren Umschlagseite

Magnetisches Feld (50 Hz) im Abstand von 20 cm	
Kleintrafos und Netzteile	> 3.000 nT

[1] Vergleichsmessungen der Baubiologie Maes in: »Streß durch Strom und Strahlung«, IBN, 2000

Wirkung
Da die Stärke des elektrischen Feldes von der Spannung abhängig ist, ist es vor und nach dem Trafo verschieden:

Vor dem Trafo gibt es in der Zuleitung ein elektrisches und magnetisches Feld, das der üblichen Spannung von 230 V entspricht wie in jedem stromführenden Kabel (→ *Elektrische Leitungen*).

Nach dem Trafo ist die Stärke des elektrischen Felds kaum mehr von Bedeutung, da die Spannung dann sehr niedrig ist. Das magnetische Feld kann aber immer noch ziemlich stark sein und bis zu mehrere Hundert Nanotesla betragen, da es vom Stromfluß und nicht von der Spannung abhängt.

Der Trafo selbst enthält hauptsächlich zwei Spulen aus gewickeltem Kupferdraht. Diese erzeugen, wenn sie von einem Strom durchflossen werden, ein starkes Magnetfeld. So entsteht um einen Trafo ein kugelförmiges, magnetisches Wechselfeld im Umkreis von etwa einem Meter.

Abhilfe
Abstand halten: Meist genügen 1 - 2 Meter vom Trafo oder dem Gerät, in das ein Trafo integriert ist. Am besten ist es außerdem, wenn man sich nicht sicher ist, ob der Schalter auch den Trafo mitschaltet, nach Gebrauch den Stecker zu ziehen oder eine zweipolig schaltende Steckerleiste (Teil 4, *Selbsthilfe, Mehrfachsteckerleisten überprüfen*) zu verwenden.

Sonstiges
Geräte mit Trafos sind, wenn sie nicht so konstruiert sind, daß diese mit ausgeschaltet werden, kritisch für manche Netzfreischalter. Sie sind versteckte Dauerstromverbraucher, die ein Schalten des Netzfreischalters (→ Teil 4, *Professionelle Hilfe, Netzfreischalter*) verhindern können.

Transformatorenstationen

Funktionsweise

Transformatorenstationen, meist rechteckige, graue Häuschen an Straßenecken, sind die großen Brüder der Trafos (→ *Trafos*). Sie wandeln die Spannung von Hoch- oder Mittelspannungsleitungen, die den Strom über längere Strecken heranführen, lokal in die Spannung um, die dann bei uns aus der Steckdose kommt.

Art der Strahlung
• Niederfrequentes elektrisches Wechselfeld (50 Hz)
• Niederfrequentes magnetisches Wechselfeld (50 Hz)

Wirkung

Die Trafostation erzeugt, wie auch der Trafo, ein starkes Magnetfeld. Wenn eine solche in Keller oder Garage eingebaut ist, sind auf jeden Fall die angrenzenden Räume von den Feldern betroffen. In einigen Metern Entfernung von der Station sind es dann hauptsächlich über- wie unterirdisch geführte hin- und rückführende Leitungen, die heftige elektrische und magnetische Felder verursachen können. Ihre Stärke und Reichweite ist schwer abzuschätzen und hängt von verschiedenen Faktoren ab (→ Teil 1, *Die Stärke und Ausdehnung von Feldern*).

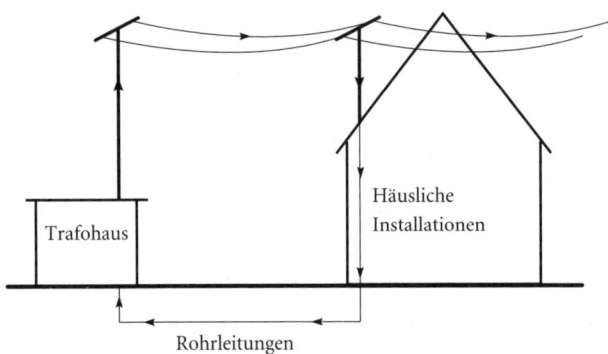

Abb. 40: Strom nimmt immer den Weg des geringsten Widerstands. Zu sogenannten Ausgleichsströmen kommt es, wenn der Strom über Wasserrohre oder Gasleitungen aus Metall in den Boden und von dort zur Trafostation zurückfließt, anstatt über die regulären elektrischen Leitungen.

Ein weiteres Problem in der Nähe von Trafostationen können sogenannte Ausgleichsströme sein. Hier fließt der Strom nicht über die regulären elektrischen Leitungen zum Trafohaus zurück, sondern über Wasserohre und Gasleitungen innerhalb und außerhalb des Hauses. An ihnen können dann lokal zusätzlich belastende magnetische Wechselfeder entstehen.

Die Wirkung der Felder entspricht der Wirkung elektrischer und magnetischer Felder, wie sie in Teil 2 im Kapitel über die Auswirkungen verschiedener Frequenzbereiche unter Niederfrequenz beschrieben sind.

Abhilfe
Abstand halten. Bei 10 Metern ist man meist auf der sicheren Seite, aber auch schon weniger (2 - 5 m) kann genügen. Im Zweifelsfall sollte man durch einen Fachmann nachmessen lassen. Abschirmung ist möglich, aber wegen der große Fläche entsprechend teuer (→ Teil 4, *Professionelle Hilfe, Abschirmung*).

Ausgleichsströme an sanitären Installationen im Haus können von einem Fachmann meßtechnisch erfaßt und saniert werden.

Verlängerungskabel → **Elektrische Leitungen**

Wasserbetten

Funktionsweise
Wasserbetten haben eine Elektroheizung, die während einem Teil der Schlafzeit das Wasser auf ca. 29° aufheizt.

Wirkung
Das Wasser an sich hat keine negativen Eigenschaften und könnte sogar eher noch abschirmend auf geologische Störungen wirken. Problematisch ist allerdings die Elektroheizung und die damit verbundenen Felder. Solange das Wasserbett richtig angeschlossen ist, d. h., der Stecker richtig in der Steckdose steckt (→ Teil 4, *Selbsthilfe, Stecker von Elektrogeräten richtig einstecken*), hat man das elektrische und magnetische Feld nur, solange das Bett aufheizt, im ungünstigsten Fall aber die ganze Nacht.

Abhilfe

Für den Laien ist es in diesem Fall kaum möglich, die richtige Steckerposition festzustellen. Eine Entstörung der Felder ist möglich, allerdings muß man dazu die Hilfe eines Baubiologen in Anspruch nehmen.

Selbst kann man nur den Stecker ziehen und die elektrische Heizung nicht benutzen.

Art der Strahlung
- Niederfrequentes elektrisches Wechselfeld (50 Hz)
- Niederfrequentes magnetisches Wechselfeld (50 Hz)

Mögliche Intensitäten
Baubiologische Empfehlungen zum Vergleich auf der aufklappbaren hinteren Umschlagseite

Elektrisches Feld (50 Hz)	
Wasserbett	700 V/m
Magnetisches Feld (50 Hz)	
Wasserbett	1.700 nT

W-LAN
(Wireless Local Area Network)

Funktionsweise

W-LANs sind lokale Computernetzwerke, bei denen mehrere Computer, z. B. innerhalb von Firmen, Schulen oder Universitäten, kabellos per Funk zu einem Netzwerk verbunden sind. Es gibt auch öffentliche Netze in Büchereien, Flughäfen und Bahnstationen, über die man kabellos im Internet surfen kann.

Mit 11 Mbit/s können auch große Datenmengen problemlos in kurzer Zeit übertragen werden. W-LAN ist allerdings sehr störanfällig. Meist ist es außerdem relativ einfach, in die Netzwerke einzudringen, man braucht nicht mehr an einem firmeneigenen PC zu sitzen, sondern klinkt sich einfach in die Funkverbindung ein. Hacker machen sich gerne eine Spaß daraus, im nächsten Café sitzend über die Netze fremder Firmen kostenlos im Internet zu surfen.

Art der Strahlung
- Hochfrequente elektromagnetische Strahlung, gepulst.
2,4 - 2,483 GHz, Puls: 10 Hz,
Bei Datenaustausch entsteht ein weiterer Puls von ca. 100 - 500 Hz.

Leistung: 30 mW pro Sender

Reichweite: In Innenräumen 30 m, im Freien bis zu 300 m

Wirkung

Man hat in diesem Fall eine, der Handystrahlung ähnliche, gepulste Hochfrequenzstrahlung in allen Räumen, denn jeder Computer ist mit einem Sender und einem Empfänger ausgestattet.

Die Wirkung der Felder entspricht der Wirkung elektrischer und magnetischer Felder, wie sie in Teil 2 im Kapitel über die Auswirkungen verschiedener Frequenzbereiche unter gepulster Hochfrequenz beschrieben sind.

Abhilfe

Keine W-LAN Netzwerke verwenden und bei öffentlichen Angeboten von den Sendeantennen, sogenannten Access-Points, Abstand halten.

WLL → Sendeanlagen

Uhren und Wecker

Funktionsweise

Die Bewegung der Zeiger bei Quarzuhren und -weckern werden über einen schwingenden Quarzkristall gesteuert. Dieser wird von einer Batterie mit Gleichstrom zum Schwingen gebracht.

Wirkung

Bei einer Quarzuhr mit Sekundenzeiger entsteht ein gepulstes Magnetfeld, das Sekunde für Sekunde mit Intensitäten auf den Körper einwirkt, die weit über allen baubiologischen Empfehlungen liegen.

Radiowecker oder Elektrowecker werden mit Haushaltsstrom betrieben und erzeugen, wie alle elektrischen Geräte, entsprechende Felder. Diese liegen oft 500 - 1000fach über dem empfohlenen Grenzwert für Schlafplätze. Migräne, morgendliche Kopfschmerzen und Schlafstörungen können damit in Zusammenhang gebracht werden. Die Wirkung der Felder entspricht ansonsten der Wirkung elektrischer und magnetischer Felder, wie sie in Teil 2 im Kapitel über die Auswirkungen verschiedener Frequenzbereiche unter Niederfrequenz beschrieben sind.

Art der Strahlung
Radiowecker
• Niederfrequentes elektrisches Wechselfeld (50 Hz)
• Niederfrequentes magnetisches Wechselfeld (50 Hz)
Quarzuhren und -wecker
• gepulstes magnetisches Gleichfeld

Mögliche Intensitäten[1]

Baubiologische Empfehlungen zum Vergleich auf der aufklappbaren hinteren Umschlagseite

Magn. Feld (50 Hz) im Abstand von 20 cm	
Radiowecker	1.000 - 2.000 nT
Magn. Feld, gepulst (1 Hz) im Abstand von 1 cm	
Uhren mit elektronischem Sekundentaktgeber	5.000 - 15.000 nT

[1] Vergleichsmessungen der Baubiologie Maes in: »Streß durch Strom und Strahlung«, IBN, 2000

Abhilfe

Batteriebetriebene Quarzwecker sollten mindestens 50 cm vom Kopf entfernt stehen. Als Armbanduhr sollte man mechanische oder digitale Uhren bevorzugen. Radio- oder Elektrowecker gehören nicht auf einen Nachttisch.

Sonstiges

Funkuhren sind unproblematisch, da sie lediglich Empfänger für das Funksignal sind und nicht selbst senden. Sie verursachen deshalb auch keine Felder. Der Stellimpuls erfolgt außerdem nur einmal pro Stunde.

Zählerkasten → Sicherungskasten/Zählerkasten

Teil 4
Schutz und Abhilfe

Die Maßnahmen, um sich vor Strahlung und deren Auswirkungen zu schützen, kann man grob in zwei große Bereiche einteilen:

Rückbau
Eine der ersten und wichtigsten Maßnahmen, um sich vor Strahlung zu schützen, ist der Rückbau von Störquellen. Dabei muß man keineswegs zum Lebensstandard der Steinzeit zurückkehren und auf die durchaus bequemen Errungenschaften der modernen Zivilisation verzichten. Belastungen im näheren Umfeld kann man vermeiden oder reduzieren, wenn man darüber Bescheid weiß, und häufig kann man mit ein wenig Bewußtheit und geringem Aufwand vieles verbessern. Auch aus Unwissenheit werden oftmals Fehler gemacht, die die Intensität der Strahlung unnötig in die Höhe treiben.

Manches weitere liegt im Bereich der eigenen Entscheidung, vor allem im Hinblick auf Status, Bequemlichkeit und Gewohnheiten. Letztendlich muß jeder selbst abwägen, welche Errungenschaften der Technik er wirklich braucht und nutzen möchte und welchen Preis er bereit ist dafür zu zahlen.

Den Körper stärken
Die hier beschriebenen Maßnahmen zum Schutz gegen die Auswirkungen elektromagnetischer Belastung betreffen ganz grundsätzlich einen vernünftigen Umgang mit den Ressourcen des Körpers.

Für Krankheit gibt es selten nur einen einzigen Grund. Verschiedene Ebenen greifen hier ineinander. Seelische und soziale Faktoren kommen genauso zum Tragen wie die unterschiedlichen Belastungen auf der materiellen Ebene. Die Strahlenbelastung ist oft nur der letzte Tropfen, der das Faß zum Überlaufen bringt, und das größte Problem unserer Zeit ist die mehrfache Belastung des Körpers mit den unterschiedlichsten Störfaktoren, bis seine Regulationsfähigkeit ausgereizt ist.

Gerade im Bereich der grundlegendsten Dinge, wie zum Beispiel Schlaf, Ernährung und Bewegung, haben wir selbst die Möglichkeit, zu entscheiden, welchen Belastungen wir uns aussetzen oder welche Unterstützung wir unserem

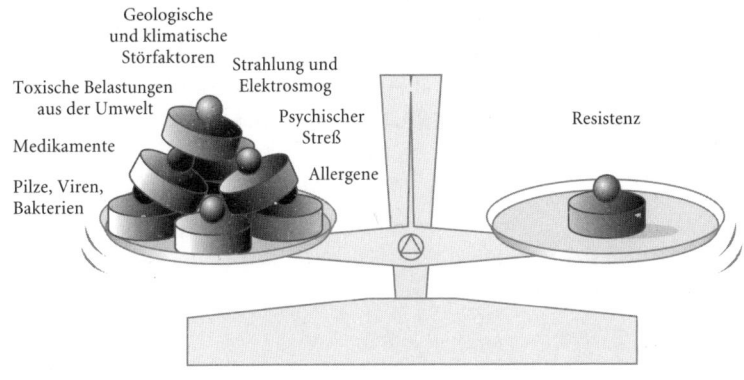

Abb. 41: Überlastung der Widerstandskraft durch Mehrfachbelastung

Körper geben möchten. Hier steht uns außer unseren (schlechten) Gewohnheiten nichts im Weg, und wir sollten die Wirkung dieser »einfachen« Maßnahmen nicht leichtfertig unterschätzen.

In den folgenden Abschnitten sind die wichtigsten Maßnahmen hinsichtlich des Rückbaus von Elektrosmogbelastung und der Möglichkeiten, den Körper zu stärken, beschrieben. Dabei haben wir unterschieden zwischen denjenigen, die man selbst in Angriff nehmen kann, und denen, für die man fachliche Hilfe in Anspruch nehmen muß. Am Ende jeden Kapitels finden Sie außerdem, in Form einer Checkliste, eine Zusammenfassung aller beschriebenen Maßnahmen.

Selbsthilfe

Den Schlafplatz entlasten

Der Schlafplatz ist in vieler Hinsicht einer der wichtigsten Orte im Haus oder in der Wohnung, denn die Qualität des Schlafplatzes kann über Gesundheit und Krankheit entscheiden – mehr als den meisten Menschen bewußt ist. Schon Paracelsus wußte vor 500 Jahren: »Ein krankes Bett ist ein sicheres Mittel, die Gesundheit zu ruinieren.«

Fast ein Drittel unserer Lebenszeit verbringen wir im Bett. Für den Körper ist diese Zeit eine wichtige Quelle der Erholung und Regeneration. Entgiftungs- und Ausscheidungsprozesse laufen auf Hochtouren, und Defekte an Organen oder Zellen werden behoben. Während dieser Zeit sollte der Körper so ungestört wie möglich arbeiten können. Nicht umsonst kommen äußere Aktivitäten, die während des Tages Energie und Aufmerksamkeit binden, in der Nacht zur Ruhe, so daß alle Kräfte für die nötigen Regenerationsprozesse zur Verfügung stehen.

Zudem ist der Körper in seiner passiven Phase wesentlich empfänglicher für Störungen als am Tage.

Fast jeder kennt das Phänomen, daß in einem stillen, ruhigen Raum einzelne Geräusche, wie zum Beispiel das Ticken einer Uhr, sehr viel mehr auffallen und störender wirken, als in einer Umgebung, in der es sowieso laut und lebendig zugeht. Ähnlich unterschiedlich nimmt der Körper äußere Einflüsse nachts anders wahr als am Tage, und auch deshalb ist es so immens wichtig, daß der Schlafplatz möglichst störungsfrei gehalten wird. Eine gute und entspannte Regenerationsphase trägt wesentlich dazu bei, die unvermeidbaren Belastungen des Tages wieder auszugleichen.

Spannungsfrei schlafen –
Den Schlafbereich vom Stromnetz abkoppeln

Elektrische Leitungen in der Wand können unter Umständen weit in den Raum hinaus ausstrahlen und den Bettplatz belasten (→ Teil 3, *Elektrische Leitungen*). Besonders betroffen sind alte und schadhafte Leitungen, aber auch Fehler bei der Installation können dafür verantwortlich sein, daß eine ganze Wand störende Felder erzeugt. Steckdosen direkt am Bett sind ebenfalls ungünstig, da hier die elektrischen Leitungen an die Oberfläche treten und die Abschirmung durch Wand und Putz wegfällt.

Wer neu baut oder renoviert sollte wenigstens im Schlafbereich abgeschirmte Kabel verwenden und in der näheren Umgebung des Bettes keine Steckdosen plazieren. Damit spart man sich das lästige Abschalten von Sicherungen oder den Einbau eines Netzfreischalters. Man muß dann allerdings darauf achten, daß im Schlafraum keine Dauerstromverbraucher am Netz sind, denn sobald ein Strom fließt, entstehen nicht abschirmbare magnetische Felder.

Meistens ist es aber so, daß man in Räumen mit konventioneller elektrischer Verkabelung lebt und auch nicht unbedingt die Möglichkeit hat, das zu ändern. Hier bieten sich folgende Möglichkeiten an, den Schlaf trotzdem stromfrei zu gestalten:

- Die Schlafraumsicherung nachts abschalten
  Dies ist sicher die einfachste und kostengünstigste Lösung, allerdings auch die unbequemste.
- Netzfreischalter einbauen lassen (→ *Professionelle Hilfe, Netzfreischalter*).

Einflüsse aus anderen Räumen

Manchmal reicht es nicht aus, nur das Schlafzimmer vom Netz zu trennen, da oft auch Leitungen aus angrenzenden Räumen (auch darüber- und darunterliegende) ebenfalls störende Felder verursachen. Will man ganz sicher gehen, schaltet man auch diese Sicherungen nachts ab. Elektrische Geräte aus anderen Räumen können ebenfalls stören, besonders wenn sie an der an das Bett angrenzenden Wand stehen. Die elektrischen Felder von Kühlschränken, Fernsehgeräten, Lautsprecherboxen, Heizkörpern oder Schnurlostelefonen usw. werden durch die Wand stark gedämpft, die magnetischen allerdings nicht. Man sollte kritische Geräte also nachts möglichst abschalten und vom Stromnetz trennen. Geräte, die immer in Betrieb sein müssen, sollte man an die gegenüberliegende Raumseite stellen, oder das Bett umstellen. Vor allem, wenn die Strahlung aus der benachbarten Wohnung kommt, ist das Umstellen des Bettes oft die einzige Lösung.

Elektrogeräte im Schlafbereich

Ist die Sicherung nachts nicht ausgeschaltet (zum Beispiel im Fall von abgeschirmten Kabeln im Schlafbereich), sollte man nach Gebrauch den Stecker von elektrischen Geräten ziehen oder sie mit Hilfe einer schaltbaren Steckerleiste vom Netz trennen. Dies gilt vor allem dann, wenn man die richtige Steckerposition nicht kennt (→ *Den Arbeits- und Wohnbereich entlasten, Stecker richtig einstecken*).

Elektrische Geräte mit Bildschirmen, Motoren oder Lautsprechern erzeugen aber auch bei abgeschalteter Sicherung elektrische und magnetische Felder. Bildschirmgeräte laden sich während des Betriebes elektrisch auf (Elektrostatik). Elektrische Felder sind abschirmbar. Die magnetischen Felder von Motoren und Lautsprecherboxen lassen sich dagegen leider nur unter größerem finanziellen Aufwand entstören (→ *Professionelle Hilfe, Abschirmung magnetischer Felder*). Hier müßte man etwa 2 m Abstand einhalten oder, wenn dies nicht möglich ist, das Gerät aus dem Schlafzimmer entfernen.

Grundsätzlich sollte man sich Gedanken darüber machen, welche Geräte dort tatsächlich benötigt werden und ob man nicht auf Fernseher, Computer und Stereoanlage im Schlafraum verzichten kann. Dies ist die einfachste

Lösung. Wenn Fernsehgerät oder Computer im Schlafzimmer verbleiben, sollte man zumindest folgende Abschirmmaßnahmen durchführen und möglichst großen Abstand halten:

Abschirmung des elektrischen Gleichfelds bei Bildschirmgeräten
Eine gute Lösung, nicht nur für Schlafräume, ist, den Bildschirm in einem Schrank unterzubringen, bei dem man (nachts) die Türen schließen kann. Eine andere Möglichkeit ist, einen Karton, der das ganze Gerät bedeckt, innen mit Abschirmfarbe oder -folie zu streichen bzw. zu bekleben und diesen dann zu erden. Dazu kann man ein Kabel mit zwei Krokodilklemmen verwenden. Dies klemmt man an den Karton in Kontakt mit der Abschirmfarbe oder -folie und auf der anderen Seite an das blanke Metall eines Heizkörpers, zum Beispiel die Entlüftungsschraube. Vorsicht – das Metall darf nicht lackiert sein, sonst funktioniert die Erdung nicht!

Wecker
Radiowecker sind für Schlafräume nicht zu empfehlen, da sie starke Felder verursachen können. Ganz abgesehen davon funktionieren sie sowieso nicht, wenn die Sicherung nachts ausgeschaltet ist.

Aber auch batteriebetrieben Quarzwecker können die Nachtruhe stören, da sie jede Sekunde einen starken magnetischen Puls abgeben (→ Teil 3, *Uhren und Wecker*). Sie sollten mindestens 50 cm vom Kopf entfernt aufgestellt werden. Bei einer Neuanschaffung sollte man leisen mechanischen oder Weckern mit digitaler Anzeige den Vorzug geben.

Das Bett
Das Bett sollte möglichst keine Metallteile enthalten. Das gilt für Bettgestell, Lattenrost und Matratze. Eine mögliche Belastung aus dem Umfeld kann dadurch verstärkt werden. Ein weiterer wichtiger Aspekt ist, daß Metallteile, wenn sie Eisen enthalten, unter bestimmten Umständen magnetisiert sind oder magnetisiert werden können. Damit erzeugen sie selbst ein magnetisches Feld und bewirken dadurch Verzerrungen des natürlichen Erdmagnetfeldes.

Auch auf elektrisch verstellbare Lattenroste sollte man möglichst verzichten. Motoren enthalten immer Metall und starke Magnete, die dann auch im ausgeschalteten Zustand magnetische Felder erzeugen. Kann man darauf nicht verzichten, sollten der Motor und die Zuleitungskabel speziell abgeschirmt und geerdet sein (→ *Professionelle Hilfe, Abschirmung*). Wenn nachts die Sicherung nicht ausgeschaltet ist, sollte man außerdem wegen des elektrischen Feldes den Stecker ziehen oder eine zweipolig abschaltbare Steckdosenleiste verwenden, die es einem erlaubt, zumindest während der Ruhephase das Bett vollständig vom Stromnetz zu trennen.

Federkernmatratzen sind ebenfalls nicht zu empfehlen. Wie der Name schon sagt, enthalten sie Metallfedern, die sich leicht magnetisieren lassen. Das heißt, sie bauen ein permanentes Magnetfeld auf. Dadurch bewirken sie zum Teil erhebliche Verzerrungen des natürlichen Erdmagnetfeldes. Unproblematisch sind in dieser Hinsicht hochwertige Federkerne aus Edelstahl, da Edelstahl nicht magnetisierbar ist. Trotzdem sind Metallteile im Bett grundsätzlich nicht zu empfehlen.

Die Wirkung einer Federkernmatratze kann man leicht selbst überprüfen:

Man zieht einen an einer Schnur befestigten Kompaß längs, möglichst geradlinig über die Mitte der Matratze und beobachtet, ob sich hierbei Abweichungen in der Richtung der Nadel ergeben. Genauso macht man es beidseitig, 10 cm vom Rand der Matratze entfernt. Decken und Kissen sollte man dabei entfernen, ein Leintuch stört nicht, solange es keine Falten wirft und den Lauf des Kompasses behindert.

Unbedenklich sind Abweichungen in der Größenordnung von 2 - 3°. Alles darüber ist ungünstig.

Wenn stärkere Abweichungen da sind, entfernen Sie die Matratze und führen den Kompaß wie oben beschrieben wieder über das Bett, z. B. auf einer Latte, die Sie senkrecht zum Lattenrost legen. Sollten die Abweichungen nicht mehr vorhanden sein, war wohl die Matratze die Ursache und sollte ausgetauscht werden. Wenn aber immer noch Abweichungen da sind, ist es nötig, weiter nach der Ursache der Magnetfeldveränderung zu suchen.

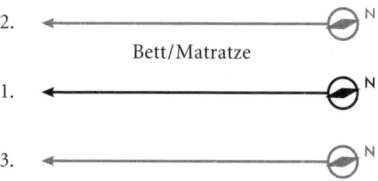

Abb. 42: Mit einem Kompaß kann man die Wirkung einer Federkernmatratze leicht selbst überprüfen.

Weiteres Vorgehen bei Magnetfeldveränderungen am Schlafplatz

Steht das Bett an einer Wand, könnten Stahlteile oder andere Installationen in der Wand, z. B. Heizungsrohre oder Metallklammern, dafür verantwortlich sein. Auch Heizkörper im Nachbarzimmer sind mögliche Störer. Rücken Sie das Bett 50 cm von der Wand weg und messen Sie noch einmal. Sind danach immer noch Abweichungen vorhanden, entfernen Sie das Bett und messen Sie am Fußboden wie oben beschrieben. Sollte die Nadel jetzt an derselben Stelle weiterhin reagieren, dann ist im Fußboden oder darunter etwas stark magnetisiert, z. B. ein Eisenträger im Boden.

Da magnetische Störer in Wänden und Böden ohne immensen Aufwand kaum zu beseitigen oder abzuschirmen sind, sollte man in diesem Fall mit Hilfe des Kompasses auf die Suche nach einem anderen »sauberen« Bettplatz gehen.

In Extremfällen gibt es auch die Möglichkeit, Stahlträger zu entmagnetisieren, allerdings ist dies sehr aufwendig und teuer.

Heizungen

Heizkörper aus Metall enthalten Eisen und sind meistens magnetisiert. Dies kann man mit einem Kompaß leicht selbst nachprüfen. Zeigt der Kompaß in der Nähe des Heizkörpers eine Abweichung von mehr als 2 - 3°, sollte man den Schlafplatz so weit vom Heizkörper entfernen, bis die Kompaßabweichung darunterliegt.

Elektrische Heizungen und Nachtspeicheröfen sind in Schlafräumen ungünstig, da sie Felder verursachen, genauso Fußbodenheizungen (→ Teil 3, *Technische Strahlenquellen*). Von Nachtspeicheröfen sollte man wegen des magnetischen Feldes 2 - 3 m Abstand halten, genauso von den elektrischen Zuleitungen. Hier fließen gerade nachts beim Ladevorgang große Strommengen und verursachen starke Felder. Fußbodenheizungen sollte man nachts ganz ausschalten.

Naturmaterialien verwenden

Kunststoffe jeder Art sind schlechte Leiter, aber gute »Speicher« für elektrische Ladungen. In Räumen mit vielen Kunststoffen baut sich also leicht ein starkes elektrostatisches Feld auf. Der ganze Raum oder das Bett stehen dann unter »Spannung«, und entsprechend wenig entspannend ist der Schlaf.

Abgesehen von den Ausdünstungen chemischer Stoffe, ist es auch aus diesem Grund sinnvoll, auf Kunststoffe zu verzichten und auf Naturmaterialien zurückzugreifen.

Ein Anzeichen für elektrostatische Aufladung ist ein schlechtes Raumklima. Die Luft wirkt trotz häufigen Lüftens schnell stickig und verbraucht. Durch die unnatürlich hohe Spannung werden die negativ geladenen Teilchen der Luft (Ionen), die in freier Natur oder an einem Wasserfall vermehrt vorhanden sind, drastisch reduziert. Sie erzeugen für unsere Wahrnehmung den Eindruck von frischer und energiereicher Luft und sind für unsere Gesundheit und unser Wohlbefinden wichtig.

Können Kunststoffteppichböden und -möbel nicht ausgetauscht werden, kann man die Situation durch das Überdecken mit Naturfaserläufern (keine Wolle) zumindest verbessern. Ein Wachsfinish verringert die Aufladung von lackierten und Kunststoffoberflächen für einige Wochen, man muß es dann aber regelmäßig erneuern.

Problematisch sind in Kinderzimmern oft auch Kuscheltiere aus Kunststoff. Sie sollten nicht mit ins Bett genommen werden, und wenn viele davon im Zimmer sind, sollte man sie nachts mit einem Baumwolltuch abdecken (→ Teil 3, *Kinderspielzeug*). Ganz besonders gilt dies, wenn Kinder bereits Schlafstörungen, Allergien oder Atemwegserkrankungen haben, denn Elektrostatik zieht Staub an und unterstützt die Vermehrung von Pilzen, Viren und Bakterien. So leiden insbesondere Asthmatiker und Allergiker unter dem schlechten Raumklima.

Fenster

Elektromagnetische Strahlung dringt leichter durch Fenster als durch eine massive Wand. Deshalb ist es günstig, Betten eher an der Wand als unter Fenstern zu plazieren.

Wer neu baut, kann auch Thermofensterscheiben verwenden, die hochfrequente Strahlung gut abschirmen. Weitergehende Abschirmmaßnahmen sollten immer von einem Fachmann vorgenommen werden (→ *Professionelle Hilfe*).

Geologische Störungen

Hat man Kenntnis von geologischen Störungen wie Wasseradern, Wasseraderkreuzungssystemen oder Verwerfungen bzw. Bruchzonen im Bereich der Wohnung oder des Hauses, sollte man diese zum Schlafen auf jeden Fall meiden, da sie den Körper nachgewiesenermaßen zusätzlich belasten. Hinweise auf solche Störungen sind unter anderem Risse im Mauerwerk, ungewöhnliche Schimmel- oder Moosbildung an bestimmten Stellen, im Garten Wuchsanomalien von Pflanzen und Bäumen, Drehwuchs, Parasiten wie Misteln, Pilze und Efeu usw.

Manchmal kann man anhand solcher Phänomene in der direkten Umgebung des Hauses den ungefähren Verlauf einer solchen Störung abschätzen und ihr dann ausweichen. Ist dies nicht möglich, sollte man einen Fachmann (z. B. Rutengänger) zu Rate ziehen (→ *Professionelle Hilfe*).

Heizungsanlagen, Rohrleitungen und Garagen

Die Erfahrung hat gezeigt, daß die Qualität des Schlafes über Heizungsanlagen, Wasserrohrleitungen und Autos vermindert sein kann. Zum Teil erzeugen sie selbst Felder, zum Teil verändern oder verzerren sie das natürliche Feld der Erde, das den Körper in seinen Funktionen unterstützt. Deshalb empfehlen wir, Schlafplätze nicht über Heizungsanlagen, Rohrleitungen und Garagen einzurichten.

Den Arbeits- und Wohnbereich entlasten

Um den Wohn- und Arbeitsbereich möglichst »elektrosmogfrei« zu gestalten, kann man folgendes tun:

Elektrische Geräte

Alle elektrischen Geräte strahlen elektrische und magnetische Felder ab. Sie tun dies, wenn sie in Betrieb und im ungünstigsten Fall auch, wenn sie ausgeschaltet sind. Grundsätzlich sollte man überlegen, wieviel davon man sich zumuten kann und welche elektronische Spielereien man eigentlich wirklich braucht. Wir meinen, hier ist weniger mehr, das heißt: weniger Elektrik = weniger Elektrosmog = mehr Gesundheit und damit auch Lebensqualität, auch wenn es auf den ersten Blick vielleicht etwas unbequemer erscheint.

Möglichst wenig Geräte im Stand-by Betrieb verwenden

Im Stand-by Betrieb sind die Felder zwar geringer als im Normalbetrieb, aber immer noch vorhanden. Die Geräte verbrauchen weiterhin Strom, kosten Geld und stellen eine unnötige Belastung dar. Elektrogeräte im Stand-by Betrieb verbrauchen im Jahr in Deutschland etwa so viel Strom wie die gesamte Stadt Köln. Dafür könnte ein Kernkraftwerk mindestens die Hälfte des Jahres abgeschaltet werden.

Geschlossener Stromkreislauf:
Der Strom fließt durch den einen Leiter des Kabels bis zum Gerät und dann durch den anderen Leiter zurück zur Steckdose.

Zweipolig schaltender Schalter:
Hier werden beide Leiter unterbrochen, wenn das Gerät ausgeschaltet ist. Er kann im Kabel oder im Gerät selbst installiert sein.

Einpolig schaltender Schalter:
Hier wird nur ein Leiter unterbrochen, wenn das Gerät ausgeschaltet ist.

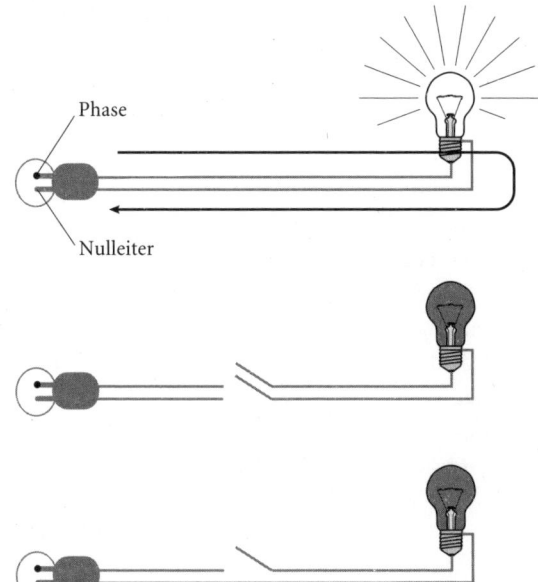

Abb. 43a: Stromkreislauf und Schalter

Bei einem einpolig schaltenden Schalter wird der Stromkreis vor oder nach dem Gerät unterbrochen, je nachdem wie der Stecker in der Steckdose steckt. Im unteren Bild strahlt also das Gerät auch im ausgeschalteten Zustand ein elektrisches Feld ab.

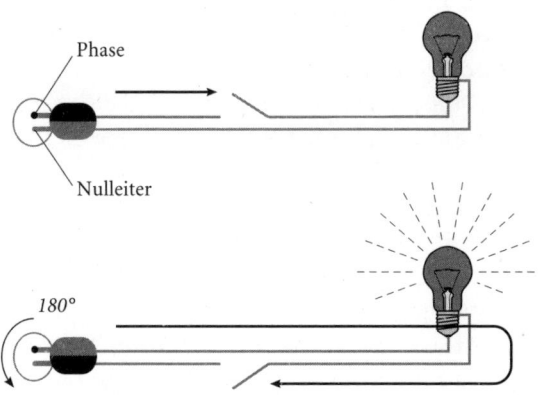

Abb. 43b: Stecker von Elektrogeräten richtig einstecken

Stecker von Elektrogeräten richtig einstecken

Eine Möglichkeit, elektrische Felder maßgeblich zu reduzieren, ist, darauf zu achten, daß der Stecker richtig in der Steckdose steckt.

Das magnetische Wechselfeld entsteht dadurch, daß ein Strom fließt, während das Gerät in Betrieb ist. Sobald das Gerät ausgeschaltet ist, ist also kein magnetisches Wechselfeld mehr vorhanden (→ Teil 1, *Elektrizität und Magnetismus*). Das elektrische Feld kann aber, je nach Bauart, auch im abgeschalteten Zustand bestehen bleiben.

Das heißt: Im ungünstigsten Fall strahlen Elektrogeräte auch im abgeschalteten Zustand! Dies ist dann der Fall, wenn der eingebaute Schalter nur einen der beiden Leiter im Kabel abschaltet und der Stecker falsch in der Steckdose steckt. Wie in Abb. 43 dargestellt, unterbricht der Schalter den Stromkreis dann erst nach dem Gerät. Dann ist zwar das Gerät abgeschaltet, aber es steht noch unter Spannung und strahlt.

Auch während des Betriebes ist das elektrische Feld oft wesentlich geringer, wenn der Stecker richtig eingesteckt ist! Bei Lampen und Steckerleisten läßt sich die richtige Steckerposition relativ leicht überprüfen, bei vielen anderen Geräten muß man allerdings die Hilfe einer Fachkraft, zum Beispiel eines Baubiologen, in Anspruch nehmen.

Die richtige Steckerposition bei Lampen überprüfen

Bei Lampen kann man recht einfach mit einem Prüfschraubenzieher feststellen, ob der Stecker richtig in der Steckdose steckt oder ob sie auch in ausgeschaltetem Zustand strahlen.

1. Prüfschraubenzieher in einer Steckdose auf Funktionsfähigkeit testen. Der Prüfschraubenzieher hat am hinteren Ende oder an der Seite einen Metallkontakt, den man beim Messen berühren muß.
2. Stecker in die Steckdose stecken und die Lampe anschließen.
3. Lampe ausschalten und die Glühbirne herausdrehen.
4. Mit dem Prüfschraubenzieher nacheinander beide Metallkontakte in der Lampenfassung berühren (siehe Abb. 44).
5. Stecker in der Steckdose um 180° drehen und wieder einstecken.
6. Mit dem Prüfschraubenzieher nochmals nacheinander beide Metallkontakte in der Lampenfassung berühren.

Leuchtet in keiner der beiden Steckerpositionen der Prüfschraubenzieher, schaltet der Schalter der Lampe zweipolig ab, und man braucht sich um die Steckerposition keine Gedanken mehr zu machen.

Leuchtet in einer der beiden Steckerpositionen der Prüfschraubenzieher auf, schaltet der Schalter nur einen Leiter, und der Stecker steckt falsch in der Steckdose. Dann steht die ganze Lampe unter Spannung, auch wenn sie ausgeschaltet ist, und verursacht unnötige elektrische Felder.

Man sollte dann diejenige Steckerposition verwenden und sich gegebenenfalls markieren, in der Prüfschraubenzieher nicht leuchtet.

Lampen richtig anschließen

Bei fest angeschlossenen Wand- oder Deckenlampen sollte man darauf achten, daß sie richtig angeschlossen sind. Das heißt, daß Phase mit Phase und Nulleiter mit Nulleiter* verbunden ist. Sind Phase und Nulleiter vertauscht, können größere Felder entstehen. Die Phase ist in der Regel durch eine schwarze und der Nulleiter durch eine blaue Ummantelung gekennzeichnet.

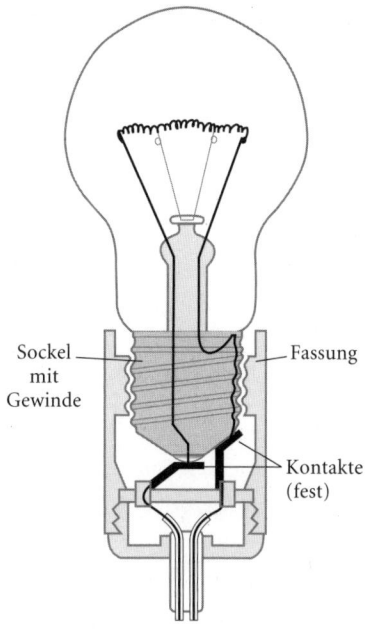

Abb. 44:
Lampenfassung mit Kontakten

Geräte vom Stromnetz trennen

Bei vielen Geräten, wie zum Beispiel Bildschirmen, Druckern, Scannern, Kassettenrekordern oder Haushaltsgeräten, ist für den Laien schwer festzustellen, ob der Schalter ein- oder zweipolig schaltet, oder der Stecker richtig eingesteckt ist, da sie keine freiliegenden Kontakte haben wie zum Beispiel Lampen. Oft ist auch nicht ersichtlich, ob der eingebaute Trafo mit ausgeschaltet wird oder nicht. Hier ist es sinnvoll, die Geräte nach Gebrauch vom Stromnetz zu trennen oder Mehrfachsteckerleisten mit Schaltern zu verwenden, die zweipolig schalten, und diese dann jeweils auszuschalten.

---

* Unter »Phase« versteht man den Leiter, der den Strom aus der Steckdose zum Gerät hinführt, während er durch den »Nulleiter« zurückfließt.

Mehrfachsteckerleisten überprüfen

Bei Mehrfachsteckerleisten mit einem Schalter, der zweipolig schaltet, ist es egal, wie man den Stecker in die Steckdose steckt, der Strom wird auf jeden Fall an der Steckerleiste unterbrochen. Ein weiterer Vorteil ist, daß man damit mehrere Geräte bequem mit einem Handgriff vom Stromnetz trennen kann, wenn man den elektrischen und magnetischen Feldern nicht mehr ausgesetzt sein möchte.

Um festzustellen, ob eine Steckdosenleiste zweipolig schaltet bzw. der Stecker richtig eingesteckt ist, geht man folgendermaßen vor:
1. Prüfschraubenzieher in einer Steckdose auf Funktionsfähigkeit testen. Der Prüfschraubenzieher hat am hinteren Ende oder an der Seite einen Metallkontakt, den man beim Messen berühren muß.
2. Steckdosenleiste anschließen und **ausschalten**.
3. Mit dem Schraubenzieher nacheinander beide Kontakte (in den Steckdosenlöchern) in einer der Steckdosen der Leiste prüfen. Leuchtet der Prüfschraubenzieher nicht auf, heißt das, daß keine Spannung auf der Dose ist.
4. Dann dreht man den Anschlußstecker der Steckdosenleiste in der Steckdose um 180° und prüft noch einmal beide Kontakte. Leuchtet immer noch nichts, schaltet der Schalter zweipolig ab und man muß sich keine weiteren Gedanken mehr machen.
5. Leuchtet unter 3. oder 4. der Prüfschraubenzieher auf, heißt das, daß bei dieser Position des Anschlußsteckers in der Haussteckdose eine Spannung auf den Dosen der Leiste vorhanden ist, obwohl der Schalter abgeschaltet ist – er schaltet also nur einpolig. In diesem Fall dreht man den Stecker wieder um 180° in die Position, in der der Prüfschraubenzieher nicht leuchtet. Eventuell kann man sich diese Position an Stecker und Steckdose markieren, so daß man sie leicht wiederfindet.

Auf Erdung achten

Bei elektrischen Geräten mit Metallgehäuse hat das Gehäuse bereits eine abschirmende Wirkung für elektrische Felder, wenn es über das Anschlußkabel geerdet ist. Dies erkennt man am Stecker. Die echten(!) runden Schukostecker verbinden einen Schutzleiter im Kabel über die Steckdose mit der Hauserdung (→ Teil 3, *Elektrische Leitungen, Gerätekabel*). Dadurch werden schon bis zu 95% des elektrischen Felds abgeleitet, und die Belastung reduziert sich. Geräte mit flachen Eurosteckern sind nicht geerdet und sollten nachträglich geerdet werden. Wenden Sie sich dazu bitte an Ihren Elektriker oder Elektronikfachhandel.

Geräte mit Kunststoffgehäuse sind ebenfalls nicht geerdet. Hier muß das elektrische Feld, wenn nötig, zusätzlich abgeschirmt werden (→ *Professionelle Hilfe, Abschirmung von elektrischen Feldern*).

Bevorzugen sie bei Neuanschaffungen möglichst Geräte mit Metallgehäuse und Schukosteckern.

Beim Anschluß von metallischen Wand- oder Deckenlampen sollte man ebenfalls darauf achten, den gelb-grünen Schutzleiter* mit anzuschließen. Entweder ist in an der Lampe bereits ein Kabel dafür vorhanden oder der Schutzleiter wird über eine Schutzkontaktschraube am Gehäuse befestigt.

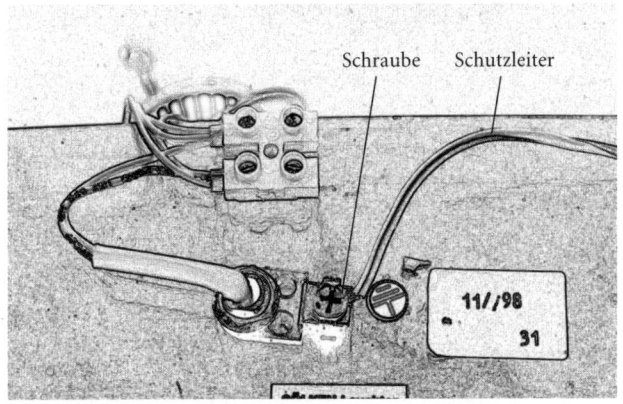

Abb. 45: Leuchte mit Schraube für den gelb/grünen Schutzleiter

»Kabelsalat« vermeiden

Mehrere elektrische Kabel mit geringem Abstand zueinander beeinflussen sich in ihrer Feldwirkung gegenseitig. Ihre Felder können sich gegenseitig abschwächen oder verstärken. Was im Einzelfall vorliegt, kann man nur durch Messungen herausfinden. Insofern sollte man grundsätzlich »Kabelsalat« vermeiden oder entsprechend abschirmen (→ *Professionelle Hilfe, Abschirmung*).

Abgeschirmte Geräte und Kabel verwenden

Abgeschirmte Steckerleisten, Kabel und Anschlußkabel für PCs und Bildschirme strahlen kein elektrisches Feld ab, und auch das magnetische Feld ist so

---

* Elektrische Leitungen bestehen aus einem stromführenden Leiter, einem Rückleiter, der den Strom zum Sicherungskasten zurückführt und einem Erdungsleiter (Schutzleiter).

weit wie möglich reduziert. Man kann sie über den baubiologischen Handel beziehen (Adressen im Anhang). Sie sind zwar etwas teurer, lohnen sich aber, wenn man zu den entsprechenden Installationen nicht genügend Abstand einhalten kann, oder um die Strahlung des »Kabelsalats« am Arbeitsplatz auszuschalten.

Ebenfalls im baubiologischen Handel gibt es inzwischen auch abgeschirmte Lampen, die so konstruiert sind, daß sie kein elektrisches Feld mehr aussenden und das magnetische möglichst gering gehalten wird. Dies macht vor allem bei Steh-, Schreibtisch- und Nachttischlampen Sinn, die sich in nächster Nähe (weniger als 1 m Entfernung) zu einem Sitz-, Arbeits- oder Schlafplatz befinden.

Weitere Maßnahmen
- Steckernetzteile oder Geräte mit eingebauten Trafos (→ Teil 3, *Technische Strahlungsquellen*) in 1 - 2 Metern Abstand von Daueraufenthaltsplätzen anordnen.
- Naturmaterialien verwenden (Elektrostatik)
- Für Daueraufenthaltsplätze geologische Störungen beachten
- Kabeltelefone verwenden (→ Teil 3, *Schnurlostelefone*)
- Strahlungsarme Bildschirme oder TFT-Monitore nach TCO '99 verwenden (→ Teil 3, *Bildschirme*).
- Monitore sind meist so konstruiert, daß das magnetische Feld hinter dem Monitor stärker ist. Man sollte die Bildschirme so stellen, daß sich niemand unmittelbar dahinter aufhält oder gar dort seinen Arbeitsplatz hat. Da das magnetische Feld mit der Entfernung schnell abnimmt, reicht meist ein Abstand von ca. 1 - 2 Metern aus.
- Geräte, die man nicht ständig benötigt (Scanner, Lautsprecherboxen des Computers etc.) ausschalten oder ausstecken. Mehrere Geräte, die ungünstig zueinander plaziert sind, können sich gegenseitig in ihrer Strahlungswirkung verstärken. Schaltbare Steckerleisten sind auch hier eine gute Lösung.
- Kein Bluetooth oder W-LAN verwenden (→ Teil 3, *Technische Strahlungsquellen*)
- Auf Niedervoltlampen, Leuchtstoffröhren und Dimmer verzichten (→ Teil 3, *Technische Strahlenquellen*)

Den Körper stärken

Im vorigen Kapitel haben wir dargestellt, was für einen gesunden und störungsfreien Schlaf- und Arbeitsplatz wichtig ist. Die im folgenden vorgestellten Maßnahmen können darüber hinaus dazu beitragen, den Körper in seiner Arbeit bestmöglichst zu unterstützen und ihm zu helfen, verbleibende (Strahlen-)Belastungen, denen man nicht ausweichen kann, besser auszugleichen.

Der Schlaf

Wir sind tagtäglich körperlich und seelisch mit immens vielen Reizen konfrontiert. Angenehmen, unangenehmen, schädlichen und hilfreichen. Die Dauer und Qualität des Schlafes ist ausschlaggebend dafür, wie gut der Körper diese Belastungen verarbeiten und ausgleichen kann. Während des Tages liegt die Priorität des Körpers darauf, die Energieversorgung zu gewährleisten und für alle Anforderungen und Aktivitäten bereit zu sein. Bei Stoffwechselprozessen fallen in dieser Zeit vielerlei Abfallprodukte an, und man nimmt aus der Umwelt Schadstoffe auf, die wieder ausgeschieden werden müssen. Vielleicht gibt es auch kleinere oder größere Schäden an Zellen und Organen. Um all dies kümmert sich der Körper dann, wenn man zur Ruhe kommt und nur noch ein Minimum an äußerer Aktivität stattfindet – im Schlaf.

Deshalb ist es so wichtig, dem Körper genügend Zeit zu geben, seinen nächtlichen Aufräumarbeiten nachzukommen – hat er zu wenig Zeit dafür oder wird er durch massive Reize dabei gestört, bleibt eben einiges liegen, und das summiert sich mit der Zeit.

Dies gilt genauso für die seelische Ebene. In nächtlichen Träumen werden die Eindrücke des Tages verarbeitet, und jeder weiß, daß man äußeren Einflüssen gegenüber wesentlich stabiler und ausgeglichener ist, wenn man genügend geschlafen hat.

Was ein einzelner Mensch an Schlaf wirklich braucht, ist individuell verschieden und hängt von den unterschiedlichsten Faktoren ab. Trotzdem gibt es einige Anhaltspunkte, die helfen können, den Schlaf erholsamer und die körperliche Regenerationsphase effektiver zu gestalten.

Die Schlafzyklen

Die Regeneration des Körpers im Schlaf folgt einem bestimmten Rhythmus. Dieser besteht aus mehreren Zyklen. Das heißt, genauso wie man im täglichen Leben eine bestimmte Aktivität beginnt, durchführt und wieder beendet, durchläuft auch der Körper während der Nacht mehrere Reinigungs- und Regenerationszyklen, die in sich abgeschlossene Einheiten bilden. Die Zeit, die ein solcher Zyklus benötigt, ist individuell verschieden und hängt vom Gesundheitszustand des Körpers sowie von emotionalen und geistigen Faktoren ab. Im Durchschnitt dauert ein Zyklus etwa 2 - 3 Stunden. Man kann also davon ausgehen, daß während der Nacht je nach Schlafdauer 2 - 4 solcher Zyklen durchgeführt werden können.

Das Geheimnis des guten Schlafs
Um frisch und erholt aufzuwachen, ist es wichtig, die Schlafzyklen des Körpers nicht zu unterbrechen!

Wenn man schlafen kann, ohne von einem Wecker oder sonstigen Störungen unterbrochen zu werden, wacht man in der Regel immer am Ende eines Schlafzyklus auf, bevor ein neuer begonnen wird.

Fast jeder kennt das Phänomen, daß man manchmal nach zwei oder drei Stunden aufwacht und sich fit und wach fühlt, während, wenn einen der Wecker nach acht Stunden aus dem Schlaf reißt, man sich mühsam aus dem Bett quält. Der Unterschied liegt tatsächlich darin, ob der Körper einen Schlafzyklus abschließen konnte oder nicht. Wird man nämlich während eines Schlafzyklus geweckt, fühlt man sich müde und unausgeschlafen, unabhängig davon, wie lange man geschlafen hat.

Der Grund dafür ist, daß »Aktion« gegenüber »Regeneration« für den Körper fast immer Priorität hat. Im Moment der Erwachens schaltet der Körper also sofort auf »Aktion« und bricht seine angefangenen Reinigungsarbeiten ab. Stoffe, die eigentlich ausgeschieden werden sollten, werden kurzerhand am nächstbesten Ort deponiert und sorgen dort für eine zusätzliche Belastung des Körpers während des Tages. – Man fühlt sich müde, »verkatert« und nicht erholt.

Die Dauer des individuellen Schlafzyklus
Um die genaue Dauer eines Schlafzyklus für sich selbst herauszufinden, kann man für einige Zeit den eigenen Schlafrhythmus beobachten. Am besten eignet sich hierzu die Urlaubszeit oder das Wochenende, wenn man ungestört so lange schlafen kann, bis man von selbst aufwacht. Vorteilhaft ist es auch, wenn man möglichst viele der Maßnahmen zur Entlastung des Schlafplatzes schon durchgeführt hat.

1. Man notiert sich jeweils, über einen gewissen Zeitraum hinweg, wann man eingeschlafen und wieder aufgewacht ist.

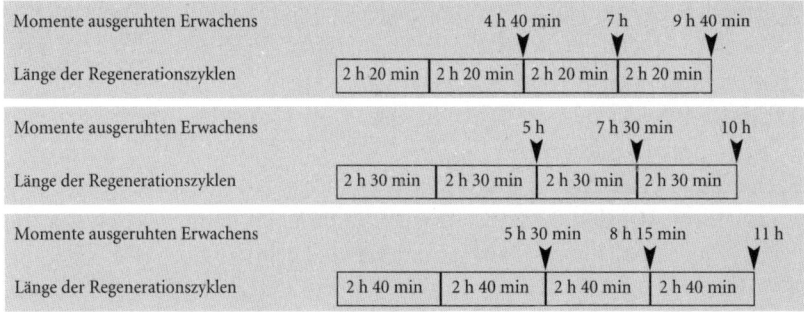

Abb. 46a: Regenerationsphasen verschiedener Dauer

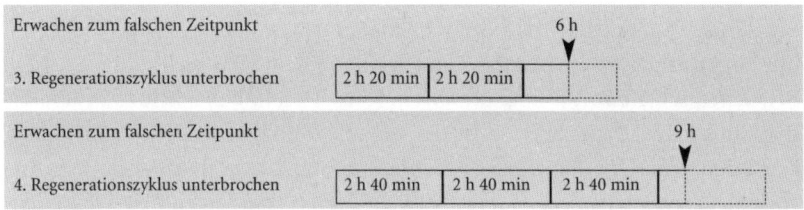

Abb. 46b: Unterbrochene Regenerationsphasen

2. An den Tagen, an denen man beim Erwachen das Gefühl hatte, wach und ausgeschlafen zu sein, so daß man gleich aufstehen und den Tag in Angriff nehmen könnte, errechnet man möglichst genau, wie lange man geschlafen hat.
3. Die Gesamtschlafdauer beträgt ein Vielfaches eines einzelnen Schlafzyklus. Man teilt also die Gesamtschlafdauer durch 1, 2, 3, 4, usw., je nachdem wie lange man geschlafen hat. Das Ergebnis, das im Bereich von 2 - 3 Stunden liegt, zeigt die wahrscheinlichste Anzahl von kompletten Schlafzyklen.

Beispiel: Schlafdauer 8 Stunden
8 Stunden : 1 = 8 Stunden
8 Stunden : 2 = 4 Stunden
8 Stunden : 3 = 2 Stunden und 40 Minuten
8 Stunden : 4 = 2 Stunden
8 Stunden : 5 = 1 Stunde 36 Minuten

Hier gibt es nun zwei mögliche Ergebnisse. Drei volle Schlafzyklen von zwei Stunden vierzig Minuten oder vier Schlafzyklen von zwei Stunden. Da zwei

Stunden zwar möglich aber eher ungewöhnlich kurz für den Schlafzyklus eines durchschnittlichen Menschen sind, ist das Ergebnis von zwei Stunden vierzig Minuten am wahrscheinlichsten.
4. Man vergleicht nun die Schlafdauer mehrerer Tage und versucht so, das Ergebnis zu bestätigen.
5. Man überprüft das Ergebnis, indem man sich den Wecker für die Dauer von zwei oder drei Schlafzyklen stellt. In unserem Beispiel wären das also auf fünf Stunden und zwanzig Minuten oder acht Stunden nach dem Einschlafen. Man sollte dann, wenn der Wecker klingelt, leicht wach werden, so daß man das Gefühl hat, man könnte jetzt eigentlich auch aufstehen.

Ausreichend schlafen
Eine Studie hat ergeben, daß die Schlafdauer der Bundesbürger seit 1960 um durchschnittlich zwei Stunden abgenommen hat. Das heißt, die meisten Menschen schlafen zu wenig, um ihrem Körper die Möglichkeit zu geben, die Belastungen des Tages zu verarbeiten, die seit 1960 gewiß auch nicht weniger geworden sind. Um den Körper zu entlasten, sollte man ihm mindestens drei volle Schlafzyklen pro Nacht gönnen! Vier Zyklen von Zeit zu Zeit helfen ihm, über das dringend Notwendige hinaus auch Altlasten aufzuarbeiten.

Die Meridianuhr
Die Meridiane sind feinstoffliche Energiekanäle des Körpers. Sie versorgen die verschiedenen Organe mit Energie, und auf ihnen liegen auch die Akupunkturpunkte. Nach den Erkenntnissen der Traditionellen Chinesischen Medizin durchläuft der Körper innerhalb von 24 Stunden einen vollständigen Zyklus, während dessen einzelnen Phasen jeweils einer der zwölf Hauptmeridiane und die damit verbundenen Organsysteme aktiviert werden.

Nach diesem Modell beginnt die wichtigste Phase der Regeneration mit der höchsten Aktivität des Gallenblasenmeridians um 23.00 Uhr, danach folgen Leber-, Lungen- und Dickdarmmeridian.

Im Körper sind dies neben der Niere die wichtigsten Organe für Entgiftung und Regeneration.

Der Gallenblasenmeridian steuert die Gallenblase und Ihre Funktionen. Die Zeit seiner größten Aktivität ist von 23 - 1 Uhr nachts. Das Sekret der Gallenblase ist im Körper vor allem für die Verdauung und den Fettstoffwechsel zuständig. Mit der Galle werden außerdem fettlösliche Substanzen, Giftstoffe und Abbauprodukte über den Darm ausgeschieden. Der Gallenblasenmeridian entspricht daher auch den Qualitäten von Reinigung und Neutralisierung.

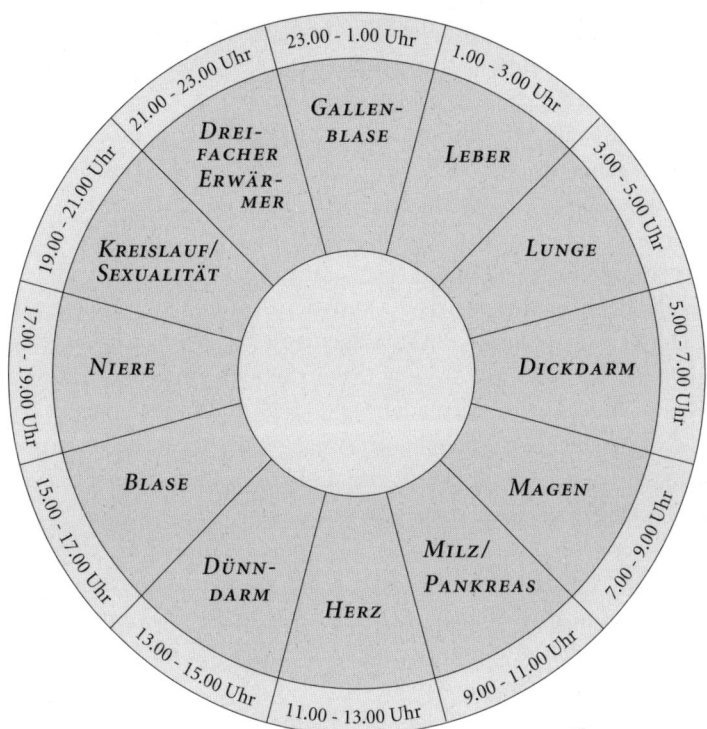

Leber
Organe: Leber
Funktionen: Entgiftung, Synthese, Blutbildung, Stoffwechsel
Qualitäten: Regeneration, Speicherung, Widerstandskraft

Lunge
Organe: Lunge, Atemwege, Haut
Funktionen: Atmung, Sauerstoffaufnahme, Entsäuerung
Qualitäten: Kommunikation, Bewußtsein, Freiheit

Dickdarm
Organe: Dickdarm, Wurmfortsatz, Haut
Funktionen: Wasserresorption, Ausscheidung, Immunabwehr
Qualitäten: Informationsaufnahme, Urwissen, Erinnerung

Magen
Organe: Speiseröhre, Magen, Zwölffingerdarm
Funktionen: Verdauung, Aufschließen der Nahrung
Qualitäten: Erkenntnis, Ernährung, geistige Verdauung

Milz/Pankreas
Organe: Milz, Bauchspeicheldrüse
Funktionen: Verarbeitung der Nahrung, Blutreinigung und -aufbau
Qualitäten: Verstehen, Verarbeiten von Erfahrung, Transformation

Gallenblase
Organe: Gallenblase
Funktionen: Verdauung, Fettstoffwechsel
Qualitäten: Reinigung, Neutralisierung

Dünndarm
Organe: Dünndarm, Lymphe, Mandeln
Funktionen: Nahrungsaufnahme, Immunsystem
Qualitäten: Abwehr, Offenheit, Lebensqualität

Herz
Organe: Herz, Herzkranzgefäße
Funktionen: Rhythmusgeber
Qualitäten: Liebe, Emotionen, Impulsivität

Blase
Organe: Harnblase, Harnröhre
Funktionen: Wasserfluß, Speicherung, Ausscheidung
Qualitäten: Entwicklung, Verhaftung, Loslassen

Niere
Organe: Niere, Nebenniere, Wasserhaushalt
Funktionen: Wasser-, Hormon-, Säure-, Mineralstoffregulierung
Qualitäten: Ausgleich, Stabilität, Gleichgewicht

Kreislauf/Sexualität
Organe: Arterien, Venen, Geschlechtsorgane
Funktionen: Durchblutung, Blutdruck
Qualitäten: Vitalität, Lebendigkeit, Sexualität

Dreifacher Erwärmer
Organe: Kapillargefäße, Nerven
Funktionen: Energie-, Wärme-, Stoffwechselregulierung
Qualitäten: Schutz, Energieverteilung und -leitung

Abb. 47: Die Meridianuhr

Der Lebermeridian steuert die Leber und ihre Funktionen. Die Zeit seiner größten Aktivität ist von 1 - 3 Uhr morgens. Die Aufgaben der Leber im Körper haben vor allem mit der Entgiftung, der Synthese verschiedener Stoffe, der Blutbildung und mit dem Stoffwechsel zu tun. Dem Lebermeridian entsprechen also die Qualitäten von Regeneration, Speicherung und Widerstandskraft. Hat man in dieser Zeit nicht geschlafen, spürt man das am nächsten Tag ganz besonders, denn die Zeit des Lebermeridians ist eine der wichtigsten Phasen der körperlichen Regeneration.

Der Lungenmeridian steuert die Funktionen von Lunge, Atemwegen und Haut. Die Zeit seiner größten Aktivität ist von 3 - 5 Uhr morgens. Wichtige Aufgaben im Körper sind Atmung, Sauerstoffaufnahme und Entsäuerung. Über Lunge und Haut werden auch viele Abfallstoffe wieder ausgeschieden. Wenn man zu dieser Zeit aufwacht, kann man oft feststellen, daß man schwitzt, das heißt, die Ausscheidung über Haut und Lunge ist besonders aktiv.

Der Dickdarmmeridian steuert die Funktionen von Dickdarm, Wurmfortsatz (Blinddarm) und Haut. Die Zeit seiner größten Aktivität ist von 5 - 7 Uhr morgens. Der Dickdarm hat die Aufgabe, das Wasser aus dem Nahrungsbrei, der sich im Dünndarm befindet, wieder in den Körper zurückzuführen und die Reste auszuscheiden. Außerdem stellt er, genauso wie der Blinddarm, einen wesentlichen Teil des Immunsystems dar.

Am Optimalsten kann also der Körper seine Ruhephase nutzen, wenn man in der Zeit von 23 bis etwa 6 Uhr schläft. Wir alle wissen aus Erfahrung, daß wir uns in der Regel am nächsten Morgen ausgeruhter fühlen, wenn wir früh zu Bett gegangen und früh aufgestanden, als wenn wir die halbe Nacht wach gewesen sind, selbst wenn die Dauer des Schlafs in etwa die gleiche ist.

Die Schlafrichtung

Das natürliche Magnetfeld der Erde verläuft von Norden nach Süden. In einer Studie des Heinrich-Hertz-Instituts für Biologie in München wurde festgestellt, daß Menschen besser schlafen, wenn sie mit dem Kopf nach Norden liegen. Die zweitbeste Richtung ist Osten.

Die Ernährung

Einen erheblichen Teil der körperlichen Belastung macht heute die moderne Ernährung aus. Gewöhnliche Nahrungsmittel sind meist
- mit chemischen Stoffen »veredelt«: Farbstoffe, Konservierungsstoffe, Stabilisatoren, künstliche Vitamine und Mineralstoffe usw.

- mit giftigen Substanzen belastet: Düngemittel, Halmverkürzer, Schädlingsvernichtungsmittel usw.
- gentechnisch verändert
- stark verarbeitet
- Durch die exzessive Flächennutzung verarmen die Böden, dadurch ist in den letzten Jahrzehnten der Vitamin- und Mineralstoffgehalt von Früchten und Gemüsen dramatisch gesunken.

Von »Lebens«-mitteln kann man dabei guten Gewissens fast nicht mehr sprechen.

Zu der Belastung mit den genannten Schadstoffen kommt meist noch der übermäßige Konsum von Genußgiften wie Tabak, Kaffee, Tee, Kakao, raffiniertem Zucker sowie eine einseitige Ernährung mit zuviel Fett, Fleisch und Kohlehydraten hinzu.

An vielen Belastungen unserer modernen Welt können wir wenig oder nichts verändern, aber wie wir uns ernähren, ist unsere eigene Entscheidung! Die Ernährung ist einer der grundlegenden Pfeiler der Gesundheit. Hier kann jeder aktiv werden, um die Gesamtbelastung für den Körper zu reduzieren, so daß unvermeidbare Strahleneinflüsse besser toleriert werden können.

Energetische und »informative« Aspekte der Nahrung
Neben ihren materiellen Bestandteilen hat die Nahrung aber noch andere Aspekte. Schon der Quantenphysiker Erwin Schrödinger hat darauf hingewiesen, daß es bei der Nahrungsaufnahme nicht hauptsächlich darauf ankommt, daß man mit Energie im Sinne von »Brennstoff« versorgt wird, sondern daß man richtig informiert wird. Durch die Nahrung nimmt man eigentlich Informationen auf, die die Ordnung im Körper aufbauen und erhalten.[44]

Nahrung ist also wesentlich mehr als die Zufuhr einer bestimmten Menge an Kalorien, Vitaminen und Mineralstoffen, wie uns die moderne Ernährungswissenschaft meistens glauben machen möchte – die feinstoffliche Qualität der Nahrung hat einen nicht zu unterschätzenden, wenn nicht gar bestimmenden Einfluß auf das Wohlergehen und die Gesundheit. Zum Beispiel sind chemisch hergestellte und natürliche Vitamine zwar materiell identisch, aber ansonsten nicht vergleichbar. Im Labor kann man zwar inzwischen fast beliebig Strukturen kopieren oder herstellen, doch dem »Inhalt« der materiellen Struktur, der Lebensenergie oder dem geistigen Aspekt ist man dabei wohl noch nicht wirklich auf die Spur gekommen.

Wirkliche »Lebens«-mittel wirken also über die Informationen, die sie dem Körper übermitteln, aufbauend und ordnend und damit lebenserhaltend auf den Organismus. Doch was macht diese Eigenschaften aus, was unterscheidet konventionelle Nahrung von »Lebens«-mitteln, wo sind diese Informationen gespeichert und wie werden sie übermittelt?

Bahnbrechende Entdeckungen zu diesem Thema verdanken wir in jüngerer Zeit dem Biophysiker Prof. Fritz Albert Popp. Seine Forschungen zeigen, daß jede lebende Zelle ein ultraschwaches Licht, die sogenannten »Biophotonen« abstrahlt. Dieses Licht ist kohärent,* das heißt seine Teilchen bewegen sich »geordnet«, und es scheint ein Anzeiger für die Lebendigkeit der Zelle oder auch ihr Potential an Lebensenergie und ihre Fähigkeit Informationen zu übermitteln zu sein. Prof. Popp hat erstmals ein Verfahren entwickelt, um Biophotonen zu messen. Mit diesem Gerät läßt sich unter anderem auch die Qualität von Nahrung feststellen. Eier von freilaufenden Hühnern lassen sich mit seiner Hilfe von denen aus konventioneller Käfighaltung eindeutig unterscheiden – ihr Gehalt an Biophotonen ist unterschiedlich, obwohl sie chemisch identisch sind. Messungen an Gemüse oder anderen Nahrungsmittel aus biologischem beziehungsweise konventionellem Anbau ergeben oft ähnliche Ergebnisse. Wobei hier aber anscheinend weniger der Verzicht auf giftige Substanzen das ausschlaggebende Kriterium ist als vielmehr der artgerechte Anbau und eine schonende Weiterverarbeitung. Biologische Lebensmittel sind also oft »lebendiger« als konventionelle, aber nicht immer. Auch stark verarbeitete Lebensmittel mit vielen Zusatzstoffen sind in der Regel hinsichtlich ihres Biophotonengehalts weniger wertvoll.

Das heißt, natürlich angebaute und möglichst naturbelassene Lebensmittel enthalten in den meisten Fällen nicht nur weniger Giftstoffe, mehr Vitamine, Mineralien und Spurenelemente, sondern auch mehr »Lebensenergie«, deren materiellen Ausdruck wir vielleicht in der feinen Lichtstrahlung der Biophotonen vermuten dürfen. Dieses energetische Potential ist, neben den anderen bekannten Faktoren, ein wesentlicher Bestandteil guter Nahrung und guter Ernährung.

Gute Nahrung hat also verschiedene Seiten, die über das bisher allgemein Bekannte weit hinausgeht. Abgesehen von persönlichen Vorlieben und individuellen Bedürfnissen könnte man auf dieser Grundlage die wichtigsten Kriterien für eine gesunde Ernährung wie folgt zusammenfassen:

---

* Kohärenz bezeichnet einen geordneten Zustand bei der Ausbreitung von Wellen oder Teilchen bei dem diese ein zusammenhängendes kommunikatives Feld bilden und in hohem Maße aufeinander ausgerichtet sind.

- naturbelassene Lebensmittel, d.h. möglichst wenig stark verarbeitete Produkte, verwenden
- Mahlzeiten frisch zubereiten, möglichst wenig Fertiggerichte und Aufgewärmtes
- keine Mikrowelle verwenden (→ Teil 3, *Mikrowelle*)
- auf genügend frisches Obst und Gemüse achten
- Auszugsmehl, weißen Zucker, Kakao, Kaffee, Schwarztee, Tabak, Alkohol usw. reduzieren oder vermeiden
- Lebensmittel aus kontrolliert biologischem oder artgerechtem eigenem Anbau verwenden

Weniger Fernsehen

Fernsehen belastet den Körper zum einen durch Strahlung (→ Teil 2, *Fernsehgeräte*) und langes Sitzen, zum anderen ist die Frage, welche seelische oder geistige Nahrung man sich damit viele Stunden des Tages zuführt. Wieviel von dem, was man dort sieht, bringt einen wirklich weiter, bereichert tatsächlich das Leben oder bringt einem wahre Befriedigung?

Aktivität, Kreativität und das Umsetzen eigener Ideen, statt des passiven Konsums vorgefertigter Inhalte, stärken uns auf allen Ebenen und erhalten die Lebenskräfte.

Ausreichend Bewegung

Leichter Sport oder Spazierengehen aktivieren Kreislauf und Stoffwechsel durch Bewegung und vermehrte Sauerstoffaufnahme. Dadurch bleibt der Körper fitter, und Schadstoffe können besser ausgeschieden werden. Man sollte allerdings darauf achten, daß der Sport dem Ausgleich und der Entspannung dient, erneuter Streß durch Leistungszwänge sind hier eher kontraproduktiv.

Die Heilkraft der Natur

Unser Körper ist ein Teil der Natur. Über Jahrmillionen haben wir in direktem Kontakt mit ihr gelebt und uns mit ihren Kräften auseinandergesetzt. Natürliche Schwingungen haben unsere Entwicklung geprägt. Erst in den letzten Jahrzehnten geht uns dieser Kontakt mehr und mehr verloren, und wir verbringen die meiste Zeit in geschlossenen Räumen und vor Bildschirmen – in einer unnatürlichen Umgebung, voller technischer Strahlung, die die natürlichen Wellen überdeckt, die wir für unser Wohlbefinden und unsere körperliche und seelische Gesundheit benötigen. Die Schwingungen eines natürlichen Umfelds wirken heilend und regenerierend auf Körper und Seele und laden unsere Batterien wieder auf. Nach einem stressigen Tag kann ein Waldspaziergang Wunder wirken, und nach wenigen Tagen in unberührter Natur ohne die »Segnungen« der Zivilisation spüren wir unsere Lebenskräfte zurückkehren.

Übungen zur Steigerung der Selbstheilkräfte
Eine sehr gute Möglichkeit, sich körperlich, seelisch und geistig zu stärken, stellen die bekannten, meist fernöstlichen Meditations- und Bewegungsübungen dar. Sie regen den Energiefluß in den feinstofflichen Energiebahnen des Körpers an und wirken sowohl körperlich wie auch seelisch stabilisierend.

Taijiquan und Qi Gong
Taijiquan und Qi Gong stammen aus der chinesischen Philosophie des Taoismus. Sie sind ein Teil des umfassenden Gesundheitssystems der Traditionellen Chinesischen Medizin (TCM). Die grundlegende Lebensenergie wird hier »Chi« oder »Qi« genannt. Jeder Mensch besitzt, entsprechend seiner Konstitution und Veranlagung, eine bestimmte Menge davon. Ist das »Qi« erschöpft oder blockiert, wird man krank, altert und stirbt irgendwann. Die Taiji- und Qi Gong-Übungen wurden entwickelt, um das Qi möglichst zu erhalten und zu pflegen. Das Qi zirkuliert im Körper in den sogenannten »Meridianen«, feinstofflichen Energiekanälen, die mit den verschiedenen Organen verbunden sind. Störungen oder Blockaden in den Meridianen behindern den Qi-Fluß und die optimale Versorgung der Organe mit Lebensenergie.

Taiji besteht aus einer Abfolge genau festgelegter Bewegungsabläufe, der sogenannten »Form«, die aus der asiatischen Kampfkunst abgeleitet wurden. Das Qi Gong setzt sich aus verschiedenen Körperhaltungen und Bewegungen zusammen, die unterschiedlich kombiniert werden können, je nachdem, was man erreichen und welche Körperbereiche oder Organe man aktivieren möchte.

Die Belastungen unseres modernen Lebensstils, seien es nun Giftstoffe, Strahlung oder Streß, schwächen, blockieren und verbrauchen das Qi. Taiji und Qi Gong sind, regelmäßig angewandt, ein äußerst wertvolles Werkzeug, um sich körperliche und geistige Gesundheit bis ins hohe Alter zu erhalten und eine gute Widerstandskraft gegen schädigende Einflüsse zu entwickeln.

Yoga
Yoga stammt aus der indisch-hinduistischen Philosophie und reicht von verschiedenen Meditationspraktiken bis hin zu den hierzulande vor allem bekannten Körperübungen des sogenannten Hatha Yoga. Ursprünglich Teil eines

geistigen Entwicklungsweges, hat sich Hatha Yoga in Europa auch bei vielen körperlichen Problemen unabhängig von einer geistig/religiösen Praxis bewährt und etabliert. Es arbeitet, ähnlich wie die chinesischen Techniken auch, mit der Aktivierung und bewußten Steuerung der Lebensenergie, die hier »Prana« genannt wird. Hatha Yoga beruht vor allem auf verschiedenen Körperhaltungen in Verbindung mit dem Atem, welche die Energie zum Fließen bringen und die feinstofflichen Kanäle des Körpers reinigen.

Taiji, Qi Gong oder Yoga sind heute auch in Europa weit verbreitet. Fast überall gibt es private Anbieter, deren Kursangebote man oft in Naturkostläden oder Reformhäusern finden kann, aber auch die meisten Volkshochschulen haben diese bewährten Techniken zur Gesundheitsvorsorge inzwischen im Programm.

Neben den oben erwähnten gibt es noch viele weitere Techniken wie zum Beispiel Wyda, Tao-Yoga, Fünf Tibeter usw. Man kann einfach ausprobieren, was einem am meisten zusagt.

Ihnen gemeinsam ist, daß sie darauf abzielen, die Lebensenergie, wie auch immer sie in den verschiedenen Systemen genannt wird, zu erhalten, zu aktivieren und ihren ungehinderten Fluß im Körper zu gewährleisten. Damit helfen sie, die Gesundheit nicht nur auf körperlicher, sondern auch auf seelischer und geistiger Ebene zu erhalten sowie die Selbstheilungskräfte des Körpers zu stärken. Die meisten davon sind gut geeignet, sich selbst so weit zu stabilisieren, daß man mit unvermeidbaren Belastungen besser umgehen kann.

Wichtig ist bei den meisten Praktiken allerdings, sie regelmäßig anzuwenden. Hier sind Ausdauer und Disziplin gefragt. Dafür wirken sie dann auch langfristig, ganzheitlich und ohne negative, sondern sogar mit äußerst positiven Nebenwirkungen in allen Lebensbereichen.

Streßabbau

Permanenter Streß trübt nicht nur die Stimmung, sondern belastet auch den Körper. Man sollte also sein Möglichstes tun, um Dauerstreß zu vermeiden oder abzubauen. Seminare oder Literatur für ein besseres persönliches oder berufliches Selbst- oder Zeitmanagement können dabei Hilfestellungen geben.

Ein anderer Punkt, der immer leicht übersehen wird, ist, daß viel Streß durch unabgeschlossene Aktivitäten entsteht. Auch allgemeiner Energiemangel und die Unfähigkeit, irgend etwas überhaupt noch in Angriff zu nehmen, resultieren daraus.

Im Kapitel über den Schlaf haben wir bereits von Aktionszyklen gesprochen. Am besten funktioniert unser Leben, wenn wir ungestört unsere Tätigkeiten beginnen, durchführen und wieder beenden können. Leider klappt das in der Praxis oft nicht so, wie man sich das wünscht. Man wird durch verschiedene Dinge unterbrochen oder abgelenkt und ist gezwungen, sich um vieles gleichzeitig zu kümmern. So bleiben immer wieder unerledigte Dinge, »offene Enden« übrig – Energieräuber par exellence, denn an all diesen offenen Zyklen hängt ein Teil der Lebensenergie und Aufmerksamkeit. Dies führt dann dazu, daß man das Gefühl bekommt, keine Energie mehr zu haben, im Chaos zu versinken und gestreßt zu sein.

In diesem Fall hilft nur eines: eine Liste aller offenen Zyklen erstellen und Schritt für Schritt abarbeiten. Mit jedem abgeschlossenen Zyklus kehrt dann die Energie, die dort gebunden war, zu einem zurück. Oftmals erleichtert einen bereits das Erstellen der Liste. Es hilft, die Kontrolle über das eigene Leben zurückzugewinnen und Streß abzubauen.

Vorgehen beim Streßabbau

1. Erstellen Sie eine Liste aller unerledigten Dinge und offenen Zyklen (den angefangenen Strickpullover im Schrank nicht vergessen, genauso wie den schon ewig versprochenen Besuch bei Tante Minna oder das Buch, das man gekauft hat und das jetzt schon seit zwei Jahren ungelesen im Regal steht)
2. Sortieren Sie aus, was sich inzwischen erledigt hat.
3. Unterteilen Sie die restlichen Punkte in:
   - Kurzes
   - Dringend
   - Weniger dringend
   - Wäre schön wenn…
4. Legen Sie in den verschiedenen Kategorien fest, was Sie als erstes angehen möchten, dann als zweites usw. …
5. Erledigen Sie soweit wie möglich »Kurzes« immer sofort und gehen Sie dann in Reihenfolge der Wichtigkeit weiter.
6. Reservieren Sie jeden Tag eine angemessene Zeit zum Abarbeiten der Liste.

Hinweis: Oft ist es sinnvoll, sich beim Sortieren der Liste (Punkte 2 - 4) von einer unabhängigen Person helfen zu lassen.

Checkliste Selbsthilfe

Die Checkliste bietet einen Überblick über die im vorigen Kapitel ausführlich beschriebenen Selbsthilfe-Maßnahmen. Die einzelnen Punkte sind hier in der Reihenfolge ihrer Wichtigkeit aufgeführt. Je mehr Sie im Laufe der Zeit davon verwirklichen können, desto besser.

○ **1. Den Schlafplatz entlasten**
○ Sicherung(en) abschalten
○ Bildschirmgeräte, Geräte mit Motoren und Lautsprechern entfernen oder abschirmen
○ Einflüsse aus anderen Räumen beachten (Lautsprecherboxen, Fernsehgerät, Kühlschrank, Herd, Schnurlostelefon, Bürogeräte)
○ Metallfreies Bett und Matratze
○ Schlafplatz und Heizkörper auf Magnetfeldveränderungen überprüfen
○ Von Quarzweckern mindestens 50 cm Abstand halten
○ Naturmaterialien verwenden
○ Fenster meiden
○ Kopf Richtung Norden oder Osten
○ Geologische Störungen beachten
○ Nicht über Betonträgern, Heizungsanlagen, Rohrleitungen und Garagen schlafen

2. Den Schlaf verbessern
○ Genügend schlafen
○ Besser schlafen

3. Den Wohn- und Arbeitsbereich entlasten
○ Kein Stand-by-Betrieb
○ Stecker von Elektrogeräten und Lampen richtig einstecken
○ Nicht benötigte Geräte ausstecken oder mit einer schaltbaren Steckerleiste vom Netz trennen
○ Steckernetzteile oder Geräte mit eingebauten Trafos in 1 - 2 Metern Abstand von Daueraufenthaltsplätzen anordnen und nach Gebrauch ausstecken
○ Wand- und Deckenlampen auf korrekten Anschluß überprüfen (Phase an Phase)
○ Kabelsalat vermeiden
○ Von elektrischen Geräten, die ständig in Betrieb sind, 1 - 2 Meter Abstand einhalten

◯ Kabeltelefone verwenden oder schnurlose nach CT1+-Standard
◯ Strahlungsarme Bildschirme nach TCO´99 oder gute Flachbildschirme verwenden
◯ Keine Arbeitsplätze direkt hinter Bildschirmen einrichten
◯ Kein Bluetooth oder W-LAN verwenden
◯ Keine Niedervolt- und Energiesparlampen verwenden
◯ Geerdete Elektrogeräte und Lampen verwenden (»Schukostecker«)
◯ Abgeschirmte Geräte und Kabel verwenden
◯ Auf Dimmer verzichten
◯ Naturmaterialien verwenden
◯ Geologische Störungen beachten
◯ **4. Auf gute Ernährung achten**
◯ **5. Auf ausreichend Bewegung achten**
◯ **6. Sich so oft wie möglich in der freien Natur aufhalten**
◯ **7. Übungen zur Steigerung der Selbstheilkräfte regelmäßig durchführen**
◯ **8. Weniger Fernsehen**
◯ **9. Maßnahmen zum Streßabbau ergreifen**

Professionelle Hilfe

Wie im vorigen Kapitel beschrieben, kann man selbst schon viel tun, um die Elektrosmogbelastung wesentlich zu reduzieren. Für weitergehende Maßnahmen kann es aber auch sinnvoll sein, sich an eine entsprechende Fachkraft zu wenden. Laufen zum Beispiel Stromleitungen auf einem Dachständer über das eigene Hausdach oder gibt es in unmittelbarer Nähe Transformatorenhäuschen, Überlandleitungen, Eisenbahntrassen, Straßenbahntrassen oder Sendeanlagen, so ist es für Laien oft nicht so einfach, die Belastungen, die von dort ausgehen könnten, richtig einzuschätzen. Aber auch wenn man wenig Möglichkeiten hat, Kühlschränken, Heizkörpern, Telefonen oder anderen Strahlenquellen räumlich auszuweichen, oder nicht sicher ist, inwieweit die Stromzufuhr anderer Räume, z. B. das Schlafzimmer beeinflußt, kann eine professionelle Untersuchung Klarheit bringen und sinnvolle Maßnahmen aufzeigen.

Eventuell erfordert außerdem die körperliche Situation, weitergehende Maßnahmen zu ergreifen, denn Umweltgifte und insbesondere Amalgam können die Reaktionen auf eine Belastung mit Elektrosmog um ein Vielfaches verstärken.

So lassen sich die Möglichkeiten professioneller Hilfe wieder in zwei grundlegenden Bereiche einteilen:
- Feststellen des gegenwärtigen Zustands und Entstörung bzw. Abschirmung
- Stärkung des Körpers und geistige Weiterentwicklung

In welchem Ausmaß man die hier beschriebenen Möglichkeiten professioneller Hilfe in Anspruch nehmen muß, möchte oder kann, hängt zum großen Teil von der individuellen Situation und Notwendigkeit ab. Sie sind als Anregung und Wegweiser gedacht für diejenigen, die eine entsprechende Hilfestellung aufgrund ihrer körperlichen oder psychischen Situation brauchen.

Aus unserer Sicht lohnt sich allerdings eine grundlegende Untersuchung des Schlafraumes auf elektrische und magnetische Störungen immer. Die Bedeutung eines gesunden Schlafplatzes kann nicht oft genug betont werden und stellt einen wichtigen Beitrag zur eigenen Gesundheitsvorsorge dar, auch wenn man noch keine offensichtlichen Symptome hat, die einen zum Handeln zwingen.

Untersuchung und Beratung

Die hier beschriebenen Möglichkeiten und Maßnahmen gelten ganz besonders für den Schlafbereich. Es macht jedoch Sinn, im Laufe der Zeit auch den Wohn- und Arbeitsbereich entsprechend einzubeziehen. Wie schon im Kapitel Selbsthilfe beschrieben, hat der Schlafraum die höchste Priorität. In Wohn- und Arbeitsräumen sollte man besonderes Augenmerk auf jene Plätze richten, an denen man sich regelmäßig für mehrere Stunden aufhält. Dazu gehören zum Beispiel: Fernsehsessel oder Couch, Arbeitsplätze (auch Küche), Kinderzimmer usw.

Die baubiologische Untersuchung

Im Rahmen einer baubiologischen Untersuchung kann eine große Bandbreite gesundheitlich relevanter Belastungen in der Wohnumgebung mit Hilfe technischer Meßgeräte erfaßt werden. Das sind: elektrische und magnetische Gleich- und Wechselfelder (Niederfrequenz), elektromagnetische Wellen

(Hochfrequenz), Radioaktivität, geologische Störungen und Schall; weiterhin Wohngifte, Schadstoffe und Raumklima (Temperatur, Feuchte, Ionen usw.), sowie Pilze, Allergene und Partikel (Stäube). Die Baubiologie hat dazu aufgrund von praktischen Erfahrungen eigene Grenzwerte erarbeitet, die weit unter den gesetzlich vorgeschriebenen liegen. Bei positivem Befund erfolgen entsprechende Vorschläge zur Entstörung und Sanierung.

Weitere Informationen und Adressen von qualifizierten Beratern gibt das Institut für Baubiologie und Ökologie Neubeuern (Adresse im Anhang) weiter.

Im Rahmen einer baubiologischen Untersuchung erhält man »objektive« technische Meßwerte über das Vorhandensein, die Stärke und Menge der Belastungen. Da die Möglichkeiten der unterschiedlichen Felder, sich gegenseitig zu beeinflussen, zu verstärken oder abzuschwächen äußerst vielfältig sind, hat man im Fall von Elektrosmog eine sichere Arbeitsgrundlage letztendlich nur, wenn die Felder sachkundig gemessen wurden.

Die radiästhetische Untersuchung

Bei einer radiästhetischen Untersuchung können prinzipiell dieselben Faktoren untersucht werden, die auch in der Baubiologie Beachtung finden. Allerdings werden dabei keine technischen Hilfsmittel eingesetzt. Hier ist der Rutengänger das Meßinstrument und die Nadel seiner Anzeige ist die Rute. Was bei einer radiästhetischen Untersuchung genau gemessen wird, sollte man vorher mir dem Rutengänger klären, da es hier bisher keinen entsprechenden festgelegten Standard, wie in der Baubiologie üblich, gibt. Die traditionelle Basis einer radiästhetischen Untersuchung ist die Lokalisierung von geologischen Störungen wie Wasseradern, Kreuzungssysteme, Verwerfungen und Lagerstätten. Je nach Schule kommen verschiedene Gittersysteme und energetische Punkte mit speziellen heilenden oder krankheitsfördernden Qualitäten hinzu. Darüber hinaus messen viele Rutengänger in der heutigen Zeit auch Belastungen durch elektrische und magnetische Felder und Wellen sowie das Vorhandensein anderer Schadstoffe wie Wohngifte, Pilze oder Allergene. Mit radiästhetischen Mitteln bekommt man allerdings keinen objektiven, technischen Meßwert der vorhandenen Belastungen. Trotzdem gibt es sinnvolle Einsatzmöglichkeiten für die Radiästhesie, zum Beispiel im Fall von geologischen Störungen. Diese sind von technischen Meßgeräten, sogenannten Szintillationszählern, nur unter bestimmten Voraussetzungen zu erfassen. Technische Meßverfahren für Wasseradern oder Verwerfungen funktionieren in Innenräumen, bei dichter Bebauung oder wenn Metallzäune in näherer Umgebung vorhanden sind, nicht.

Außerdem kann zusätzlich zur baubiologischen, die radiästhetische Untersuchung Ergebnisse bringen, die mit technischen Mitteln bisher nicht erfaßbar sind. Bei krankheitsauslösenden Faktoren ist oftmals nicht ausschließlich die Intensität der Störung ausschlaggebend. Die individuelle Resonanzfähigkeit, körperliche Verfassung und biologische Fenster spielen vor allem im Bereich von niedrigen Dosierungen eine große Rolle für die »subjektive« Schädlichkeit eines Umwelteinflusses. Dies ist bisher mit technischen Meßgeräten nicht zu erfassen. Ein guter Rutengänger findet aber oft zielsicher die Belastungen, die für einen bestimmten Menschen ausschlaggebend sind und auf die er besonders stark reagiert. Dabei kann es vorkommen, daß technische Meßwerte keine oder nur eine geringe »objektive« Belastung anzeigen, aufgrund der persönlichen Resonanzfähigkeit jedoch trotzdem Symptome auftreten.

Baubiologie oder Radiästhesie?
Wir empfehlen, entsprechend der alten Volksweisheit »Schuster bleib bei deinen Leisten« jede Technik dort einzusetzen, wo sie ihre Stärken entfalten kann. Dort wo eine meßtechnische Erfassung belastender Faktoren machbar ist, ist es notwendig und sinnvoll, diese Möglichkeit auch zu nutzen. Bei geologischen Störungen wie Wasseradern und Verwerfungen sowie individuellen Reaktionen auf vielleicht meßtechnisch nicht mehr erfaßbare Einflüsse kommt ihrerseits die Radiästhesie zum Zug. Daß man etwas technisch (noch) nicht messen kann, heißt nicht unbedingt, daß es nicht existiert oder unwirksam ist – das hat die menschliche Geschichte immer wieder gezeigt.

Die Qualität der Beratung
Achten Sie bei jeder Untersuchung, ob radiästhetisch oder baubiologisch, auf die Qualität der Berater. Es gibt viele Möglichkeiten, um bei technischen Messungen zu falschen Ergebnissen zu kommen. Noch sehr viel mehr Fehlerquellen gibt es beim Rutengehen. Die persönliche Kompetenz und die Erfahrung eines Beraters ist ausschlaggebend für die Qualität des Ergebnisses. Es liegt in der Natur der Dinge, daß im meßtechnisch erfaßbaren Bereich der Baubiologie auch die Qualität der Ergebnisse leichter standardisierbar und objektiver überprüfbar ist. Bei den Ergebnissen der Arbeit eines Rutengängers ist das schon schwieriger. Aus diesem Grund möchten wir hierzu einige Hinweise und mögliche Qualitätskriterien geben:
- Lassen Sie Ihren gesunden Menschenverstand walten. Nur weil jemand eine Rute in der Hand hat und Dinge wahrnehmen kann, die Sie nicht wahrnehmen, heißt das noch lange nicht, daß er recht hat.

- Ein guter Rutengänger kann seine Vorgehensweise und seine Vorschläge meist logisch begründen und macht kein Geheimnis aus dem, was er tut. Nebulöses Gerede von mysteriösen »Energien« lassen eher darauf schließen, daß jemand seine Unwissenheit oder Unfähigkeit verbergen möchte, und sollte Sie eher mißtrauisch machen.
- Leider gibt es viele Rutengänger, die günstige Begehungshonorare mit dem Verkauf von teuren Entstörgeräten kompensieren. Ein Berater, der Ihnen Angst macht, Krankheit und Tod prophezeit und natürlich dann eine Lösung parat hat, die aber das Vielfache seines Beratungshonorars kostet, arbeitet unseriös.
- Orientieren Sie sich, wenn möglich, bei der Wahl eines Beraters (neben den oben genannten Punkten) auf die Empfehlung eines Menschen ihres Vertrauens, dem nachweislich damit geholfen wurde.
- Fragen Sie vor der Terminvereinbarung nach Ausbildung, Erfahrung und Referenzen.
- Überprüfen Sie die Ergebnisse anhand der Verbesserung ihrer Situation.

Entstörung

Der Netzfreischalter

Netzfreischalter sind kleine Geräte, die im Sicherungskasten montiert werden und einen bestimmten Stromkreislauf, also zum Beispiel den von Schlaf- oder Kinderzimmer, abschalten können. Für unterschiedliche Anwendungsbereiche und Bedürfnisse werden verschiedene Modelle angeboten. Es gibt Geräte, die automatisch schalten, wenn kein Stromverbraucher mehr in Betrieb ist, aber auch solche, die per Funk ein- und ausgeschaltet werden können. Falsch eingesetzt, können Netzfreischalter im Extremfall auch zu einer Verschlechterung der Situation führen. Deshalb sollten sie immer vom Fachmann installiert werden.

Damit Netzfreischalter wirklich funktionieren und die ihnen zugedachte Aufgabe erfüllen können, muß folgendes bedacht werden:

Bei Geräten, die automatisch schalten, darf kein Dauerstromverbraucher am Netz sein, denn dann schaltet der Netzfreischalter nicht ab. Dauerstromverbraucher sind zum Beispiel elektrische Geräte im Stand-by-Betrieb, elektrische Wecker, Batterieladegeräte oder Akkugeräte, die in der Wandhalterung geladen werden. Manche sind offensichtlich und relativ leicht zu beseitigen. An vieles andere, das einen Netzfreischalter blockieren kann, denkt man aber unter Umständen nicht. Dies können Trafos in tragbaren Kassettenrekordern, Antennenverstärker auf dem Dach, Klingeltrafos bei Haus- oder Wohnungsklingeln, schnurlose Telefone, Anrufbeantworter, Faxgeräte, automatische Zeitschaltuhren, Steckernetzteile oder Trafos von elektrischen Geräten und dergleichen mehr sein. Manchmal läuft auch der Kühlschrank in der Küche nebenan oder die Stromzufuhr für das Bad über die Sicherung des Schlafzimmers, so daß Geräte, die dort in Betrieb sind, verhindern, daß der Netzfreischalter schaltet.

Grundsätzlich sollte also die Wirkung des Netzfreischalters immer praktisch überprüft werden. Geräte, die man von Hand oder per Funk schaltet, sind in dieser Hinsicht unproblematisch.

Die Erdung

Alle elektrischen Installationen im Haus sind über den Sicherungskasten mit dem Erdboden verbunden. Der Erdboden ist im Vergleich zur elektrischen Installation neutral, und Spannungen aus der Hausinstallation können dorthin kontrolliert abfließen. In jeder Leitung im Haus befindet sich ein sogenannter Schutzleiter, der durch eine gelb-grüne Ummantelung gekennzeichnet und für die Erdung zuständig ist. In Steckdosen ist dieser Schutzleiter mit den blanken Metallfedern an beiden Seiten der Steckdose verbunden, an den Anschlußstellen für Herd, Decken- und Wandlampen findet man ihn offenliegend als gelb-grünes Kabel.

Eine gute Erdung ist eine wichtige Maßnahme, um elektrische Felder zu reduzieren (→ *Abschirmung von elektrischen Feldern*). Insofern sollte man die Hauserdung von einer Fachkraft auf ihre Funktionsfähigkeit und Qualität überprüfen lassen.

Lampen oder andere elektrische Geräte aus Metall sollten immer geerdet sein oder nachträglich geerdet werden (→ Teil 3, *Elektrische Geräte*). Damit läßt sich die Stärke des elektrischen Feldes um etwa 95 % reduzieren. Zur Installation einer nachträglichen Erdung wenden Sie sich bitte an Ihren Elektriker oder Elektronikfachhandel. Geräte mit Kunststoffgehäuse können nicht geerdet werden. Sie müssen, wenn nötig, extra abgeschirmt werden.

Abschirmung

Abschirmung ist die letzte Möglichkeit, Felder zur reduzieren oder auszuschalten, wenn andere Maßnahmen nicht ausreichen oder unpraktischer sind. Sie muß unbedingt von einem Fachmann durchgeführt werden, der zuvor feststellt, welche Abschirmmaßnahmen wirklich nötig und sinnvoll sind, und die Ergebnisse mit Hilfe von Meßgeräten überprüfen kann.

Grundsätzlich ist Abschirmung ein sehr komplexes Thema. Unterschiedliche Strahlungen durchdringen verschiedene Materialien unterschiedlich stark und werden von Wänden reflektiert, und eine Abschirmung an der falschen Stelle kann die Felder sogar noch verstärken. Effektive Maßnahmen, die die Situation nicht noch verschlechtern, sind in höchstem Maß von der individuellen Situation abhängig. Pauschale Empfehlungen können hier nicht gegeben werden. Wir möchten aber im folgenden trotzdem einen kurzen Überblick über mögliche Abschirmmaßnahmen und deren Funktionsweise geben.

Abschirmung von elektrischen Feldern
Ein elektrisches Feld entsteht, wenn eine Spannung vorhanden ist. Wenn ein Strom fließt, wird Spannung, und damit auch das elektrische Feld, abgebaut (→ Teil 1, *Grundlagen*).

So funktioniert die Abschirmung von elektrischen Gleich- und niederfrequenten Wechselfeldern immer über das Herstellen von Leitfähigkeit und eine korrekte Erdung. Das heißt also, die Spannung wird zur Erde abgeleitet (Prinzip Blitzableiter), und damit verschwindet das elektrische Feld.

Geräte mit Metallgehäuse sind von sich aus leitfähig, man muß sie also nur erden, um das elektrische Feld zu reduzieren (→ *Erdung*, Teil 3, *Elektrische Geräte*).

Stein, Beton, Holz oder Kunststoff sind kaum fähig, die elektrische Spannung abzuleiten. Um also das Feld zu verringern, müssen sie mit entsprechenden Materialien leitfähig gemacht werden.

So gibt es für die Abschirmung von Wänden leitfähige Gipsplatten, Vliese, Gitter, Putze oder Farben. Damit können die Felder von elektrischen Installationen in der Wand oder auch von elektrischen Geräten in angrenzenden Räumen wirksam ausgeschaltet werden. Dasselbe Prinzip gilt auch für Dach und Fußboden, falls notwendig. Für Böden gibt es zum Beispiel leitfähige Kleber und Bodenbeläge. Alubeschichtete Dampfsperren zur Dachisolation haben zudem eine abschirmende Wirkung für Hochfrequenz, wenn sie geerdet werden.

Das elektrische Feld von Kleingeräten, deren Gehäuse aus Kunststoff besteht, kann mit Metallfolien oder -gittern, z. B. Alufolie, Hasendraht, Fliegengitter usw. abgeleitet werden.

Für elektrische Installationen gibt es abgeschirmte Kabel, die erst gar kein elektrisches Feld verursachen. Diese sind bei Neubauten oder Komplettsanierungen der Elektrik immer zu empfehlen. Sie sind zwar teurer als konventionelle Kabel, aber wer Räume kennt, die damit ausgestattet sind, der weiß, es lohnt sich!

Abschirmung von magnetischen Feldern
Magnetische Felder können im Gegensatz zu elektrischen Feldern kaum abgeschirmt werden. Sie durchdringen fast verlustlos die allermeisten Materialien. Selbst spezielle Metallegierungen wie Trafoblech und MU-Metall können Magnetfelder nur reduzieren und nie ganz abschirmen. Beide eignen sich hauptsächlich zur Abschirmung von kleineren Geräten wie zum Beispiel Trafos, Steckernetzteilen, Vorschaltgeräten von Leuchtstoffröhren, Motoren, Pumpen usw., da MU-Metall sehr teuer und für großflächige Anwendungen kaum bezahlbar ist. Die Geräte müssen bei der Abschirmung von magnetischen Feldern außerdem komplett ummantelt werden.

Abschirmung von elektromagnetischen Feldern (Hochfrequenz)
Hochfrequente elektromagnetische Strahlung läßt sich meist relativ gut abschirmen, da sie in ihrem Verhalten immer mehr dem Licht ähnelt und von unterschiedlichen Materialien mehr oder weniger reflektiert wird, so wie das Licht von einem Spiegel.

Zur Abschirmung von elektromagnetischen Feldern gibt es Materialien für die verschiedensten Anwendungsbereiche: Putze, Netze, Gitter, Folien, Vliese, spezielle Platten, Farben, Stoffe aus Baumwolle und Kunststoff, Rollos und Glasscheiben. Bei diesen ist teilweise problematisch, daß die Wirkung je nach Frequenz unterschiedlich sein kann: Bestimmte Frequenzen werden reflektiert, während andere durchkommen. Auch neu entstehende Reflexionen innerhalb von Räumen können ein Problem sein. Deswegen raten wir hier ganz besonders von Selfmade-Maßnahmen ohne meßtechnische Überprüfung ab.

Baumaterialien
Auch konventionelle massive Baumaterialien können schon eine gute Abschirmwirkung haben. Diese hängt zum einen vom Material selbst, aber auch von dessen Dicke ab.

Material	DECT, 250mW, 1m Abstand 40.000 µW/m²	E-Netz Antenne, 5 - 10 m Abstand 20.000 µW/m²
	Verbleibende Strahlungsdichte in µW/m² hinter der Wand*	
Lärche 21 cm mit Lehmstein 24 cm	1,2	0,6
Lehmstein 24 cm	40 - 12	20 - 6
Leichtbeton 30 cm	160	80
Lärche 21 cm	400	200
Hochlochziegel 24 cm	~800	~400
Kalksandstein	>4.000	>2.000
Fichte/Tanne 16 cm	4.000	2.000
Fertighauswand 23 cm	>20.000	>10.000

*Baubiologische Empfehlungen liegen bei <0,1 µW/m² für Schlafbereiche und 1µW/m² am Tag.

Die obige Tabelle gibt einen Überblick über die abschirmende Wirkung verschiedener Baustoffe am Beispiel eines DECT-Schnurlostelefons und einer E-Netz Antenne. Zwischen der Strahlenquelle und dem Meßort befand sich jeweils eine Wand aus dem angegebenen Material und in der entsprechenden Dicke. In den beiden rechten Spalten ist angegeben, wieviel Strahlung in µW/m² jeweils hinter der Wand in einem, beziehungsweise 5 - 10 m Abstand noch ankam.

Die Ergebnisse sind Teil einer Studie über die abschirmende Wirkung verschiedener Baumaterialien, die an der Universität der Bundeswehr in Neubiberg von Prof. Dipl. Ing. Peter Pauli durchgeführt und von Dr. Ing. Dietrich Moldan in der Broschüre »Reduzierung hochfrequenter Strahlung im Bauwesen« zusammengestellt wurde. Man kann sie dort gegen € 10,- bar oder in Briefmarken anfordern (Adresse im Anhang).

Fenster

Bezüglich hochfrequenter Strahlung sind Fenster und (Glas-)Türen die großen Schwachstellen des Hauses, da normales Glas die Strahlung fast ungehindert durchläßt. In neuen Häusern wird zur Einhaltung der Wärmeschutzverordnung inzwischen ein metallbeschichtetes Glas eingesetzt, das den angenehmen Nebeneffekt hat, auch die hochfrequente Strahlung abzuhalten. Legt man auf eine abschirmende Wirkung Wert, muß man allerdings Metallrahmen verwenden oder trotzdem abschirmen, denn Holz läßt wiederum das meiste durch.

Bei normalem Fensterglas helfen metallische Fliegengitter und spezielle Folien, aber auch normale Alu-Rolläden können zumindest nachts die Strahlung im Frequenzbereich von D- und E-Netz sowie UMTS um 99 - 99,9% reduzieren.

Entstörgeräte

Es werden unzählige Entstörgeräte für Elektrosmog, Handystrahlung, Bildschirmstrahlung oder auch geologische Störungen angeboten.

Darunter sind Geräte, die versprechen, die Strahlung tatsächlich meßbar zu reduzieren. Andere sollen nur die negativen Auswirkungen mildern oder aufheben. Das Erstere kann man mit entsprechenden Meßgeräten leicht überprüfen, den Löwenanteil machen jedoch die Geräte der anderen Kategorie aus. Hier wird es dann schwierig, deren wirklichen Nutzen abzuschätzen. Niemand kann mehr nachprüfen, welche Wirkmechanismen zugrundeliegen und was ein Gerät tatsächlich bewirkt.

Vieles stellt sich bei genauerer Betrachtung als eine gute Geschäftsidee heraus, wenn man bedenkt, daß viele Plaketten oder Kleber ein Herstellungspreis von wenigen Cent haben und dann für Preise von 20 - 100 € oder auch mehr verkauft werden. Wir möchten nicht ausschließen, daß das eine oder andere Hilfsmittel dieser Art eine positive Wirkung hat, auch wenn wir den Wirkmechanismus nach dem heutigen Stand der Wissenschaft noch nicht nachvollziehen können – fast kriminell wird es aber unserer Ansicht nach, wenn behauptet wird, daß wir den Elektrosmog geradezu brauchen, denn je mehr Strahlung desto mehr »positive Energie« kommt dann nach der »Umwandlung« dabei heraus. Eine solche Aussage ist fahrlässig und unverantwortlich, sofern sie nicht hieb- und stichfest zu beweisen ist. »Wissenschaftliche« Studien, die die Hersteller solcher Produkte anführen, sollte man zudem unbedingt auf ihre Herkunft und Stichhaltigkeit überprüfen. Vieles hört sich sehr wissenschaftlich an, doch wenn man genauer nachforscht, stellt sich oft heraus, daß die meisten »Referenzen« ins Nichts führen und die angegebenen Institute gar nicht existieren.

Die meisten Wissenschaftler und Baubiologen raten von solchen Geräten grundsätzlich ab, da sie, so Dr. von Klitzing, oft noch dazu verführen, sich kritischem Elektrosmog ungeschützt auszusetzen.

Unsere Meinung dazu ist: Man sollte den Versprechungen der Hersteller oder Vertreiber von Entstörgeräten, deren Wirkweise nicht eindeutig nachvollziehbar oder meßtechnisch überprüfbar ist, grundsätzlich mit wachen Sinnen und einer großen Portion gesundem Menschenverstand begegnen. Ein arabisches Sprichwort sagt außerdem:»Vertraue auf Gott, aber binde deinem Kamel trotzdem die Füße zusammen.« Selbst wenn man also ein solches Entstörgerät subjektiv positiv erlebt, sollte man auch auf der konkreten physischen Ebene die nötigen Maßnahmen ergreifen, um die Strahlenbelastung soweit wie möglich zu reduzieren.

Stärkung des Körpers

Meist ist eine Elektrosmog- oder Strahlenbelastung nicht der einzige Grund für körperliche Beschwerden. Häufig ist sie aber der Tropfen, der das Faß zum Überlaufen bringt. Um also unvermeidbare Belastungen besser tolerieren zu können und damit die Lebensqualität zu erhöhen, bietet sich alles an, was den Körper entlastet und stärkt.

Die Erfahrungen von Ärzten und Heilpraktikern sowie viele Studien zeigen außerdem, daß die Kombination verschiedener Belastungsfaktoren sich in ihrer Wirkung nicht nur summieren sondern um ein Vielfaches steigern. Bei der Untersuchung von »Elektrosensiblen«, also Menschen die schon auf sehr geringe Intensitäten von elektrischen und magnetischen Feldern mit zum Teil heftigen Symptomen bis hin zum Kollaps reagieren, hat man diese Zusammenhänge erstmals festgestellt. Alle untersuchten Personen, die unter Elektrosensibilität litten, waren mehrfach auch durch andere Schadstoffe belastet, und neben der Eliminierung der störenden Felder brachte erst eine Reduzierung auch dieser Faktoren eine dauerhafte Besserung der Situation.

Die Übergänge von den »normalen« Symptomen einer Elektrosmogbelastung bis zur tatsächlichen Elektrosensibilität sind fließend, und für beide gelten letztendlich die selben Grundprinzipien. Das heißt: Auch wenn man (noch) nicht im klassischen Sinn elektrosensibel ist, ist es sinnvoll bei der Behandlung von Symptomen, die mit einer Elektro- und Strahlenbelastung in Zusammenhang gebracht werden können, immer auch die Wechselwirkung mit anderen Faktoren und eine Entgiftung des Organismus zu berücksichtigen.

Toxische Belastungen
Die wichtigsten toxischen Belastungen aus der Umwelt kann man folgendermaßen zusammenfassen:

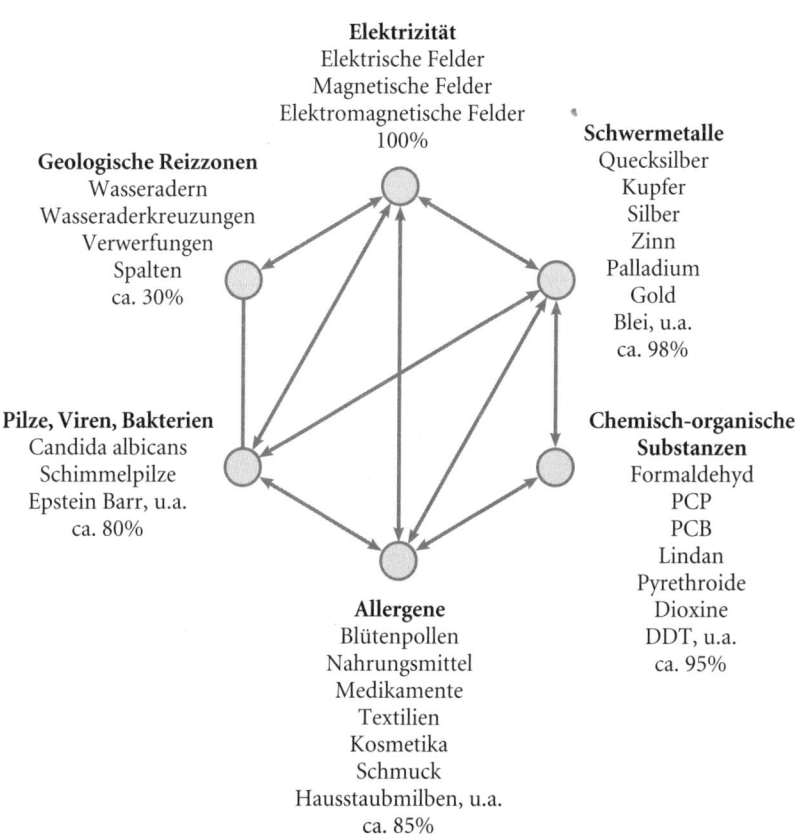

Abb. 48: Die Wechselwirkungen verschiedener Belastungsfaktoren. Die Prozentzahlen geben an, bei wievielen Testpersonen die jeweilige Belastung gefunden wurde.

Schwermetalle

Schwermetalle sind zum Beispiel: Blei, Cadmium, Chrom, Kobalt, Kupfer, Quecksilber, Zink und Zinn.

Sie finden sich in Nahrungsmitteln, Zahnfüllungen, Kunststoffen, Kleidern, Textilien, Möbeln, Holzschutzmitteln, Pflanzenschutzmitteln, Wasserleitungen, Neonröhren, Farben und Lacken, Batterien, Thermometern, Treibstoffen oder Tabakrauch usw. Sie werden nicht wieder ausgeschieden, sondern in Depots im Körper eingelagert.

Zahnfüllungen

In Amalgam-Zahnfüllungen sind vor allem die Schwermetalle Quecksilber, Kupfer und Zinn, in billigen Goldkronen auch Palladium, kritisch zu bewerten.

Man hat festgestellt, daß bei 98% aller elektrosensiblen Patienten gleichzeitig eine Belastung mit Schwermetallen, insbesondere Amalgam vorhanden ist. Amalgam und Elektrosmog verstärken sich in ihrer schädlichen Wirkung gegenseitig um ein Vielfaches. Der Toxikologe Dr. Max Daunderer vertritt sogar die Ansicht, daß Elektrosensibilität die direkte Folge einer Amalgambelastung ist. Umgekehrt wird in Anwesenheit von niederfrequenten elektrischen und magnetischen Feldern bis zu sechs mal mehr Quecksilber aus Zahnfüllungen herausgelöst.

Chemisch-organische Substanzen

Bei 95% aller Elektrosensiblen findet sich eine Belastung mit Formaldehyd, Lindan, PCP, Pyrethroiden, PCB, Herbiziden, Pestiziden, Furanen, Dioxinen usw. Eine Amalgambelastung steigert die giftige Wirkung von Lindan und Formaldehyd um das 25-fache, von PCP um das 5-fache.

Maßnahmen zur Entgiftung
Sanierung der Umgebung

Schadstoffe finden sich in fast allen Bereichen des modernen Lebens, in Nahrung, Kleidung, Möbeln, Teppichen und Baustoffen. So weit wie möglich sollte man also biologische Produkte bevorzugen, um die weitere Aufnahme giftiger Substanzen aus der Umwelt zu reduzieren.

Zahnsanierung

Amalgam muß vom Zahnarzt als Sondermüll entsorgt werden. Es stellt im Mund eine große Belastung für den Organismus dar und sollte entfernt werden. Dies ist zwar ein großer Schritt und mit einem entsprechendem finanziellen Aufwand verbunden, aber unserer Meinung nach einer der grundlegenden Faktoren für den langfristigen Erfolg jeder Behandlung – vor allem bezüglich Elektrosmogbelastung und Allergien.

Beim Ausbohren der Füllungen sollten man außerdem auf spezielle Schutzmaßnahmen achten, damit kein Feinstaub und giftige Dämpfe über die Schleimhäute und die Lunge aufgenommen werden. Dabei wird die Mundhöhle mit einem sogenannten »Kofferdam« geschützt und bei niedrigen Drehzahlen gearbeitet. Inzwischen gibt es viele Zahnärzte, die sich darauf spezialisiert haben.

Nach dem Entfernen der Metallfüllungen sollte ein Provisorium eingebracht und die Entscheidung für die endgültige Lösung erst nach der Entgiftungsphase getroffen werden.

Alle Füllmaterialien oder Zahnersatzstoffe enthalten Metalle und chemische Substanzen, die den Körper belasten können. Damit es nach einer teuren und aufwendigen Zahnsanierung kein böses Erwachen gibt, ist es sinnvoll auch alle(!) zukünftigen Materialien einzeln und in Kombination(!) von einem erfahrenen Praktiker testen zu lassen. Bekannte Verfahren zum Austesten sind zum Beispiel: Bioresonanz, Kinesiologie, RAC nach Nogier, Rute oder Pendel, Speicheltest und der Lymphozyten-Transformationstest (LTT).

Grundsätzlich ist es sinnvoll, sich bei einer Zahnsanierung von einem erfahrenen Naturheilarzt oder Heilpraktiker begleiten zu lassen.

Ausleitung

Da viele Schadstoffe im Körper gespeichert werden, bedarf es zur Entgiftung verschiedener Maßnahmen, um diese Depots wieder zu aktivieren und die entsprechenden Stoffe zur Ausscheidung zu bringen. Dies gilt für Schadstoffe, die aus der Umwelt aufgenommen wurden und besonders nach der Sanierung von Amalgamfüllungen. Hierzu gibt es folgende Herangehensweisen und Möglichkeiten:[45]

- Bestimmte Kräuter- und Gewürzmischungen aktivieren Schwermetalldepots. Ablagerungen in Nerven und innerhalb von Zellen werden ins Gewebe ausgeleitet.
- Chemische Metallsalzbildner (DMPS, DMSA, Unithol) binden Quecksilber an sich, so daß es über den Darm und die Niere ausgeschieden werden kann.
- Algen binden ebenfalls Schwermetalle und auch andere Giftstoffe, so daß sie ausgeschieden werden können
- Homöopathische Mittel, Bioresonanz, Elektroakupunktur und Kinesiologie unterstützen die Ausleitung, genügen aber meistens nicht als alleinige Maßnahme.
- Zusätzlich wird die Ausleitungstherapie durch die Gabe von Mineralstoffen, Spurenelementen und Vitaminen unterstützt. Durch Schwermetallbelastungen entstehen häufig Mangelzustände im Körper, die wieder ausgeglichen werden müssen. Manche der genannten Stoffe sind außerdem notwendig, damit die gebundenen Giftstoffe ausgeschieden werden können.
- Weitere unterstützende Maßnahmen sind auch Akupunktur, Akupressur, Farb- und Tontherapie, Fasten, sowie das Ölschlürfen.

Löschen der Information
Schadstoffe und andere schädliche Einflüsse auf den Körper werden dort aber nicht nur materiell abgelagert, sondern unter Umständen auch als Information gespeichert. So wie der Abdruck einer Hand im feuchten Lehm bestehen bleibt, selbst wenn die Hand schon längst nicht mehr da ist, bleiben auch die »Eindrücke« von Stoffen, die für eine Zeit materiell im Organismus vorhanden waren, energetisch dort bestehen. So kann es nötig sein, zusätzlich zur Ausleitungstherapie auch die energetischen Informationen zu löschen, um eine dauerhafte Besserung oder Heilung zu erzielen. Bleibt die Information im Körper gespeichert, wirkt sie wie ein Resonator. Beim nächsten Kontakt mit dem entsprechenden Schadstoff reagiert der Körper immer noch, als wenn er belastet wäre, und die Wiedereinlagerung von neuen Schadstoffen wird begünstigt.

Mögliche Verfahren hierzu sind zum Beispiel das Bioresonanzverfahren und die Lasertherapie.

Bei stärkeren Belastungen mit Schadstoffen können sich die Symptome zu Beginn verschlimmern und es kann zu regelrechten Entgiftungskrisen kommen. Deshalb sollte eine Entgiftung und Ausleitung immer in Zusammenarbeit mit einem Arzt oder Heilpraktiker Ihres Vertrauens erfolgen.

Allergien und Nahrungsmittelunverträglichkeiten
Allergien sind eine Störung des Immunsystems. Sie können unter anderem als Folge von Umweltbelastungen wie Elektrosmog und Schadstoffen aufgrund einer Überlastung des Immunsystems entstehen. Sie verstärken ihrerseits wieder die Sensibilität gegenüber elektromagnetischen Feldern.

Allergien sind meist mit deutlich sichtbaren Symptomen an Haut und Schleimhäuten verbunden: vermehrte Absonderung von Schleim und Tränenflüssigkeit, Juckreiz, Rötungen, Schwellungen und Ausschläge. Sie werden durch Pollen, Insektenstiche, Milben, Tierhaare oder Schimmelpilze ausgelöst.

Weniger offensichtlich sind dagegen die sogenannten versteckten Allergien, die oft auf Nahrungsmittelunverträglichkeiten beruhen. Sie verursachen in den meisten Fällen keine akuten allergischen Symptome, wirken aber schwächend auf das Immunsystem und sind Mitverursacher vieler langandauernder chronischer Beschwerden und Wegbereiter ernsthafter Krankheiten.

Nahrungsmittelunverträglichkeiten können ebenfalls durch eine Überlastung des Immunsystems, durch Umweltgifte und Elektrosmog entstehen. Nach Beobachtungen von naturheilkundlich arbeitenden Ärzten hatte zum Beispiel der Ausbau des D- und E-Netzes – und die damit verbundenen stark ansteigende Belastung mit gepulster hochfrequenter Strahlung – einen dramatischen Anstieg der Unverträglichkeit von Kuhmilch und Weizen zur Folge.[46]

Bleiben Nahrungsmittelunverträglichkeiten unerkannt, wird das Immunsystem zusätzlich belastet und das Ausgleichsvermögen des Organismus gegenüber anderen Störungen weiter reduziert.

Um also für den nicht vermeidbaren Teil von Strahlen- und anderen Belastungen besser gewappnet zu sein und den Organismus zu entlasten, müssen Allergien und Nahrungsmittelunverträglichkeiten erkannt und therapiert werden. Häufige Unverträglichkeiten bestehen heute bei Kuhmilch und Kuhmilchprodukten, Weizen, Nüssen, Eiern, Industriezucker und Schweinefleisch.

Nahrungsmittelunverträglichkeiten sind selten mit herkömmlichen Allergietests zu erkennen, es gibt aber verschiedene Verfahren, wie zum Beispiel die Bioresonanz, um die Auslöser festzustellen und auch erfolgreich zu behandeln.

Pilze, Viren, Bakterien

Neben Allergien nimmt auch die chronische Besiedelung des Körpers mit Pilzen, Viren und Bakterien stetig zu. Infektionsherde finden sich hier oft im Wohnumfeld.* Prinzipiell sind aber viele Pilze, Viren und Bakterien auch im gesunden Körper in geringer Anzahl vorhanden, ohne daß sie schaden, denn eine intaktes Immunsystem hält ihre Population in vernünftigen Grenzen. Wird das Immunsystem jedoch durch andere Einflüsse geschwächt, können sie sich ungehemmt vermehren. Elektrosmog ist ein solcher Einfluß, der neben ungesunden Ernährungsgewohnheiten seinen Teil zur explosiven Vermehrung von Pilzinfektionen, wie beispielsweise Candida albicans (Hefepilz), beigetragen hat.

Schwermetalle sind ein anderer Faktor, der die Vermehrung von Pilzen und Bakterien im Körper fördert. In diesem Fall sind die lästigen Parasiten dem Körper sogar nützlich, um seine Belastung durch Schwermetalle zu reduzieren. Ähnlich wie Algen und manche chemischen Stoffe haben sie die Fähigkeit Schwermetalle an sich zu binden und sie so für den Körper verträglicher zu machen. Also schließt der Körper einen »Handel« ab und »toleriert« dafür ihre giftigen Abbauprodukte solange er kann.

---

* Vor allem die neuerdings beliebten Energiesparhäuser sind in dieser Hinsicht ein Problem. Man darf hier die Fenster zum Lüften nicht mehr öffnen, sonst ist der Energiespareffekt dahin. Deshalb funktionieren sie mit mehr oder meist leider weniger guten Lüftungssystemen. Die Schimmelpilzbildung wird aber durch ungenügende Lüftung begünstigt und auch die unzugänglichen Lüftungsrohre bieten nach einigen Jahren ohne gründliche Reinigungsmöglichkeit ein Eldorado für alle möglichen Keime. Hier wird es wahrscheinlich in den nächsten Jahren für viele Besitzer preisgünstiger Energiesparhäuser ein böses Erwachen geben.

Die Stoffwechselprodukte von Pilzen, Viren und Bakterien sind belastend bis äußerst gesundheitsschädlich. Sie treten mit anderen Faktoren in Wechselwirkung, schaukeln sich gegenseitig auf und kreieren so einen Teufelskreis der Belastung. Eine Behandlung muß gemeinsam mit den Kofaktoren, wie Elektrosmog und Schwermetallen, erfolgen ansonsten ist der Erfolg meist nur von kurzer Dauer.

Persönliche Entwicklung

Bisher haben wir hauptsächlich verschiedene Möglichkeiten betrachtet, Elektrosmog zu reduzieren, sowie körperliche Faktoren, die dafür verantwortlich sind, wie gut oder schlecht unser Körper mit der verbleibenden elektromagnetischen Belastung fertigwerden kann. Damit haben wir uns fast ausschließlich mit den materiellen Seiten des Problems auseinandergesetzt. Da die Auswirkungen von elektrischen und magnetischen Feldern hauptsächlich materieller Natur sind und folglich auch den Körper am härtesten treffen, sind die bisher beschriebenen Maßnahmen auch unbedingt notwendig und sinnvoll, um eine dauerhafte Verbesserung der Situation zu erzielen.

Trotzdem gibt es noch weitere Möglichkeiten, die Verträglichkeit der verbleibenden Belastung zu steigern.

Körper, Seele und Geist

Leben ist niemals nur eine materielle Angelegenheit. Materie allein ohne einen geistigen Impuls, eine Wesenheit, die sie ordnet und steuert, ist nicht lebendig. Folglich betrachten wir den Menschen nicht nur als eine intelligente Ansammlung von Zellen, sondern als eine komplexe Einheit verschiedener Komponenten.

Der Körper

Der Körper stellt die materielle Basis dar, ein Gefährt und eine materielle Hülle für das geistige Wesen. Das Wesen benutzt den Körper, um in der materiellen Welt tätig zu werden und dort seine Erfahrungen zu machen.

Die Seele

Die Seele oder »Psyche« ist eine »Erfahrungsspeicher«. Bilder und Geschehnisse eines Lebens werden hier wie in einem Filmarchiv abgespeichert. Teilweise sind sie der Erinnerung zugänglich, zum Teil sind sie auch unbewußt und können nur Stück für Stück dem Bewußtsein wieder zugänglich gemacht werden.

Das »geistige Wesen«

Das geistige Wesen ist das wahre Selbst eines Menschen. Es ist der »Steuermann« und bestimmt, wo die Reise hingehen soll. Das geistige Wesen ist unsterblich. Es bewohnt einen Körper für die Dauer einer Lebensspanne, um in der materiellen Welt Ideen in die Tat umzusetzen und Erfahrungen zu machen. Am Ende eines Zyklus verläßt es den Körper wieder und wertet die Erfahrungen aus. Dazu bedient es sich seines Erfahrungsspeichers, der Seele, um dann mit den neuen Erkenntnissen gegebenenfalls einen weiteren Lebenszyklus in einem neuen Körper zu beginnen.

Der Mensch *ist* also nicht ein Körper, sondern er *hat* einen Körper und dieser wird erst lebendig dadurch, daß ein »geistiges Wesen« ihn bewohnt und steuert. Niemand käme auf die Idee zu behaupten, er wäre sein Auto, nur weil er es benutzt um sich von einem Ort zum anderen zu bewegen – es sei denn, er wäre geisteskrank. Man steigt ein, wenn man es braucht, und man steigt wieder aus, wenn es seinen Dienst getan hat. Genauso ist es letztendlich mit dem eigenen Körper.

Grundsätzlich bestimmt das geistige Wesen, welche Richtung das Leben nehmen soll und welche Erfahrungen es machen möchte. Jedes Wesen hat ein Ziel, das es erreichen, etwas, was es zum Leben in dieser Welt beitragen möchte. Doch kann es im Laufe seiner vielen Lebensspannen dazu kommen, daß es sich mehr und mehr selbst blockiert. Es bemerkt also plötzlich, daß es bestimmte Dinge nicht mehr tun kann, die es gerne tun möchte, daß es seine Ziele nicht erreichen kann, daß es immer wieder dieselben Erfahrungen macht und ähnliche Fehlschläge erlebt.

Der Grund dafür liegt im Erfahrungsspeicher der Seele verborgen. Erfahrungen, die das Wesen in seinen verschiedenen Existenzen angesammelt hat, werden hier abgelegt, um zu einem späteren Zeitpunkt ausgewertet zu werden und um daraus zu lernen. Sie können erst »losgelassen« werden, wenn sie verarbeitet und damit abgeschlossen sind. Solange sie das nicht sind, können sie das Wesen beeinflussen, wenn sie aktiviert werden, und seine Ziele blockieren. Man erlebt also so lange immer wieder dasselbe, bis man seinen Teil daraus gelernt hat.

Manche der gespeicherten Erfahrungen sind zudem körperlicher Natur oder haben Auswirkungen auf den Körper. Werden sie aktiviert, bewirken sie Blockaden im Körper, die dazu führen, daß schädliche Reize aus der Umwelt dort eine Resonanz finden und verstärkt werden. So sind körperliche Reaktionen oft nicht ausschließlich durch äußere Reize bedingt, sondern stehen gleichzeitig in Wechselwirkung mit seelisch-geistigen Ursachen und werden dadurch verstärkt. Auch in der heutigen Medizin und Naturheilkunde finden diese Zusammenhänge zunehmend Beachtung. Man nennt dort die Auswirkungen psychischer (seelischer) Faktoren auf den Körper (griechisch: »Soma«) Psychosomatik.

Blockaden lösen und Bewußtheit entwickeln

Je weniger Blockaden geistiger oder körperlicher Natur, also unverarbeitete Erfahrungen, ein Mensch hat, desto weniger können äußere Reize ihn aus dem Gleichgewicht bringen.

Je weniger Widerstand wir einem Einfluß entgegensetzen, desto weniger kann er uns schaden. Selbst radioaktive Strahlung kann einem Menschen nichts anhaben, der frei von Widerständen ist. Ein bekanntes Beispiel dafür sind einige buddhistische Mönche und Nonnen, die die Atombombenexplosion in Hiroshima unbeschadet überstanden. Sie hatten mithilfe ihrer spirituellen Praktik ihre geistigen und körperlichen Widerstände so weit aufgelöst, daß ihnen die Strahlung nicht schaden konnte.

Ein Widerstand entsteht aufgrund einer früheren »negativen« Erfahrung, die in irgendeiner Form Ähnlichkeit mit der jetzigen Situation hat. Der Widerstand kann aufgelöst werden, wenn man sich das auslösende Ereignis (oder die Ereignisse) genau anschaut und diesbezügliche Erfahrungen auswertet. Aus diesem Grund hilft auch die Entwicklung von Klarheit und Bewußtheit und die Arbeit an den unbewußten Inhalten unserer Seele dabei, durchlässiger zu werden für die Belastungen von außen und weniger stark darauf zu reagieren.

Heute werden in der Therapie- und Esoterikszene fast unüberschaubar viele Techniken und Methoden zur Bewußtseinserweiterung angeboten. Nicht alles davon ist gut und hilft wirklich weiter.

Wir haben hier zwei Beispiele ausgewählt, die unserer Erfahrung nach gute Ergebnisse bringen:

Kinesiologie
Die Kinesiologie hält verschiedene Möglichkeiten bereit, körperliche und seelische Blockaden aufzuspüren und aufzulösen. Grundlage der Arbeit sind die bekannten Muskeltests, mit denen auch die individuelle Wirksamkeit weiterer Hilfsmittel wie Homöopathie, Bach-Blüten und anderer Verfahren festgestellt werden kann. Darüber hinaus verwendet die Kinesiologie unter anderem auch spezielle Bewegungsübungen, um die Funktion der Gehirnhälften zu synchronisieren und die Lern- und Konzentrationsfähigkeit zu steigern.

Meditativer Dialog
Bei dieser Technik wird davon ausgegangen, daß die momentane Lebenssituation, der emotionale, geistige und materielle Zustand eines Menschen, zu einem großen Teil die Folge vergangener Erlebnisse und Taten ist. In östlichen Philosophien wird dies oft als »Karma« bezeichnet. »Meditativer Dialog« ist eine sehr effektive Technik, um die Auswirkungen dieser vergangenen Ereignisse auf das heutige Leben aufzulösen. Er kann als Hilfe und Therapie in schwierigen Lebenssituationen und zur Lösung ganz spezieller bekannter Problematiken eingesetzt werden. Ursprünglich wurde er aber zur Entfaltung des eigenen Potentials und der Erweiterung von Fähigkeiten, dem geistigen Wachstum und der Bewußtseinserweiterung entwickelt. Die Grundlagen des Meditativen Dialogs finden sich im Buddhismus und auch bei den griechischen Philosophen. Das Ziel des Meditativen Dialogs ist es, die geistige Freiheit und ursprünglichen Fähigkeiten des Menschen wiederherzustellen.

Meditativer Dialog findet in Einzelsitzungen statt, die in ihrer Dauer von etwa 30 Minuten bis 1 1/2 Stunden variieren können. Die verwendete Technik ist großteils eine besondere Art der Gesprächsführung, die es dem Klienten ermöglicht, sich wieder an Geschehnisse der Vergangenheit zu erinnern, sie zu analysieren und ihre negativen Auswirkungen auf die Gegenwart aufzulösen.

Checkliste Professionelle Hilfe

Die Checkliste bietet einen Überblick über die im vorigen Kapitel ausführlich beschriebenen Möglichkeiten, professionelle Hilfe in Sachen »Elektrosmog« in Anspruch zu nehmen. Die einzelnen Punkte sind hier in der Reihenfolge ihrer Wichtigkeit aufgeführt.

○ **1. Untersuchung**
○ Baubiologische Untersuchung des Schlafplatzes (Elektrosmog und Wohngifte)
○ Baubiologische Untersuchung der Arbeits- und Wohnräume (Elektrosmog und Wohngifte)
○ Radiästhetische Untersuchung des Schlafplatzes (Geologische Störungen, individuelle Resonanzen)
○ Radiästhetische Untersuchung der Arbeits- und Wohnräume (Geologische Störungen, individuelle Resonanzen)

2. Entstörung
○ Schlafraum entstören lassen, Netzfreischalter einbauen lassen
○ Elektrische Installationen überprüfen und eventuell sanieren, abschirmen, wo nötig und möglich
○ Elektrische Geräte nachträglich erden lassen
○ Hauserdung überprüfen und eventuell sanieren
○ Ausgleichsströme auf sanitären Rohren, sofern vorhanden, messen und sanieren
○ Störungen von außen (elektrische Leitungen, Trafostation, Bahnlinie, Sendemasten usw.) messen und sanieren bzw. abschirmen, wo nötig

3. Den Körper stärken
○ Schadstoffe in der Wohnumgebung sanieren lassen
○ Amalgam entfernen und ausleiten lassen
○ Von weiteren Schadstoffen entgiften
○ Schadstoffinformationen löschen lassen
○ Allergien und Nahrungsmittelunverträglichkeiten behandeln lassen
○ Pilze, Viren und Bakterieninfektionen behandeln lassen

○ **4. Blockaden lösen und Bewußtheit entwickeln**

Schlußwort

Die Fülle an Maßnahmen und Möglichkeiten, was man alles tun könnte und sollte, kann einen leicht zu einer »Alles-oder-Nichts«-Haltung verleiten. Vielleicht haben Sie sich vor zwei Wochen gerade ein neues Bett mit Federkernmatratze und elektrisch verstellbarem Lattenrost geleistet oder können und wollen einige andere der hier beschriebenen Maßnahmen aus Geld- oder Zeitmangel nicht durchführen. Leicht neigt man dann dazu, das Kind mit dem Bade auszuschütten, nach dem Motto: »Das bringt doch nichts, man kann ja sowieso nichts machen.« Aber selbst wenn man nicht sofort alles umsetzen kann – jeder kleine Schritt bringt für sich genommen eine Entlastung, und man sollte einfach mit dem beginnen, was gerade möglich ist. Jeder Schritt, den man tun kann und tut, ist gut und tut gut. Je mehr man umsetzen kann, desto besser, aber selbst der kleinste Schritt ist besser als keiner! – Denn auch das Bundesamt für Strahlenschutz empfiehlt: »Wo man Dauerbelastungen durch elektromagnetische Felder herabsetzen kann, da sollte man es tun.«

Anhang

Grenzwertempfehlungen verschiedener europäischer Länder und Institutionen

	Elektrische Felder (50/60 Hz)
5.000 V/m	Grenzwert in Deutschland
	Empfehlung der IRPA/INCIRP für Privatpersonen
10.000 V/m	Grenzwert der IRPA/ICNIRP am Arbeitsplatz
10 V/m	Baubiologische Empfehlung, TCO'99 (Arbeitsplatz)
1 V/m	Baubiologische Empfehlung für den Schlafplatz

	Magnetische Felder (50/60 Hz)
100.000 nT	Grenzwert in Deutschland
	Empfehlung der IRPA/INCIRP für Privatpersonen
500.000 nT	Empfehlung der IRPA/INCIRP am Arbeitsplatz
200 nT	Baubiologische Empfehlung
20 nT	Baubiologische Empfehlung für den Schlafplatz

	HF-Felder (450 MHz)
2,3 Mill. $\mu W/m^2$	Grenzwert in Deutschland
	ICNIRP-Empfehlung von 1998
230 $\mu W/m^2$	Empfehlung des BUND 1997
	ECOLOG-Empfehlung von 1998
100 $\mu W/m^2$	Vorsorgewert in Österreich
20.000 $\mu W/m^2$	Grenzwert in Rußland
160.000 $\mu W/m^2$	Grenzwert in Italien

	HF-Felder (900 MHz)
4,5 Mill. $\mu W/m^2$	Grenzwert in Deutschland
	ICNIRP-Empfehlung von 1998
450 $\mu W/m^2$	Empfehlung des BUND 1997
45.000 $\mu W/m^2$	ECOLOG-Empfehlung von 1998
1.000 $\mu W/m^2$	Vorsorgewert in Österreich
20.000 $\mu W/m^2$	Grenzwert in Rußland
160.000 $\mu W/m^2$	Grenzwert in Italien

	HF-Felder (1800 MHz)
9 Mill. W/m^2	Grenzwert in Deutschland
	ICNIRP-Empfehlung von 1998
900 W/m^2	Empfehlung des BUND 1997
90.000 W/m^2	ECOLOG-Empfehlung von 1998 (Deutschland)
1.000 W/m^2	Vorsorgewert in Österreich
20.000 W/m^2	Grenzwert in Rußland
160.000 W/m^2	Grenzwert in Italien

	HF-Felder allgemein
10 $\mu W/cm^2$	Baubiologische Empfehlung
0,01–0,1 $\mu W/cm^2$	Baubiologische Empfehlung für den Schlafplatz

Typische Sendeleistungen beim Mobilfunk

Sendetürme

Art:	Sendefrequenz:	Sendeleistung:
C-Netz	450 MHz	8 bis 35 Watt
D-Netz	900 MHz	10 bis 50 Watt
E-Netz	1900 MHz	10 Watt
Cityruf	470 MHz	100 Watt
Eurosignal	87 MHz	bis 2000 Watt

Handys und Funktelefone

Art:	Sendefrequenz:	Sendeleistung:
CT1+	900 MHz	0,01 Watt
CT2	1000 MHz	0,01 Watt
DECT	1900 MHz	0,25 Watt
C-Netz	450 MHz	0,75 Watt
E-Netz	1800 MHz	bis 1 Watt
D-Netz	900 MHz	bis 2 Watt
C-Netz Portable	450 MHz	5 Watt

Das Verhältnis von Frequenzen und Wellenlängen

Sendetürme

Frequenz:	Wellenlänge:	Band:
3 Hz-30 Hz	100.000 km - 10.000 km	ULF
30 Hz-300 Hz	10.000 km - 1.000 km	ELF
300 Hz-3 kHz	1.000 km - 100 km	VF
3 kHz-30 kHz	100 km - 10 km	VLF
30 kHz-300 kHz	10 km - 1 km	LF
300 kHz-3 MHz	1 km - 100 m	MF
3 MHz-30 MHz	100 m - 10 m	HF
30 MHz-300 MHz	10 m - 1 m	VHF
300 MHz-3 GHz	1 m - 10 cm	UHF
3 GHz - 30 GHz	10 cm - 1 cm	SHF
30 GHz- 300 GHz	1 cm - 1 mm	EHF

Die Stärke von natürlichen Feldern

Art des Felds		Stärke
Niederfrequenz	Elektrisches Wechselfeld, 50 Hz	< 0,0001 V/m
	Magnetisches Wechselfeld, 50 Hz	< 0,0002 nT
	Elektrisches Wechselfeld, 16,7 Hz	0,001 V/m
	Magnetisches Wechselfeld, 16,7 Hz	0,003 nT
	Magnetisches Wechselfeld, 7,83Hz Schumann-Resonanz	0,0002 nT
	Magnetisches Wechselfeld, Sferics	0,005-5 nT
Hochfrequenz, ungepulst	Elektromagnetische Wellen,	< 0,000001 µW/m²
Elektrisches Gleichfeld	Im Freien	+ 100 V/m
(Elektrostatik)	Im Wald	< +10 V/m
Oberflächenspannung	Im Tal	< +50 V/m
	Auf dem Berg	> +200 V/m
	Bei Hochdruck	+1000 V/m
	Bei Föhn	+5000 V/m
	Bei Gewitter	+/- 10.000 V/m
	Bei Blitzschlag	+/- 20.000 V/m

Feldstärken, bei denen Störungen körperlicher Funktionen beobachtet wurden

Beeinflussung beziehungsweise Störung körperlicher Funktionen durch **50 Hz elektrischem Wechselstrom (Niederfrequenz)** ab:

	Elektrisches Feld	Magnetisches Feld
Kalzium-Ionen-Austausch		10-60 nT
EEG (Hirnstrommessung)		70 nT
EKG (Herzstrommessung)		140 nT
Reaktion von Nervenzellen	15-20 mV	
Funktion von Zellmembranen	15-20 mV	
Zellteilung bei Hefepilzen	0,7 V/m	200 nT
Melatoninspiegel	< 20 V/m	< 1000 nT
Zell-Kommunikation	< 20 V/m	< 1000 nT
menschliche Abwehrzellen (Lymphozyten)	< 20 V/m	< 1000 nT
Herzschrittmacher		> 10.000 nT

Biolgische Effekte von **Hochfrequenz** bei Feldstärken von:

Körperlicher Tod	25 Milliarden $\mu W/m^2$
Grauer Star (Trübung der Augenlinse)	500.000 $\mu W/m^2$
Direkter Effekt auf Ionenkanäle von Zellen (D'Inzeo 1988)	20.000 $\mu W/m^2$
Doppelte Zunahme von Leukämien bei Erwachsenen (Dolk 1997)	13.000 $\mu W/m^2$
Neurologische Störungen DNA-Schäden (Phillips 1998, Verschave 1994, Lai 1996, u.a.) Störung des Immunsystems bei Mäusen (Fesenko 1999) Stimulation von T-Zellen und Makrophagen (Novoselova 1999)	10.000 $\mu W/m^2$
Öffnung der Blut-Hirn-Schranke bei Ratten (Salford 1999, u.a.)	5000 $\mu W/m^2$
Unfruchtbarkeit bei Mäusen nach 5 Generationen (Magras 1997) Motorik- und Gedächtnisstörung bei Kindern (Kolodynski 1996)	1600 $\mu W/m^2$
Im EEG nachweisbare Hirnstromveränderungen (v. Klitzing 1994, u.a.) Störungen des Immunsystems (Bruvere 1998, u.a.)	1000 $\mu W/m^2$
Calcium-Ionen-Veränderungen in der Zelle (Schwartz 1990 u.a.)	800 $\mu W/m^2$
Störungen an der Zellmembran (Marinelli 1999)	200 $\mu W/m^2$
Beeinflussung des Wachstums von Hefezellen (Adey, Claire u.a.)	10 $\mu W/m^2$
Veränderte Kalzium-Abgabe menschlicher Hirnzellen (Bahmeier)	0,1 $\mu W/m^2$
Störung der Informationsübertragung an Zellmembranen (v. Klitzing, 1991)	0,0001 $\mu W/m^2$

Risiko für bestimmte Erkrankungen unter Einfluß elektrischer oder magnetischer Wechselfelder (50/60 Hz):

Zugrunde liegen in der Regel langfristige Belastungen über mehrere Monate oder Jahre:

Magnetisches Wechselfeld

Flußdichte	Symptome	Risiko
ab 100 nT	Fehlbildungen beim Embryonalwachstum Lymphdrüsenkrebs	
ab 116 nT (Männer)	Krebs	
ab 130 nT	Leukämie (Kinder bei einer Dauerbelastung in den ersten 2 Jahren) Verminderte Melatoninausschüttung	13,5x
ab 138 nT (Frauen)	Krebs	
200 nT – 10.000 nT	Alzheimer	4 x
200 nT	Krebs	2 x
300 nT	Frühgeburten, Krebs bei Kindern	3,8 x / 2 x
600 nT	Krebs (Kinder)	80% erhöht
unter 1000 nT	Melatoninreduktion	
2000 - 40.000 nT mit Spitzenwerten bis 130.000 nT	Chromosomenbrüche	

Elektrisches Wechselfeld

Flußdichte	Symptome	Risiko
10 V/m, mehr als 12 Std. täglich	Leukämie bei Kindern	186%
20 V/m	Leukämie bei Kindern	369%

Quellen

1 König H.L.: *Unsichtbare Umwelt*, 1977
2 Prof. Konstantin Meyl, *Umweltverträglichkeit*
3 »Ich kriege immer den richtigen Wissenschaftler mit den ›richtigen‹ Ergebnissen, wenn ich dafür bezahle.« (Dr. T. Kinzelmann, Betriebsarzt Kernkraftwerk Neckarwestheim)
4 Carl Blackmann, USA; Neil J. Cherry, New Zealand; Günter Käs, BRD; Lebrecht von Klitzing, BRD; Wolfgang Kromp, Wien; Michael Kundi, Wien; Henry Lai, USA; William Leiss, Canada; Theodore Litovitz, USA; Kjell Hansson Mild, Sweden; Wilhelm Mosgöller, Wien; Joachim Röschke, BRD; Felix Schinner, Wien; Stanislaw Szmiegielski, Polen; Luc Verschaeve, Belgien; Ulrich Warnke, BRD
5 Karus, M.: »Biologische Wirkungen«. *Elektrosmog-Report 1* (4), S. 5 - 8 (1995).
6 Mevissen, M., Lerchl, A., Szamel, M., Löscher, W.: »Exposure of DMBA-treated female rats in a 50-Hz, 50 MikroTesla magnetic field: effects on mammary tumor growth, melatonin levels, and T lymphocyte activation«. *Carcinogenesis 17*, 903-910 (1996).
7 Harland, J. D., Liburdy, R. P.: »Environmental magnetic fields inhibit the antiproliferative action of tamoxifen and melatonin in a human breast cancer cell line«. *Bioelectromagnetics 18*, 555-562 (1997). Liburdy, R. P., Sloma, T. R., Sokolic, R., Yaswen, P.: »ELF magnetic fields, breast cancer, and melatonin: 60 Hz fields block melatonin's oncostatic action on ER+ breast cancer cell proliferation«. J. Pineal. Res. 14, 89-97 (1993).
8 Reiter, R. J., Melchiorri, D., et al.: »A review of the evidence supporting melatonin's role as an antioxidant«. J. Pineal. Res. 18, 1 - 11 (1995).
9 Dr. K.-H. Braun-von-Gladiss, *Das biologische System Mensch*
10 Weissbluth, L., Weissbluth, M.: »Sudden infant death syndrome: a genetically determined impaired maturation of the photoneuroendocrine system. A unifying hpothesis«. J. Theor. Biol. 167, 13-25 (1994).
11 Dr. Ulrich Warnke von der Universität des Saarlandes
12 Lai, H., Singh, N.: »Acute low-intensity microwave exposure increases DNA single-strand breaks in rat brain cells«. *Bioelectromagnetics 16*, im Druck (1995).
13 Goswami u.a., 1999, Motorola-Studie
14 Dipl. Ing. Dr. Dr. Andras Varga, *Elektrosmog*, Heidelberg 1995, S.148 ff
15 ders., *Elektrosmog – Molekularbiologischer Nachweis über die biologische Wirkung elektromagnetischer Felder und Strahlen*, Heidelberg, 1995
16 Mann, K., Röschke, J.: »Effects of pulsed high-frequency electromagnetic fields on human sleep«. *Neuropsychbiology 33*, 41-47 (1996).
17 Salford, Brun, Petersson, Universität Lund, 1999
18 Dr. Andras Varga, Heidelberg, 1995
19 Antonio Sastre, Mary Cook und Charles Graham vom Midwest Forschungsinstitut in Kansas City/USA
20 Elvira Bierbach, Hrsg.: *Naturheilpraxis heute, Lehrbuch und Atlas*, Urban & Fischer, München/Jena, 2000
21 Dr. Roger Coghill, *Kinderleukämiestudie*, 1996, GB
22 Pasche, B., et al.: »Effects of low energy emission therapy in chronic psychophysiological insomnia«. *Sleep 19*, 327-336 (1996).

23 Dr. Lebrecht v. Klitzing: *Gibt es für das biologische System eine elektromagnetische Verträglichkeit?*
24 Karus, M.: »Biologische Wirkungen«. *Elektrosmog-Report 1* (4), S. 5-8 (1995).
25 Franjo Grotenhermen, Michael Karus, *Elektrosmog-Report*
26 *Natur & Heilen* 3/2001, aus »Wohnung und Gesundheit«
27 Störung der Funktionsweise der Nerven
28 Maes: *Streß durch Strom und Strahlung*, S.290
29 Bischof Marko: *Biophotonen*, Zweitausendeins
30 Playfair G.L.: »Das Fishpond-Syndrom«, 1981; Smith C.W./Best S.: »Electromagnetic man«, 1989, in Bischof, *Biophotonen*, S.151
31 Dr. med. K.-H. Braun-von-Gladiß bei www.e-smog.ch
32 Wolfgang Maes: *Streß durch Strom und Strahlung*, S. 257
33 ebenda, S. 290
34 ebenda, S. 261
35 Deutsches Ärzteblatt, Prof. Dr.med. Dr.h.c. Hans Schaefer, 1989
36 *Natur & Heilen* 3/2001, aus »Wohnung und Gesundheit«
37 *Elektrosmog-Report*
38 Gronbach Sebastian: »Nahrungskiller und Nahkampfwaffe«, in *Info 3-Anthroposophie heute*, weitere Quellen unter: www.info3.de
39 Erhöhte Leukämierate bei HF-exponierten Soldaten. *Elektrosmog-Report 1* (5), S. 7-8 (1995)
40 Dolk, H., et al.: »Cancer incidence near radio and television transmitters in Great Britain. I. Sutton Coldfield transmitter«. *Am. J. Epidemiol. 145*, 1-9 (1997)
41 Dolk, H., et al.: »Cancer incidence near radio and television transmitters in Great Britain. II. All high power transmitters«. *Am. J. Epidemiol. 145*, 10-17 (1997)
42 Wolfgang Maes: *Streß durch Strom und Strahlung*, S. 285
43 Dominik Rollé: Initiative gegen die WLL Basisstation auf der Montessorischule Luzern
44 Popp, Fritz-Albert: *Die Botschaft der Nahrung*, Verlag Zweitausendeins, 1999
45 Dr.med.Hildegard Schreiber: »Amalgam und die Folgen« bei www.e-smog. ch
46 nach Dr. med. Manfred Kuhnle, Balingen

Bibliografie und weiterführende Literatur

Berendt, Joachim Ernst: *Nada Brahma – Die Welt ist Klang*
Varga, Dr. Andras: *Elektrosmog, Molekularbiologischer Nachweis über die biologische Wirkung elektromagnetischer Felder und Strahlen*, Eigenverlag, Heidelberg 1995
Maes, Wolfgang: *Streß durch Strom und Strahlung*
Maes, Wolgang, u.a.: *Elektrosmog-Wohngifte-Pilze*
Bischof, Marko: *Biophotonen*, Verlag 2001
Pauli Prof. Dipl-Ing., Peter; Moldan Dietrich: *Reduzierung hochfrequenter Strahlung im Bauwesen*, Eigenverlag, 2000
von Klitzing Dr. Lebrecht: *Gibt es für das biologische System eine elektromagnetische Veträglichkeit?*, bei www.e-smog.ch, Dezember 2000
Dr. med. Schreiber, Hildegard: *Amalgam und die Folgen*, bei www.e-smog.ch, September 2001
Kleiner Leitfaden zur Elektrosensibilität, Selbsthilfeverein für Elektrosensible e.V., 1998
Dr. med. Braun von Gladiß, Karl-Heinz: *Das biologische System Mensch*, Eigenverlag
ders.: *Gesundheitliche Auswirkungen elektromagnetischer Wellen*, Eigenverlag
Bierbach, Elvira Hrsg.: *Naturheilpraxis heute*, Urban & Fischer, München/Jena, 2000
Popp, Fritz-Albert: *Die Botschaft der Nahrung*, Verlag 2001, 2002
Katalyse Institut (Hrsg.): *Elektrosmog – Grundlagen, Grenzwerte, Verbraucherschutz*, C. F. Müller Verlag, 2002
Meyl, Konstantin: *Elektromagnetische Umweltveträglichkeit Teil 1+2*, Indel GmbH Verlagsabteilung, 1996
Begich, Nick; Manning Jeane: *Löcher im Himmel*, Verlag 2001, 1996
Neitzke, van Capelle, Depner, Edeler, Hanisch: *Risiko Elektrosmog?*, Birkhäuser Verlag, 1994

Adressen

Baubiologie

VDB
Berufsverband Deutscher Baubiologen e.V.
Oberwiesenthaler Straße 18
91207 Lauf bei Nürnberg
Tel.: 0 91 23 - 98 40 12
Fax: 0 91 23 - 98 40 13
www.baubiologie.net
netzwerk@baubiologie.net

Information und Adressen von Beratern

IBN
Institut für Baubiologie + Oekologie
Holzham 25
D-83115 Neubeuern
Tel.: 0 80 35 – 20 39
Fax: 0 80 35 – 81 64
www.baubiologie-ibn.de

Zeitschrift »Wohnung und Gesundheit«, Informationen, Ausbildungen und Seminare zum Thema Baubiologie und baubiologische Meßtechnik.

Baubiologischer Handel

Versand von baubiologischen Produkten: Netzfreischalter, abgeschirmte Kabel, Abschirmmaterialien, etc.:

BioSol OHG
Hauptstr. 58
53474 Bad Neuenahr
Tel: 02641/78423
Fax: 02641/78433
www.biosolnet.de
info@biosolnet.de

biologa GmbH &Co KG
Dorfstraße 42
D-79801 Hohentengen/Stetten
Tel: 07742/919110
Fax: 07742/919111
www.biologa.de
biologa@t-online.de

**Verbund von Fachhändlern
im Bereich Baubiologie und ökologisches Bauen:**

ÖkoPlus Fachhandelsverbund AG
Kasseler Str. 1 a
D 60486 Frankfurt
Tel.: 069-70793013
Fax: 069-70793016
www.oekoplus.de
info@oekoplus.de

Bezugsadressen

Die Broschüre »Reduzierung hochfrequenter Strahlung im Bauwesen« ist zu beziehen bei:

Dr.-Ing. Dietrich Moldan
Am Henkelsee 13
97346 Iphofen
Tel.: 09323-5970
Fax: 09323-6783

*Power Safer und Eco Man –
erhältlich im Elektronikfachhandel und zum Beispiel bei:*

www.conrad-lichttechnik.de (DIK ECO MAN FO-10/Nachfolger FX-20)
www.energiesparen.com (Power Safer)

Seminare, Vorträge und Messungen

FreiRaum
Barbara & Peter Newerla
Lindenstraße 35
D-72108 Rottenburg
Tel. + Fax: 0 74 72 - 28 22 38
www.newerla.de
post@newerla.de

Seminare, Vorträge und Elektrosmogmessungen und Beratung

Wolfgang Maes
Baubiologie und Umweltanalytik
Schorlemerstraße 87
41464 Neuss
Tel.: 0 21 31 – 4 37 41
Fax: 0 21 31 – 4 41 27
www.maes.de
mail@maes.de

Baubiologische Meßtechnik und Beratung

Cairn Elen Lebensschule
Michael Gienger & Annette Jakobi
Stäudach 58/1
D-72074 Tübingen
Tel.: 0 70 71 – 36 47 19
Fax: 0 70 71 – 3 88 68
www.cairn-elen.de
info@cairn-elen.de

Seminare und Vorträge zum Thema »Gesund leben und wohnen«

Arbeitskreise und Verbände

Arbeitskreis für Elektrosensible e.V.
Hattinger Straße 72
44789 Bochum
Tel.: 02 01 – 8 68 16 41

Arbeitsgemeinschaft Leiden unter Spannung
Herr Steinig
Badener Straße 23
65824 Schwalbach
Tel.: 0 61 96 – 8 39 56

Selbsthilfeverein für Elektrosensible e.V.
Dachauer Straße 90 (im Gesundheitshaus der Stadt München)
80335 München
Tel.: 0 89 - 23 33 75 01

Bundesverband gegen Elektrosmog e.V.
Am Freudenberg 4b
42119 Wuppertal
Tel.: 02 02 – 4 08 50 77
Fax: 02 02 – 4 08 50 78

Ärzte und Heilpraktiker

Dr. med. Karl-Heinz Braun-von Gladiss
Paracelsusklinik Lustmühle
Behandlungs- und Ausbildungszentrum für ganzheitliche Medizin
CH-9062 Lustmühle
Fax: 00 41 – (0)71 – 3 33 48 28
gladiss@notiz.ch

Dr. med Manfred Kuhnle
Heinzlenstraße 1
74336 Balingen
Tel.: 0 74 33 – 93 03 00
Fax: 0 74 33 – 93 03 01

Dr. med. Annemarie Petersohn
Dr. med. Hans-Joachim Petersohn
Pfeifferstraße 68
40625 Düsseldorf

Dr. med. Hildegard Schreiber
Arabellastraße 5
81925 München
Tel.: 0 89 – 92 40 14 25
Fax: 0 89 – 92 40 14 26
drschreiber@t-online.de

HP Rainer Strebel
Schulstraße 22
73614 Schorndorf
Tel.: 0 71 81 – 97 28 97

HP Ursula Pantze
Friedrichstraße 8
92318 Neumarkt i.d. Opf.
Tel.: 0 91 81 – 32 96 0

Links

Schwerpunkt Elektrosmog

www.ohne-elektrosmog-wohnen.de
Gut gestaltetes, gemeinsames Portal verschiedener Anbieter von Abschirmmaßnahmen mit grundlegenden Informationen zum Thema.

www.nova-institut.de
Der »Elektrosmog-Report« mit Berichten zur wissenschaftlichen Forschung von 1995 bis heute.

www.ecolog-institut.de
EMF-Monitor, Fachinformationsdienst Elektromagnetische Felder, Umwelt und Gesundheit

www.elektrosmog.com
Seite der Internationalen Gesellschaft für Elektrosmog-Forschung (IGEF)

Schwerpunkt Mobilfunk

www.e-smog.ch

www.mobilfunk-buergerforum.de

www.buergerwelle.de

www.funkenflug1998.de

www.handywerte.de (nova-Institut)

Ganzheitliche Medizin

www.gladiss.ch
Informationen und Literatur zur ganzheitlichen und energetischen Medizin

www.datadiwan.de
Datenbank zur ganzheitlichen Medizin und Grenzgebieten der Wissenschaft

Sonstige

www.oekotest.de
Alle Testergebnisse per Faxabruf oder Download

www.katalyse.de
Institut für angewandte Umweltforschung, Verbraucherberatung und Schadstoffanalyse, Online-Schadstofflexikon

www.alaska-info.com/_alaska.html
Informationen zu HAARP unter der Rubrik ›Alaska A-Z‹

Cairn Elen

»*Nachdem Elen ihre Wanderung durch die Welt vollendet hatte, setzte sie einen Cairn ans Ende des Sarn Elen. Dann wandte sich ihr Weg zurück ins Land zwischen Abend und Morgen. Aus diesem Cairn stammen alle Steine, die bis heute an den Kreuzungen der Wege die Richtung weisen.*«*

(aus einer keltischen Sage)

»Cairn Elen« – so werden im gälischen Sprachraum die alten Steinsetzungen am Wegesrand genannt. Der Überlieferung nach wurden sie von Elen, der Göttin der Wege, als Wegweiser dorthin gesetzt. Sie markieren die geistigen Pfade, sowohl die Pfade der Erde als auch die Pfade des Wissens.

Diese Pfade geraten zunehmend in Vergessenheit. So wie die alten Pfade der Erde unter den modernen Asphaltstraßen verschwinden, so verschwindet auch manch altes Wissen unter der Datenflut moderner Erkenntnisse. Doch müssen sich Tradition und Fortschritt tatsächlich bekämpfen? Gilt es nicht eher, Wissen aus alter Zeit zu bewahren und mit modernen Erkenntnissen zu verbinden? Die Schätze der Vergangenheit und das Potential der Gegenwart in einer blühenden Zukunft zu verwirklichen? Für dieses Ziel und diesen Anspruch steht der Name »Cairn Elen«.

Edition Cairn Elen

Die Edition Cairn Elen im Neue Erde Verlag wird von Michael Gienger herausgegeben. Ziel der Edition ist es, bislang unveröffentlichtes Wissen aus Forschung und Tradition vorzustellen. Schwerpunkte sind Natur, Heilkunde und Gesundheit sowie Bewußtsein und geistige Freiheit.

Natur: Wir Menschen sind ein Teil der Natur. Sie ist unsere Lebensgrundlage. Aus ihr beziehen wir unsere Kraft, sie garantiert unsere Gesundheit. Die lebende Natur zu verstehen, gibt uns eine wichtige Orientierung für unser Dasein auf der Erde. Ein Schwerpunkt der Edition Cairn Elen sind daher die Natur- und Lebensrhythmen.

Heilkunde und Gesundheit: Der beste Arzt für uns selbst sind wir selbst. Wir treffen die wesentlichen Entscheidungen für unseren Lebensstil, unsere Tätigkeiten, unsere Ernährung und alle sonstigen Faktoren unseres Lebens. Daher liegen die Wurzeln für Gesundheit oder Krankheit primär in uns selbst. Weitere Schwerpunkte der Edition Cairn Elen sind somit der Schutz der Gesundheit und die natürlichen Wege der Heilung.

Bewußtsein und geistige Freiheit: Woher komme ich? Wohin gehe ich? Wer bin ich? Was ist das Ziel meines Lebens? Diese Fragen stellen sich uns immer wieder. Die Antworten, die wir hierzu finden, tragen wesentlich zu Sinn, Glück und Erfüllung im Leben bei. Ein wichtiger Schwerpunkt der Edition Cairn Elen ist daher die Auseinandersetzung mit der Philosophie und den spirituellen Traditionen aller Völker und Kulturen. Ziel dabei ist stets die geistige Freiheit und das Wohl aller Wesen.

Neben aktueller Fachliteratur werden im Rahmen der Edition Cairn Elen auch Erzählungen, Märchen, Romane, Lyrik und künstlerische Veröffentlichungen publiziert. Das vermittelte Wissen wendet sich nicht nur an den Kopf, sondern auch an das Herz der Menschen.

Kontakt:
Edition Cairn Elen, Michael Gienger, Stäudach 58/1, D-72074 Tübingen
Tel: 07071/364719, Fax: 07071/38868, info@cairn-elen.de, www.cairn-elen.de

* kelt. »cairn [sprich: kärn]« = »Stein«, »sarn« = »Weg«, »Elen, Helen« = »Göttin der Wege«

Wünschelruten – mal ganz anders

Die meisten kennen Wünschelruten als Werkzeug von Leuten, die damit Wasseradern oder Erdgitter aufspüren möchten. Daß die Möglichkeiten des Rutengehens viel weiter gehen, zeigt die erfahrene Praktikerin hier: Ruten als Orakel und Wegweiser, zur Verbesserung des Lebensumfeldes, als Hilfsmittel zur Kontaktaufnahme mit Pflanzen und zur Kommunikation mit Natur- und Elementarwesen sowie zum Aufspüren von Kraftorten.

Ilse Rendtorff
Mit Wünschelruten Kraftorte und Naturwesen entdecken
Kartoniert, 128 Seiten, 14,6 x 21 cm
ISBN 3-89060-045-X

Die Winkelruten zum Buch!

Nach Vorgaben von Ilse Rendtorff gefertigt: 2 Winkelruten aus 4 mm Nirosta-Stahl, 30 + (angewinkelt) 10 cm lang. Auf Pappe eingeschweißt mit Kurzanleitung mit Fotos.

Winkelruten auf Pappe, beidseitig 4-farbig bedruckt, 17 x 30 cm
ISBN 3-89060-046-8

Aus unserem Verlagsprogramm

Leben im Einklang mit den Mondphasen

Der Mondschild kann ein Schutz sein und ein Mittel, die Kräfte und Qualitäten der Zeit zu erkennen und sich auf sie einzustellen, um so im Alltag besser zu bestehen. Der Mondschild folgt den Mondphasen. Die vier Viertel eines Zyklus bestehen aus je rund sieben Tagen, die mit den Planeten der klassischen Astrologie korrespondieren. So ist der Mondschild eine gute und wichtige Ergänzung zu den üblichen Mondkalendern, die nicht die Mondphase, sondern die Stellung des Mondes im Tierkreis zur Grundlage haben.

Wolfgang Maier
Der Mondschild
Leben im Einklang mit den Mondphasen –
Der immerwährende Mondkalender
Kartoniert, 256 Seiten, 13 x 21 cm
ISBN 3-89060-034-4

Mit Hilfe des Mondschildes lassen sich die Stimmungen der einzelnen Mondtage leichter wahrnehmen und besser verstehen. Dieses Wissen können wir nutzen, um unsere Vorhaben umzusetzen und Ziele leichter zu erreichen. Dieser Kalender ist eine wertvolle Ergänzung zu den gängigen Mondkalendern.

Wolfgang Maier
Mondschild-Kalender 2004
Geheftet, 20 S., 10,5 x 14,8 cm
Gegen Porto für Großbrief (z. Zt. € 1,44) senden wir Ihnen den aktuellen oder den kommenden Kalender zu.
ISBN 3-89060-975-9

AUS UNSEREM VERLAGSPROGRAMM

Ein Buch über Bäume, wie es noch keines gab

Im vorchristlichen Europa wie in allen anderen Teilen der Welt wurde die ganze Erde als ein atmendes Wesen gesehen, erfüllt von sichtbaren und unsichtbaren Lebensformen. Bäume waren in dieser heiligen Landschaft hochangesehene Pforten der Einweihung. Die Kraft und Energie heiliger Haine und einzelstehender alter Bäume half den Kelten, Germanen, Römern und Griechen, aber auch schon den Menschen der Bronzezeit und der Jüngeren Steinzeit, die Grenzen ihres Bewußtseins zu erweitern und Kontakt mit dem Unsichtbaren aufzunehmen.

»Geist der Bäume« beschreibt die uralte tiefe Freundschaft zwischen Mensch und Baum. Es führt uns in das Innere der Körper der Bäume, in die faszinierende Welt der Zellen und Moleküle, erklärt die elektromagnetischen Kraftfelder und wie Bäume mit Hilfe von Licht kommunizieren. Und es führt uns zum Geist der Bäume, der in jeder Baumart eine andere Ausprägung annimmt. Wege werden beschrieben, auf denen der heutige Mensch sich wieder einstimmen kann, um in einen bewußten und liebevollen Austausch mit lebendigen Bäumen zu treten.

(Mehr Info über den Geist der Bäume und das Drei Haine-Projekt unter www.spirit-of-trees.de)

Fred Hageneder
Geist der Bäume
Eine ganzheitliche Sicht des Wesens der Bäume
Paperback mit Fadenheftung,
384 Seiten, 17 x 24 cm, reich illustriert, viele Farbabbildungen
ISBN 3-89060-449-8

Aus unserem Verlagsprogramm

Die Erde erspüren

Feng-Shui ist in aller Munde, aber die wenigsten wissen, daß Feng-Shui nur ein Aspekt der traditionellen Wissenschaft der Geomantie ist.

Um Geomantie zu verstehen, muß man sich auf das Unsichtbare einlassen, eine ganzheitliche Wahrnehmung entwickeln. Die Autorin öffnet in diesem Buch den Blick auf überzeugende Weise. Zuerst erklärt sie die Grundlagen der Geomantie, die auf einem traditionellen Wissenschaftsbild beruhen. Ohne ein Verständnis dieser Grundlagen – alles ist Schwingung, die Erde ist ein Lebewesen, es gibt unsichtbare feinstoffliche Dimensionen – ist Geomantie nicht möglich, bedeutet doch schon das Wort: »die Erde erspüren«.

Dann setzt sich Petra Gehringer mit dem rationalen Weltbild auseinander und mit der Frage, warum die moderne Wissenschaft außerstande ist, die heutigen ökologischen Probleme zu lösen.

Der Hauptteil des Buches besteht aus praktischen Anregungen zur Heilung der Erde durch Geomantie. Systematisch nimmt sich die Autorin die verschiedenen Ökosysteme vor, beschreibt die tieferen Ursachen der Krankheit von Wald, Boden, Gewässern und Stadtlandschaften und zeigt Wege der Heilung auf.

Petra Gehringer
GEOMANTIE – Wege zur Ganzheit von Mensch und Erde
Überarbeitete Neuauflage, 416 Seiten, viele teils farbige Abb., kartoniert
ISBN 3-89060-469-2

Die klassische Einführung vom Begründer der Geomantie

Geomantie ist das Wissen um die subtilen Kräfte der Erde und ihre Berücksichtigung und Anwendung beim Bauen. Das Handbuch der angewandten Geomantie ist das erste seiner Art. Der Neubegründer der Geomantie, Nigel Pennick, hat in einer Reihe von gestrafften Kapiteln das Wissen gebündelt, das uns als Grundlage für den Einstieg in die geomantische Praxis heute dienen kann.

Nigel Pennick
Handbuch der angewandten Geomantie
112 Seiten, Paperback
ISBN 3-89060-004-2

Sie finden unsere Bücher in Ihrer Buchhandlung oder im Internet unter *www.neueerde.de*

Bücher suchen unter: *www.buchhandel.de*. (Hier finden Sie alle lieferbaren Bücher und eine Bestellmöglichkeit über eine Buchhandlung Ihrer Wahl.)

Bitte fordern Sie unser Gesamtverzeichnis an unter

NEUE ERDE Verlag
Cecilienstr. 29 · D-66111 Saarbrücken
Fax: 0681 390 41 02 · info@neueerde.de